パスポート学

陳天璽・大西広之・小森宏美・佐々木てる
編著

PASSPORTOLOGY

北海道大学出版会

⑤ ポルトガルのパスポート → p. 19

④ スペインのパスポート → p. 19

③ フランスのパスポート → p. 15

② イギリスのパスポート → p. 9

① ドイツのパスポート → p. 7

⑩ セルビアのパスポート → p. 28

⑨ モンテネグロのパスポート → p. 28

⑧ ユーゴスラビア連邦共和国のパスポート → p. 28

⑦ 旧ソ連のパスポート（国外用） → p. 23

⑥ 旧ソ連のパスポート（国内用） → p. 23

⑬ ペルーのパスポート
→ p. 37

⑫ コソボ共和国のパスポート
→ p. 30

⑮ アメリカ合衆国とケニアのパスポート → p. 41

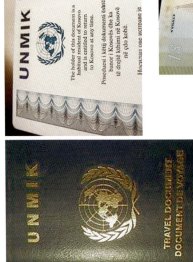

⑪ 国連コソボ暫定行政ミッション（UNMIK）渡航証明書 → p. 29　右：扉書

ブラックライトを当てると別の画像が浮かび上がる
出典：http://news.nationalpost.com/news/canada

⑭ カナダのパスポート
→ p. 35

⑳ ネパールのパスポート → p. 84

㉕ インドのIC（アイデンティティ・サーティフィケート）→ p. 86

⑲ ミャンマーの暫定パスポート → p. 68

㉔ 在日中国公館による旅行証 → p. 176

⑱ タイの一般パスポート → p. 63

㉓ 台湾のパスポート → p. 174

⑰ レバノン政府発行のパレスチナ人用一時旅券 → p. 51

㉒ 中華人民共和国香港特別行政区パスポート → p. 60

⑯ パレスチナ自治政府発行の一時旅券 → p. 58

㉑ 連合王国および植民地市民パスポート → p. 58

㉙ 再入国許可書 → p. 126

㉘ バチカンのパスポート → p. vi

㉝ 昭和26年の旅券 → p. 115

㉜ 占領期の旅券 → p. 113

㉛ 大正13年の旅券 → p. 112

㉗ 赤十字のパスポート → p. 175

㉖ レッセ・パッセ → p. 175

㉚ 幕末の旅券 → p. 109

はじめに

なぜパスポートか

　本書は,「パスポート」についてとことん追究しようとする本邦初の書籍である。これまでにも,外国旅行に必要な物としてのパスポートやビザに関する概説書はあったが,本書はそれらとは異なり,パスポートがもつ多面的な意味や役割について明らかにしていく。そもそもパスポートとは何だろうか。外国旅行の際に使うことは間違いないが,意識してみると,案外,旅行以外の場面でも使われていることに気づく。遊園地やレストランなどの割引券もパスポートとよばれることがある。そうした使われ方に違和感がないくらい,パスポートは私たちにとって身近な存在である。しかし,いつからパスポートはこんなに身近になったのか。

　2015年,日本から出国する人の数が1600万人に上った。この数は,たとえば1970年の約15倍である。実は,出国者数は1990年の時点で1000万人を超えている。これらの出国者はみな,パスポートないしそれに代わるものを使用して日本国外に出て,そして帰国時にも同様の手続きを行う。それはもはや日常的な風景なのかもしれない。だが,パスポートはたんに国を出入りするときに使うだけのアイテムなのだろうか。また,出入国の手続きはなぜ必要なのだろうか。本書の各章各項目は,こうした根本的な問いに答えつつ,私たちにとっていまや身近な存在となったパスポートについて体系的に考えるための手がかりを提供する。

パスポートの定義

　さて,パスポートという言葉がさまざまな場面で使われていることはすでに述べたとおりであるが,後々の混乱を防ぐために基本的な定義について先に整理しておこう。

　国や地域を出入国ないし出入域する際には,その者の身分を証明するために,文書の提示が求められる。身分を証明するための文書のなかで最も一般的なものが「パスポート」である。パスポートは,国際条約などでは「渡航

文書」と汎称され，条約などによっては「旅行文書」と和訳しているものもある(春田 1994: 5)が，日本での法令においては「旅券」と訳されている(法令外国語訳・専門家会議編『法令用語日米標準対訳辞書(平成 21 年 3 月改訂版)』)。

広辞苑で「旅券」という言葉を調べてみると，次のように定義されている。

> 外国へ旅行する者の身分・国籍を証明し，その便宜供与と保護を依頼する文書。発行者は外務大臣または領事。これを保持しない者は出入国を禁止される。旅行免状。パスポート。

これは実は狭義のパスポートであって，世界各国の政府や国際機関が，その所持人の出入国(域)のために発行するものを想定している。一方，出入国(域)する際に身分を証明する文書としては，旅券のみならず，船員手帳や旅行証といった旅券に代わる多種多様な証明書も発行されている。これらも含めて広義のパスポートとすることもできる。出入国(域)だけでなく，国内移動・居住や外国での滞在などさまざまな場面で利用される身分証明書も，さらに広い意味でのパスポートといえるだろう。

パスポートは主として国家によって発行されるが，国家とそうでないものを区別するのはそれほど容易ではない。国際連合加盟国は 2011 年 7 月の南スーダンの加盟により，日本を含め 193 カ国[注]となった。日本は国連加盟国のうち北朝鮮(朝鮮民主主義人民共和国)を国家承認していない一方で，国連非加盟国であるバチカン，コソボ共和国，クック諸島およびニウエを承認している。このなかのバチカンは，世界最小の独立国家であり，国連非加盟ながら総会オブザーバーとしての地位を有している。これらの国に，国連非加盟国であり，日本も国家承認をしていないが，外務省がその他の地域としている台湾(中華民国)とバチカン同様国連総会オブザーバーであるパレスチナを加えた 199 カ国が政府旅券を発行する主体となると考えられる。さらに，日本は国家承認していないが，国連加盟国の 1 カ国以上から承認された国連非加盟国である北キプロスなども，旅券を発行する主体となりうる。

また，国民のうち一部の者を対象に，国家の一部の地域において発行され

る旅券もある。国連の非自治地域リストに記載されている，ある国の海外領土や自治領がこれにあてはまる。実際には，香港およびマカオの中国返還に伴い設置された特別行政区や，英国属領地の旅券がある。

　政府以外にも，旅券を発行する主体には，国際連合およびその専門機関や（国際連合の特権及び免除に関する条約7条24項，専門機関の特権及び免除に関する条約8条26項），赤十字国際委員会がある。

　あまり広く知られていない事例として，カナダの先住民が，国家と対抗しつつ（ときには使用を妨げられながら）自分たちで自分たちのために発行しているパスポートもある。それを使ってスイスでの国連先住民族会議に赴いている。

本書の視点

　パスポートとよばれるものの範囲はとても広く，また種類もさまざまである。一言でいえば「パスポートって奥深い！」ということになるのだが，本書ではその奥深さを大きく二つに分けたうえで六つの視点から解きほぐすことを試みる。

　第Ⅰ部ではパスポートを「視る」。第1章「世界のパスポート」では，日本を除く世界各地域のパスポートを紹介する。ここでは写真を見ながら，まずは移動のためのパスポートだけでもかなり多様で多機能であることを知ってもらいたい。つづく第2章「日本のパスポート」では，日本のパスポートについて，時代劇に出てくるような手形から現在のパスポートまでの歴史的変遷をたどる。そこでは日本の国境の変化も見逃せない意味をもっている。第3章「移動と身分証明書」は，まさに広義のパスポートについて考える。人は，この移動の時代に暮らすためにどのような身分証明書を必要とするのか，さまざまな証明書からみていく。

　第Ⅱ部ではパスポートについて理論的に「考え」，さらにパスポートに媒介される個々人の経験に迫る。第4章「パスポートの概念・理念」では，その歴史や政策上の変遷などから近年の多様な使われ方まで，多面的に整理する。それをふまえ第5章「パスポートをめぐる政治」では，パスポートと国籍の関係やその有無が影響を及ぼす問題群について，最先端の議論を紹介する。そして第6章「人とパスポートの関係」では，パスポートと人々の関係

の多重性・不均衡・ねじれなどについて考える。パスポートとその所持者の関係は各人各様で，それぞれに物語がある。

巻末に編者4人による座談会を収録した。本書の執筆陣は，人類学から歴史学，社会学，政治学，法学まで，多種多様な専門分野から編成されている。パスポートという物の魅力に惹かれて，ふつうならば一緒に本を出すことなどないメンバーが集まった。この座談会ではそうした研究対象としてのパスポートの魅力について，「独断と偏見」をも交えながら，将来的な課題についても自由に語り合った。この座談会から読み始めてもらってもいいかもしれない。また，この本を手に取られた方の関心に従って，どの章，どの項目から読み始めてもらってもかまわない。パスポートとの関わり方同様，本書との関わり方も読者にゆだねたいと思う。

パスポートが織りなす世界への旅に，ようこそ。

編　　者

(注) 本書における，国・地域名および都市名の表記については，外務省作成の「国名表」とこれに基づき作成されていた『世界の国一覧表 2007 年度版』(外務省編集協力，財団法人世界の動き社発行)によることを基本とし，これによることができない場合には，在外公館の名称及び位置並びに在外公館に勤務する外務公務員の給与に関する法律(昭和 27 年 4 月 21 日法律第 93 号)に定められているか，日本外務省ウェブサイトまたは国際連合関係機関のウェブサイトに記載されているものによる。

目　　次

はじめに

第Ⅰ部　パスポートを視る

第1章　世界のパスポート ……………………………………3

1.1　ヨーロッパのパスポート　4

1.1.1　EU（ヨーロッパ）とドイツのパスポート　4

1.1.2　イギリスのパスポート　8

1.1.3　フランスのパスポート　14

1.1.4　南欧（スペイン，ポルトガル）のパスポート　18

1.1.5　旧ソ連のパスポート　21

1.1.6　旧ユーゴスラビアのパスポート　27

1.2　アメリカのパスポート　31

1.2.1　アメリカ合衆国のパスポート　31

1.2.2　カナダのパスポート　33

1.2.3　ペルーのパスポート　36

1.3　アフリカのパスポート　41

1.3.1　アフリカ人移民のパスポート　41

1.4　中近東のパスポート　47

1.4.1　アラブ諸国のパスポート　47

1.5　アジアのパスポート　52

1.5.1　韓国と北朝鮮のパスポート　52

1.5.2　香港のパスポート　57

1.5.3　タイのパスポート　62

x

　1.5.4　ミャンマーのパスポート　68

　1.5.5　マレーシアのパスポート　72

　1.5.6　ネパールのパスポート　79

　1.5.7　インドのアイデンティティ・サーティフィケート(IC)　85

第2章　日本のパスポート ……………………………… 93

2.1　通 行 手 形　94

　2.1.1　通行手形とは　94

　2.1.2　往 来 手 形　95

　2.1.3　関 所 手 形　96

　2.1.4　管理システムとしての手形　99

　2.1.5　移動と本人確認　100

2.2　偽文書と身分証明　100

　2.2.1　職能民の身分証明書　100

　2.2.2　さまざまな職の由来と権利　102

　2.2.3　偽文書を介した人の関係　103

2.3　居留地制度下における外国人の内地旅行免状 ──国内旅行のパスポート　104

　2.3.1　外国人居留地と遊歩区域　104

　2.3.2　内地旅行制度の確立　105

　2.3.3　内地旅行の条件緩和　106

　2.3.4　外国人居留地と内地旅行免状の終焉　107

2.4　戦前のパスポート　108

　2.4.1　賞状型のパスポート　108

　2.4.2　手帳型のパスポート　111

　2.4.3　移民と旅券　112

　2.4.4　戦後の旅券　113

2.5　本土から切り離された地域とパスポート ──奄美・小笠原・沖縄　116

　2.5.1　行政分離された地域とはどこか　116

2.5.2　行政分離された地域の日本復帰　117

2.5.3　特別地域と本土との往来制限と密航　117

2.5.4　特別地域への渡航のための「身分証明書」　119

2.5.5　琉球から本土への渡航手続き　120

2.5.6　琉球住民の法的立場の確立と渡航手続きの整備　121

2.6　日本が発行する現在のパスポート　123

2.6.1　日本国旅券　123

2.6.2　日本国政府の発行する旅券に代わる証明書　124

2.6.3　北方領土との渡航文書　126

第3章　移動と身分証明書 ·················129

3.1　越境とさまざまな身分証明書　130

3.1.1　越境する人々と身分証明書　130

3.1.2　身分証明書に対する信頼とその役割　130

3.1.3　身分関係および居住関係の証明　131

3.1.4　身分証明書をめぐる最近の動向　132

3.1.5　身分証明書の今後　133

3.2　出生届と母子健康手帳　134

3.2.1　出生届と子どもの国籍　134

3.2.2　妊娠・出産と非正規滞在　136

3.2.3　妊産婦手帳の誕生と歴史　137

3.3　外国人登録と在留カード　141

3.3.1　日本に暮らす外国人──その登録と管理　141

3.3.2　外国人登録制度　142

3.3.3　新しい在留管理制度　144

3.4　もうひとつのパスポート「乗員手帳」　147

3.4.1　船員手帳　147

3.4.2　国際航空乗員証明書等　149

3.4.3　乗員手帳に準ずる文書　150

コラム　日本国「再入国許可書」と私　150

第Ⅱ部　パスポートを考える

第4章　パスポートの概念・理論 ……………………………159

4.1　パスポートとは？ 国籍とは？　160

4.1.1　パスポートを規定する法律　160

4.1.2　国籍を規定する法律　162

4.2　パスポートの歴史　166

4.2.1　革命とパスポート　166

4.2.2　パスポートコントロール緩和の要因　169

4.2.3　20世紀のパスポート　170

4.2.4　複数国籍時代のパスポート　170

4.3　パスポートの機能と入管政策　171

4.3.1　出入国審査とパスポート　171

4.3.2　パスポートの国籍証明機能　173

4.3.3　国籍を証明できないパスポート　175

4.3.4　パスポートの未来　176

コラム　パスポートの表象　178

インフォーマルなパスポートがもつ機能／生存する人以外に発行されるパスポート／映画で描かれているパスポート／社会におけるパスポートの表象

第5章　パスポートをめぐる政治 ……………………………185

5.1　パスポートとアイデンティティ　186

5.1.1　アイデンティティとアイデンティフィケーション　186

5.1.2　ある華人の生活史　187

5.1.3　制度とアイデンティティ　189

5.1.4　国籍変更とアイデンティフィケーション　190

5.1.5　アイデンティティの政治性　192

5.2　複数国籍，無国籍，無戸籍　192

5.2.1　個人と国家を法的につなげる国籍，戸籍　192

5.2.2　血統主義と生地主義　193

5.2.3　複 数 国 籍　194

5.2.4　無戸籍と無国籍　196

5.2.5　国籍・戸籍というシステムの有効性　200

5.3　海外渡航の自由とパスポート　200

5.3.1　パスポートをめぐる法制度　202

5.3.2　海外渡航の自由への制約・今昔　203

5.4　難　　民　206

5.4.1　「難民」の定義とその数　206

5.4.2　難民条約以前の難民に与えられたパスポートとビザ　207

5.4.3　難民条約における保護——越境の条件化，難民の身分証明書　208

5.4.4　入国管理の厳格化と越境避難の困難化　211

5.5　移　　民　212

5.5.1　ヨーロッパでの 2015 年移民危機　213

5.5.2　移民／難民とパスポート　215

5.5.3　移民をめぐるメソ構造　216

5.5.4　歓迎される移民 歓迎されない移民　217

第6章　人とパスポートの関係 ……………………………………219

6.1　日本人移民とパスポート　220

6.1.1　パスポートと移民の歴史　220

6.1.2　移住地の「万葉集」にみるパスポート　221

6.2　中国帰国者と身分証明　224

6.2.1　中国帰国者の移動と身分証明　225

6.2.2　ライフストーリーにみる身分証明とアイデンティティ　227

6.3　帰化・国籍取得　230

6.3.1　「帰化」とは何か　232

6.3.2　帰化を申請する人々の想い　233

6.3.3　日本における帰化の現状　235

6.4 アスリートにみる国籍選択の背景
　　　──トンガ人の事例を中心に　236

　6.4.1　ラグビーブームと問われる選手の国籍　236

　6.4.2　初代トンガ人ラグビー留学生の来日の経緯　238

　6.4.3　日本居住者としてのトンガ人ラグビー選手　239

　6.4.4　ラグビー選手の帰化の動機　241

　コラム　**あなたはだれ？**──パスポートが覆う，そのむこうの景色　243

座談会　パスポート学の射程 ……………………………………251

　参考文献　261

　索　　引　267

第 I 部

パスポートを視る

第**1**章
世界のパスポート

　パスポートは，何よりもまず，出入国（出入域）の際に身分を証明する文書である。そのパスポートが国を映す鏡でもあるといったら少し大げさだろうか。しかし実際，各国・地域が発行するパスポートにはある種の強弱があって，本章の複数の項で指摘されているように，ほぼあらゆる国境を自由に越えることができるパスポートの「ありがたみ」を享受できる人々もいれば，多くの越境移動の際にビザを必要とするパスポートしかもたない人々もいる。そうしたパスポートの強弱は，当該国・地域の経済状況ばかりでなく，政治的安定性や国際的信用度によって決まってくる。

　本章では，広くヨーロッパ，アジア，南北アメリカ，中東，アフリカの各国・地域の事例を扱うが，読者はその視点の多様さに多少とまどうかもしれない。その多様さの主たる原因は，パスポートという制度が「誰を国民として扱うのか」という問題と直結していることにある。パスポートは国家間関係にかかわるものであると同時に，国民の範囲という国家主権にとってきわめて重要な問題にもかかわっている。さらにこの国民の範囲は，隣国との歴史的・政治的関係性に左右される場合が少なくない。戦争や国家の独立，政治体制の転換はパスポート制度に重大な変化をもたらしうるのである。

　本章では，それぞれの国・地域のパスポート制度の特徴に焦点を合わせている。それはときにあまりにも複雑な様相をみせるが，そうした複雑さがまさに歴史的現実および現代社会の諸問題の表象になっているといえる。

1.1 ヨーロッパのパスポート

1.1.1 EU(ヨーロッパ)とドイツのパスポート

ヨーロッパ(EU)のパスポート制度の経緯

　ヨーロッパでは，19世紀初頭に警察制度が整えられるとともに，農民解放による国内移動の増加や，フランスからの革命運動の波及，各国での共和制や分離独立(オランダからのベルギーの分離独立など)を求める運動の勃発による治安情勢の不安定を背景に，また渡り職人やシンティ・ロマなどのいわゆる移動民(vagrants)取締の強化を狙って，国内の人の移動，国外からの外国人の出入りを監視するためにパスポート制度が正式に導入された。パスポート制度自体は，ヨーロッパのいくつかの国では，それ以前にも旅行者の移動に用いられてはいた。しかしパスポートを持って旅行する人は一部の上層階級に限られていた。必ずしもパスポートが必要とは限らず，それに代わる身分証明のできる書類があればよいとされることもあった。中世期以降にもパスポートにあたる証明書が用いられた例があることが報告されている。

　19世紀初頭に身分や内外人を問わず一律に導入されたパスポートシステムは，外国人か自国の臣民ないし市民かを問わず，個人の移動をくまなく監視するものであった。パスポートには，ビザのスタンプが押され，旅程が書き込まれ，名前のほかに身体の特徴なども記された。経由する町では警察にパスポートを預け，認印が押され，泊まるときには，場合によっては滞在許可証にあたるものが交付され，旅館の経営者やよそ者を泊める個人は警察に届け出を出すのが通常だった。

　見逃せないのは，19世紀末以降の国民国家形成後の入国管理において「外国人」を意味する語(英語の alien，フランス語の étranger，ドイツ語の Fremde)は，この時代のヨーロッパの国々においては，ローカル・コミュニティに属していない「よそ者」，他の地域からやってきた「よそ者」を意味していたことである(Noiriel 1996, Caestecker 2000, Bader-Zaar 2003)。パスポートはまさに，ローカルレベルでこの「よそ者」を監視する道具だった。そこには，フーコーが示したようなこの時代の統治機構や刑罰制度，工場や学校などの社会的機関に貫かれていた独特の社会的訓育(disciplinarization)・監視

の観念が働いていたとみることもできる（フーコー 1975=1977）。移動者を隙なく監視・管理することを企図していたパスポートシステムもまた，社会的逸脱者や疑わしき人物とみなした移動者を狙った，フーコーが紹介するベンサムが構想した一望監視装置（パノプティコン）ともいうべき道具だったといえる。1817 年にドイツ最大の領邦国家プロイセンが敷いたパスポート条例には，パスポートがそうした監視装置であることを示す記述がみられる。「一方ではパスポートは非の打ちどころのない正直な旅行者には（中略）法的に要求される証明となる簡便な手段を提供するものである。（中略）他方で，パスポートは，可能なかぎり警察官との接触をもたらすことで，あらゆる疑わしい危険な人物たちにとっては，領土内での移動や滞在をきわめて困難にし，そうした人物たちを摘発することをより容易にしうるものである」（Fahrmeier 2000: 117-118）。

　このように，国民国家が未形成ないしは発展途上だった 19 世紀前半の時代のパスポートは，内国人と外国人を区別する証明書というよりは，国内での人の移動，あるいは国外からの人の出入りを徹頭徹尾監視する道具だった。

　19 世紀半ばに治安情勢が落ち着き，政治的・経済的リベラリズムの潮流や移動の自由を求める資本の側の声が強まるにつれ，また鉄道の普及で従来のようなパスポートシステムが実情にそぐわなくなったことで，パスポート制度は形骸化ないしは廃止されるようになる。ドイツでは，領邦国家間でパスポート制度の廃止を決める条約が結ばれたり，プロイセン主導の北ドイツ連邦のように，パスポート規制を廃止する法（1867 年）が出されたりしている。ただ，渡り職人やシンティ・ロマなどの移動民や疑わしいとみなした外国人へのパスポートや書類チェックはその後も続いていた（Lucassen 1997）。1875 年生まれのドイツの作家トーマス・マンは自伝的小説『トニオ・クレーガー』のなかで，自分の若い時代の体験をもとに，役所嫌いでパスポートを発行してもらったことのない作家が，ドイツからデンマークへ向かう途中，警察官から逃走中の強盗犯と間違われ，パスポートはおろか見せるべき証明書類を何も持ち合わせていないために，なかなか疑いを晴らせず困惑する様子を描いている。

6 第Ⅰ部 パスポートを視る

その後，国民国家形成を経て，第一次世界大戦でヨーロッパ各国は敵国人の諜報活動対策などを理由として，パスポートやビザによる規制を復活させる。しかしここでのパスポートとパスポートシステムは，もはや19世紀前半のような内外人を問わず移動を徹頭徹尾監視するものではなく，その国の国籍をもっている者だけに与えられ，外国人と国民とを区別し，外国人の出入国を管理しようとする今日的なパスポートチェックの始まりだった。第一次世界大戦後，戦時措置だったパスポートチェックは，ドイツをはじめとするヨーロッパ各国で制度化される。

第二次世界大戦後，ヨーロッパでは，北欧諸国が1954年に北欧共同労働市場を結成し，1959年から参加国間でパスポートコントロール（入国審査）に関する協定も結ばれた（パスポート連合）。これによれば，参加国の国民の相互の移動にはパスポートは必要なく，政府が国民に交付する身分証明書だけでよいことになった。また第三国国籍者に対するパスポートコントロールも域外国境でのみ行われ，共同市場域内ではスポットチェックのみにとどめられることになった（Brochmann 1999: 207）。

この北欧諸国のパスポート連合に，欧州共同体（EC）は早くから関心を抱いており，折しも欧州各国が移民労働者の受け入れ停止に踏み切った直後の1974年の欧州理事会では，1976年末までのパスポート連合の結成・共通パスポートの導入に向けた調査・検討の開始を求め，早くも「外国人に関する法制の漸次的共通化と共同体域内でのパスポートコントロールの廃止」がもくろまれていた（久保山 2009: 125）。このときすでにドイツは，近隣四カ国と国境検問廃止をめざす二国間協定を結んでいた（同）。これらの構想は，域内国境検問廃止と共同での外囲国境管理をめざす1985年のシェンゲン協定，1990年のシェンゲン協定施行協定へとつながっていく。

域内国境でのパスポートコントロールの廃止と域外国境（第三国国籍者にとっては最初に入国した国の国境）でのパスポートコントロールを定めたこれらの協定は，1997年のアムステルダム条約でEU法のなかに取り入れられ，EU加盟国共通の制度となり，シェンゲン・アキとよばれる法体系を成している。これにより，EU域外からEU加盟国に入国し，滞在する場合，最初に到着した国でパスポートコントロールを受ければ，他の加盟国へ移動

第1章 世界のパスポート　7

してもパスポートコントロールは受けない。しかしイギリスとアイルランドは，シェンゲン・アキの国境管理分野の適用除外となっているため，たとえばドイツのフランクフルト空港でパスポートコントロールを受けても，その後イギリスへ移動すれば，ロンドンのヒースロー空港では再度パスポートコントロールを受けることになる。逆にスイスは EU 加盟国ではないが，EU と協定を結び，シェンゲン・アキを受け入れているため，パスポートコントロールに関しては同じ仕組みが適用される。

現在のヨーロッパのパスポートと身分証明書——ドイツの例

EU の各加盟国では，加盟国間で共通サイズ・仕様のパスポートが交付されている。表紙上部には欧州連合という文字やその国の紋章が入れられることになっており，色は原則として赤茶色で，総ページ数も定められており，1ページ目の本人の身分証明で必要とされる情報(氏名，生年月日，出生地，性別，交付機関の名称，有効期限など)も定められている。

ここでは，ドイツを例として取り上げる。図1・1に見るように，ドイツ

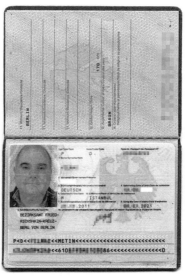

図1・1　ドイツのパスポート(執筆者友人提供)
左：表紙(EU 加盟国のパスポートには国名に加えて「欧州連合」の表示がある)　右：身分証明のページ

図 1・2　ドイツの身分証明書

のパスポートは，本人の身分証明のページは日本のパスポートとほとんど変わらない．ドイツのパスポートでは，2 ページ目に身長と目の色も記載されている．表紙上部にはドイツ語で欧州連合と記載されている（口絵①参照）．写真でもわかるように，通常，ドイツのパスポートは 10 年間有効となっている．ただし，24 歳以下の所持者に限っては 6 年間となっている．年齢の若い所持者にあっては，容貌や顔の変化が速いため，有効期間を短くしているのである．また，兵役義務があった時代に，兵役逃れで外国に長期滞在しにくくする意図の名残でもある（ドイツでは兵役義務は廃止されている）．このパスポートの写真提供者はトルコ系移民の 2 世であり，出生地がトルコのイスタンブールになっている．写真下にはこのパスポートを交付したベルリンの区役所の名称が記載されている．

　また，ドイツではほとんどの EU 加盟国と同様に，国民に身分証明書を交付している（図 1・2）．日本で導入されたマイナンバーカードと同様に，公的機関あるいは銀行や郵便局などの民間機関で本人確認の身分証明書として機能しており，様式などは，写真からもわかるように，パスポートとよく似ている．ヨーロッパでは，他の加盟国に居住している場合にパスポートの代わりともなりうる身分証明の書類である．

1.1.2　イギリスのパスポート

　イギリスのいわゆる国民パスポートは，表紙の色はバーガンディーで，イギリスの国章が金色で印刷されている（図 1・3a，口絵②）．パスポートのなかにはイギリスの各地を代表する景色が掲載されている（図 1・3b〜e）．図 1・3

第 1 章　世界のパスポート　　9

b に顔写真が 2 カ所掲載されているのは偽造対策の一つである。
　図 1・4 はチャンネル諸島のジャージー島の市民に発行されているパスポートである。チャンネル諸島はフランスとの間の海峡にあり，イギリス王室属領とされている。チャンネル諸島のほかマン島もイギリス王室属領とさ

図 1・3　イギリスのパスポート
　a：表紙（イギリスの憲法学者の K.E. 提供）　b：個人情報のページ（悪天候が有名なため，天気図と海鳥が印刷されている。執筆者同僚の T.P. 提供）　c：保護要請文のページ（イギリスの昔ながらの風景）　d：ビザのページ（北アイルランドのジャイアンツ・コーズウェイ）　e：ビザのページ（イングランドのブレナム宮殿の庭。ビザのページをめくると，ここで掲載した風景のほか，湖，渓流，海岸などイギリスの各地を代表する風景を見ることができる。c～d は執筆者友人の V.L. 提供）

図1・4　ジャージー島市民のパスポート
左：表紙　右：保護要請文のページ（保護要請文が本国市民のものとはやや異なる。デザインは本国市民の旧版と同じ）。いずれも執筆者友人のV.L.提供

れている。イギリスは正式にはイングランド，ウェールズ，スコットランドおよび北アイルランドから構成される連合王国とされており，法的にはイギリス王室属領はこの連合王国には含まれていないため，本国市民のものとはやや違ったパスポートが発行されている。

イギリスのパスポートを持っていてもイギリスに自由に入国できない？

図1・3bの中段部分にある国籍情報欄を拡大したものが図1・5である。

国籍欄に「BRITISH CITIZEN」とある。実は，この国籍欄にはイギリス市民（British citizen）以外にも，イギリス海外領市民（British Overseas Territories citizen），イギリス海外市民（British Overseas citizen），イギリス臣民（British subject），イギリス国民（海外）（British National（Overseas））またはイギリス保護民（British protected person）と記載されることがある。つまりイギリスのパスポートは，イギリス市民をはじめとする6種類の市民に発行されている。しかし6種類の市民のうち，その地位によりイギリスに自由に入国できるのは，おもにイギリス市民とジブラルタルのイギリス海外領市民（イギリス海外領

図1・5　国籍情報欄
（イギリスの憲法学者のK.E.提供）

の一つであるジブラルタルが EU 域内であるため)のみである。これらの市民以外がイギリスに入国しようとする場合にはビザが必要になる。なおチャンネル諸島およびマン島の市民は国籍法上，イギリス市民とされるため，イギリスにビザなしで自由に入国できる。

イギリスのパスポートをもつ 6 種類の市民

計 6 種類の市民の法的地位は 1981 年イギリス国籍法に規定されている。イギリスでは国籍と市民権の文言は両者ともに法的に有効とされているが，実は 1981 年イギリス国籍法にはそのいずれも明確に定義されておらず，両者がどういった関係であるのかははっきりとしていない。しかしながら，一般的にはイギリス国籍は複数の市民の法的地位をすべて含む上位概念として理解されている。以下でそれぞれの市民について簡単に紹介しよう。

イギリス市民とはイギリス本国市民のための法的地位である。世界中におよそ 6000〜8000 万人がいるとされ，イギリスのパスポートをもつ者の多くがイギリス市民であると考えてよい。大半がイギリスでの出生によりこの地位を認められている。このほか登録(帰化によく似ているが帰化よりも簡単に取得が認められる制度)，帰化または血統による継承などでも認められる。

イギリス海外領市民とは，ジブラルタルやフォークランドなどイギリス海外領の市民のための法的地位である。イギリス市民と同じく，海外領での出生，登録，帰化または血統による継承などにより認められる。なお，当該法的地位は 2002 年イギリス属領市民(British Dependent Territories citizen，パスポート写真は p.58 の図 1・27)より名称変更されたものである。

イギリス国民(海外)とは，かつて統治をしていた香港の一部市民(インド系またはパキスタン系の者が中心)のための法的地位である。パスポート写真は図 1・29 を参照されたい(なお香港についての詳細は§1.5.2 を参照)。

イギリス海外市民はかつての植民地の市民，またはその子や孫などである。大半の者がほかの国籍または市民権を有しているが，一部には植民地が独立する際に何らかの理由で独立国の国籍または市民権の取得が認められず，イギリス国籍のみとなっている者もいる。マレーシアまたはシンガポール国籍を有するマレー半島の中国系住民および東アフリカのインド系またはパキスタン系の者が多い。東アフリカ諸国がかつて植民地であった頃，イン

ド系やパキスタン系の者が労働力として移住していた。

イギリス臣民は何らかの事情によりドミニオン(植民地とは異なり法的に自主権をもっていた独立自治領)の国籍または市民権を取得できなかった者,またはその子や孫が該当する。イギリス海外市民とよく似ているが,歴史的経緯の違いにより異なる分類とされている。具体的に説明すると,1981年イギリス国籍法の制定前の国籍法である1948年イギリス国籍法が関係する。1948年イギリス国籍法においてもイギリス本国市民以外にも法的地位を認めており,連合王国および植民地市民(Citizens of the United Kingdom and Colonies, p.58の図1・26参照),独立自治領(ドミニオン)の市民(Citizens of Independent Commonwealth Countries)のほか,これらのいずれにも該当しない者のために,市民権をもたないイギリス臣民(British subjects without citizenship)が規定されていた。つまり,1981年イギリス国籍法でのイギリス海外市民という法的地位は1948年イギリス国籍法上で連合王国および植民地市民と規定されていた法的地位が再分類されたものであり,1981年イギリス国籍法でのイギリス臣民という法的地位は1948年イギリス国籍法上で市民権をもたないイギリス臣民と規定されていた法的地位が再分類されたものである。イギリス臣民の法的地位を有する者はインドまたはスリランカに在留するインド系の者が多い。

イギリス保護民はかつて保護領または保護国であった際にイギリス保護民とされ,独立時に何らかの理由でその国の国籍または市民権を取得できずにこの地位をもちつづけている者,またはその子や孫である。たとえば,かつてウガンダは保護領,マレーシアは保護国であった。

特にイギリス海外市民,イギリス臣民およびイギリス保護民は,これらのいずれの法的地位をもっていてもこれによりイギリスに自由に入国できないため,本来であればこれらの地位を有しているはずであるのにこれに気づかず,関連法を調べないまま自身を無国籍であると認識している者が多いようである。

なお2008年までにいくつかの国籍関連法が制定されている。これらにより,イギリス海外領市民(軍事目的で使用されているキプロスのアクロティリおよびデケリア主権統治領を除く)にはイギリス市民の法的地位が与えら

れたほか，ほかに国籍または市民権を有していないイギリス海外市民，イギリス臣民，イギリス保護民およびイギリス国民（海外）にはイギリス市民の法的地位の登録による取得が認められている。

パスポートから読み取れるイギリスの歴史

イギリスの国籍法には帝国としての歴史が深くかかわっている。非常に複雑であるが，概略を紹介しよう。

かつて大英帝国の宗主国として多くの植民地を有しており，イギリス本国や植民地市民を区別することなく，帝国領土内に出生した者すべてにイギリス国籍を認めた。第二次世界大戦後，植民地が次々に独立し，帝国は崩壊しようとしていたが，本国市民以外にも国籍を付与する国籍法の基本的構造は維持した。そして1960～70年代に出入国管理法で本国市民以外のイギリスへの入国の自由を否定した。これによりイギリス国籍をもっていてもイギリスに自由に入国できない者が多数生み出され，出入国管理法での事実上のイギリス本国市民がつくり出された。1981年イギリス国籍法は，出入国管理法と1948年イギリス国籍法との相互関連を反映させ，成立したものである。

なぜイギリスへの入国の自由を認めない者も市民とし，外国人と定義しないのか。それは第二次世界大戦以前からイギリス本国市民だけでなく植民地市民にも国籍を与えており，国籍には帝国の宗主国としての誇りのほか，歴史的および道義的責任が結びついているためである。イギリス本国市民以外を国籍法上，外国人と定義することは，本国市民以外にもイギリス国籍を付与しつづけることにより維持されてきた帝国の宗主国としての地位を消し去ることを意味し，とりわけ保守層からの反対が強い。また，これまでイギリス国籍をもっていた者を外国人とすることにより無国籍者が発生し，これらへの対処が必要になる可能性があるため，これを回避したいということも理由の一つとして指摘できる。

以上のことを背景として，イギリスでは6種類の市民にパスポートが発行されている。パスポートには直接，イギリスの歴史は明記されていないが，ごく一部の表記である国籍情報から，国籍法に残る帝国としての歴史を読み取ることができるのである。

1.1.3 フランスのパスポート
文学にみるフランスのパスポート

「パスポート」という用語は大革命前のアンシャン・レジーム期からみられたが，それは現在のような海外での身分証明書というよりも，出国や国内移動の許可証という性格をもつものだった。人々に移動の自由が認められていなかった時代には，パスポートは人の移動を管理する役割を担っており，その性格はフランス革命後もしばらくは変わることがなかった。革命によって人の移動の自由が人権の一部として認められるようになってからも，反革命派の逃亡や山賊行為の取締の必要性が強調され，治安対策の名目でパスポートによる移動の規制が実施されていったのである。

最も有名なフランス文学といってよい作品のワンシーンに，パスポートをめぐる当時のこのような状況をみることができる。

「今晩，この土地について，宿屋へ行きましたが追いだされました，市役所で見せた私の黄色いパスポートのためです。それは見せなくちゃならなかったのです」
彼はポケットから大きな黄色い紙切れをとりだしてそれをひろげた。
「ほら，わたしのパスポートです。黄色です，ごらんのとおり。これでどこへ行っても追いだされるのです。お読みになりますか？　読めますよ，わたしにも。徒刑場で習ったんで。習いたい人間には学校もありますからね。いいですか，パスポートにはこうあるんですよ，《ジャン・ヴァルジャン，放免徒刑囚，生まれはと……これはどうでもいい……徒刑場にいること十九年，押し込み強盗で五年。四回脱獄をくわだてて十四年，非常に危険な人物である》このとおり！　みんなわたしを追っ払った。それでも入れてくれるのですか，このわたしを？」

V.ユゴー／井上究一郎訳『レ・ミゼラブル 1』より

前科をもつ者は，行く先々の市役所に出頭してパスポートを見せることが義務づけられていた。主人公が食事と一夜の宿を与えてくれた司祭に自分の身の上を語りながら見せたこのパスポートにはおそらく，身体的特徴と目的

地が記載されていたことだろう。

　パスポートをもっているということは，移動が公的に認められた証明でもあった。やがて国民のもつ身分証と外国人のもつ身分証がはっきりと区別されるようになると，外国に対して国民の身分を国家が証明する役割を果たすという現在のようなパスポートが確立していった。

パスポートのデザイン

　フランスでは 2006 年の電子パスポートの導入によりICチップによる情報管理がなされるようになり，2009 年にはEU基準に従って生体認証技術を利用したバイオメトリック・パスポートに全面移行した。

　パスポートの表紙の色はボルドーで，中央には共和国の紋章が配置されている。バイオメトリック・パスポートには，表紙の"PASSEPORT"の文字に，従来の電子パスポートにはない下線が引かれている(図 1・6a，口絵③)。表紙を開いて右ページの上部にも，共和国の紋章が印刷されている(図 1・6b)。

　すべてのページの背景には，地図が透かしで印刷されている。表紙をめくると見開きで世界五大陸とフランス全領土の図があり(図 1・7a)，個人情報ページにはモルワイデ図法の世界地図(図 1・7b)，続くページには五大陸が 1 ページずつ並ぶ(図 1・7c, d)。五大陸以降のページでは両端上部に六角形

図 1・6 フランスのパスポート
a：表紙　b：内部に印刷された共和国の紋章
(図 1・6 から図 1・9 までのパスポートの写真に関しては，江口修・小樽商科大学名誉教授および札幌アリアンス・フランセーズ院長のニコラ・ジェゴンデ氏に大変お世話になった。記して御礼申し上げます)

16　第Ⅰ部　パスポートを視る

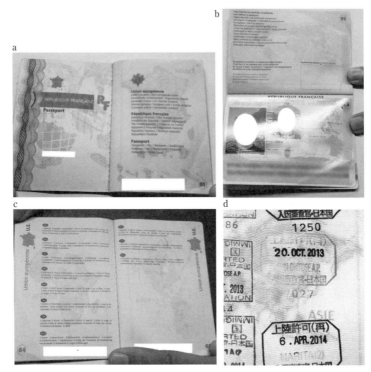

図 1・7　フランスのパスポートに透かしとして印刷された地図
a：世界五大陸(左)とフランス全領土(右)　b：世界地図　c：五大陸が1ページに一つずつ印刷されている　d："ASIE(アジア)"の文字の少し上に日本が描かれている

のフランス本土(コルシカ島を含む)の図が印刷され，統一感が出されている。

　五大陸の次からは，フランスのすべての州が1ページずつ印刷されている(図1・8a)。海外県(図1・8b)と海外公共団体およびニューカレドニア(図1・8c)も，それぞれ1ページにまとめられている。

パスポートの内容

　パスポートには，国際標準に基づき，名義人の氏名，性別，生年月日と出生地，目の色，身長，国籍，住所，パスポートの交付日および交付機関，パスポート番号が記載され，これに顔写真と自署が入る。顔写真は偽造を防ぐ

第1章 世界のパスポート　　17

図1・8　透かしの地図
a：州のページ。写真はイル＝ド＝フランス　b：海外県　c：海外公共団体およびニューカレドニア

ために2カ所に印刷され，しかもそのうち一つは文字が重ねられて，より偽造が困難なように工夫されている(図1・9)。

　氏名に関しては，身分証書に記載されている氏名のほかに通称の併記ができる。通称の記載を希望する場合は，法律上使用が認められている通称を証明する書類(たとえば配偶者や親の氏名を証明する書類)が必要となる。

図1・9　顔写真の印刷部分

　バイオメトリック・パスポートには，これらの情報に加えて，顔写真と指紋の電子情報が登録される。これはICAO(国際民間航空機関)の推奨に応じて出されたEU指令no.2252/2004に基づくものである。このEU指令を受けてフランス旅券法は，顔写真と2指の指紋情報を登録する旨定めている。申請時に8指の指紋が採られ，そのうち2指が採用される。

　パスポートの有効期限は，成人は10年，未成年は5年である。

パスポートの種類

　上で紹介した一般のパスポートのほかに，公用パスポート，派遣パスポート，外交パスポートがある。

18   第Ⅰ部　パスポートを視る

　フランスは憲法第1条で「不可分の共和国」を謳い，すべての市民に平等を保障するとしていることから，旧植民地に起源をもつ海外県についても本土と同様にフランス国民としての完全な権利が認められ，同じパスポートが発行されている。また，独立性が高く特殊な地位が認められている海外公共団体およびニューカレドニアについても，地域によっていくつかの違いはあるものの，基本的には同じパスポートが発行されている。

1.1.4　南欧(スペイン，ポルトガル)のパスポート

　南欧に位置するスペイン，ポルトガルの2カ国では，IDカード制が採用されている。スペインではDNI(Documento Nacional de Identidad，国民身分証明書類)，ポルトガルではカルタン・デ・シダダン(Cartão de Cidadão，市民カード)という正式名称をもつこれらIDカードは，両国国民にとっての最も基本的な身分証明書類としての役割を担っている。パスポートを入手する際にも，一部の例外を除き，これらIDカードを保有していることが条件となる。

　他の多くの国々と同様，スペイン，ポルトガルのパスポートにも，いくつかの類型が存在する。スペインには，一般パスポート，外交官パスポート，公用パスポート，一時的パスポートなどが存在する。また，ポルトガルでも，一般パスポート以外に，外交官パスポート，特別パスポート，外国人パスポート，一時的パスポートなどが発行されている。このうち一時的パスポートとは，パスポートをもたない非合法移民の本国への送還などに際して発行される，有効期限が短期間のパスポートである。また，外国人パスポートとは，ポルトガル国内に大使館や領事館が存在しない国の出身者や無国籍者が申請できるものである。

歴史的背景

　これらイベリア半島の2カ国は，キリスト教徒によるイスラム王朝に対する領土回復運動(レコンキスタ)の過程で成立した点や，その後，16世紀頃に海上覇権を築いた点，さらには20世紀になり，権威主義体制とよばれる政治体制をとった点など，多くの歴史的共通性を有する。そしてそのような両国の歴史はパスポート(一般パスポート)のあり様にも多大な影響を及ぼし

ている。

　スペイン，ポルトガル両国のパスポートに最大の影響を与えた歴史的出来事といえば，やはり1986年のEC（欧州共同体）加盟であろう。たとえばEC加盟以前のポルトガルのパスポート（図1・10右上）は，表紙が緑色であり，個人情報のページには妻の写真や子どもを含めた家族の名前を記載する欄が設けられていた。しかし，EC加盟からしばらくすると，両国のパスポートは，「EU（EC）パスポート」としての共通点をもつようになり，表紙の色が赤系の色へと変更されたほか，「欧州共同体」や「欧州連合」の文言が表紙の部分に付されることとなった（口絵④，⑤）。また，個人情報に関する事項についても，他の加盟国のパスポートとの共通化が図られた。

図1・10　スペイン，ポルトガルのパスポート
上：EU（EC）パスポート導入以前（1970年代〜1980年代）の表紙　下：現在の表紙

また，スペイン，ポルトガルともに，かつて世界各地に広大な植民地を保持していた。たとえばスペインの場合，メキシコやアルゼンチンなどの中南米諸国が代表的な旧植民地としてあげられる。これら旧植民地諸国との間では，独立以前はもちろん，独立後も人の移動がさかんに行われてきた。長らく移民送り出し国であったスペイン，ポルトガルにとり，それら旧植民地諸国は最も重要な移住先の一つであったのである。このような歴史的背景から，スペイン，ポルトガル両国政府は，これら旧植民地諸国の国民に対しては，多くの場合，その歴史的関係性から，ビザなし，または簡単なビザ申請手続きでの渡航を認めてきた。

そして現在では，欧州統合の発展に伴い，そうした旧植民地諸国との特恵的な関係は，他のEU諸国との間で共有されている。したがって，スペイン，ポルトガルを含むEU諸国の国民は，メキシコやコロンビアなどの一部の旧スペイン領中南米植民地諸国には180日間以内のビザ免除滞在が，アルゼンチン，ボリビア，ブラジルなど，それ以外の多くの旧植民地諸国には90日以内のビザ免除滞在が認められている。他方，アフリカ諸国の場合，たとえばモロッコには90日間，サントメ・プリンシペには15日間のビザ免除滞在が可能である。さらに，ブラジルに入国したポルトガル人の場合，すでに与えられている90日に加え，さらに90日間ビザなし滞在を延長できるなど，旧植民地国と旧宗主国の間だけの特恵的な制度も存在する。このほか，スペイン人およびポルトガル人はフランス領やイギリス領であった旧植民地諸国の一部にもビザなしで渡航することができる。

その結果，今日，スペイン，ポルトガルのパスポートを保持する者は，かなりの程度自由に国際移動することができる。事実，ビザなし渡航が可能な国の数や期間などをもとに各国のパスポートの自由度を測定した「ビザ制限指数」の2014年版(Henley & Partnersによる"International Visa Restrictions")によると，スペイン，ポルトガルは，日本やフランスなどとともに3位集団のなかに位置づけられた。

スペイン・ポルトガルへの入国と滞在

これに対し，他の国々からスペイン，ポルトガルに入国する際の制度はどのようになっているのであろうか。シェンゲン・ビザ(§1.1.1参照)の導入に

より，シェンゲン協定締結国（大部分は EU 諸国）の領土内にビザなしで入国できるようになるなど，ビザに関する諸規則は，他の協定締約国との間でかなりの程度共通化されることとなった。

とはいえ，一部の旧植民地諸国との間には，スペイン，ポルトガルからの渡航時と同様，それら諸国からスペイン，ポルトガルへの渡航時にも特別な制度が設けられている。たとえばポルトガルに入国したブラジル人は，相互主義原則に基づき，180 日間のビザ免除滞在の権利が与えられている。

「黄金ビザ」制度

2009 年，ギリシャの粉飾決算問題を機にユーロ危機が発生した。この危機の発生により，深刻な経済停滞に陥ったスペイン，ポルトガルでは，近年，海外投資家を対象に滞在許可証付きビザを発行する制度，通称「黄金ビザ」制度が導入された。たとえばポルトガルの場合，過去 5 年間に，100 万ユーロ以上の資金移動や 10 万ユーロ以上の不動産購入などの条件を満たした外国人に対し，1 年間の滞在資格（延長可）が与えられるようになった。スペインの場合でも，200 万ユーロ以上のスペイン国債購入，100 万ユーロ以上のスペイン企業の株式購入など，要求されている金額に多少の違いがみられるものの，近似した条件を満たせば，やはり黄金ビザが発行されることとなった。

伝統的に移民送り出し国であったスペイン，ポルトガルに多くの外国人が到来するようになったのは，1980 年代以降のことであった。両国に到来する移民のなかで長らく大部分を占めていたのは，アフリカ諸国，南米諸国（特に旧植民地諸国）や，他の欧州諸国出身の人々であった。しかし，近年の黄金ビザ制度により，中国人を中心に，国別の移住者数においてかつては上位を占めることのなかった国からの外国人が新たに移住してくるようになった。

1.1.5 旧ソ連のパスポート

モルドバ・パスポート，人気急上昇中

2013 年末以降，トランスニストリア（沿ドニエストル，トランス・ドニエストルともいう）でモルドバ・パスポートの申請が相次ぎ，その数は全人口

の 5 分の 1 にものぼるという。いったい何が起こっているのだろうか。ウクライナ・EU 間の連合協定仮署名が延期された同じ時期，モルドバとの間では仮署名が行われ，同国と EU との関係は強化された。2014 年 4 月には，シェンゲン加盟国とのビザ免除が実現し，ヨーロッパのほとんどの国へビザなしで入国することが可能になった。すなわち，モルドバのパスポートの価値が高まったことが，申請者数増加の原因だったのである。

しかし，そもそもトランスニストリアとはどんな「国」なのか。モルドバとの関係はどうなっているのか。これらの疑問にここで詳しく答える紙幅の余裕はないが，以下で，旧ソ連諸国のパスポート事情について紹介するなかでふれていこう。

ソ連解体とパスポート問題

ソビエト社会主義共和国連邦は 15 の共和国からなる連邦国家であった。当然のことであるが，ソ連時代にはパスポートといえばソ連パスポートであり，共和国ごとのパスポートがあったわけではない。そのパスポートには居住する共和国とパスポート所持者の帰属する民族名が記載されていた（図 1・

図 1・11　ソ連のパスポート（占領博物館所蔵，筆者撮影）
a：左ページに民族（エストニア人）が記載されている。使用文字は左ページはロシア語，右ページはエストニア語。b：上のページに出生年・出生地として「1932 年．エストニア・ソビエト社会主義共和国」とある。同共和国の誕生は 1940 年。使用文字はロシア語。

11)。

　実は，ソ連では，国内で使用する市民パスポート(口絵⑥)と，国外旅行用のパスポート(口絵⑦)が存在していた。筆者の知り合いのエストニア人にはカナダに亡命した親戚がいたが，その親戚を訪れる許可が下りたのは，ペレストロイカ期になってからのことであったという。社会主義圏を除く外国への旅行はそれほど容易ではなかったのである。

　さて，1991年12月のソ連解体に伴い，ソ連パスポートは各国別のパスポートになる。各共和国が採ったパスポート政策は，その歴史・地政学的ならびに人口状況を反映して多様であったが，ここではエストニアおよびラトビアの制限的な政策と，それとは対照的に寛容であるとされたモルドバについてみてみよう。なお，本項ではパスポートの発行・使用を国籍と切り離せない実践ととらえ，国籍政策との関連から論じる。

　エストニア，ラトビアにリトアニアを加えたバルト三国とモルドバは，第二次世界大戦勃発直前にドイツとソ連の間で締結された独ソ不可侵条約(モロトフ・リッベントロップ条約)によりソ連に併合された地域である。すなわち，ソ連への編入は国民の意思に反してなされたという歴史認識が広く共有されており，その認識が国籍政策を大きく規定している。にもかかわらず，これらの国々は必ずしも同種の国籍政策を採用しなかった。

　まず，エストニアおよびラトビアでは，ソ連併合以前の国民およびその直系の子孫のみがソ連から独立した国家の国籍を自動的に付与され，ソ連時代に移住してきた人々(日常的に使用する言語に基づき「ロシア語系住民」とよばれる)には帰化による国籍取得が求められた。こうした政策は，旧ソ連諸国では例外的である。その結果，エストニアでは約40万人(1989年当時の人口は約140万人)，ラトビアでは70万人(同約250万人)にのぼる人々が，ソ連の解体に伴って無国籍者となった。すなわち，いずれの国の国民ともみなされず，それゆえ有効なパスポートをもつことができなくなったのである。「有効な」と限定した理由は，これらの人々の身分証明書として，存在しなくなった国であるソ連のパスポートが長らく使用されていたからである。たとえば，年金の受け取りなどの際，ほかに身分証明書をもたない人々はソ連パスポートを使用しつづけた。

24 第Ⅰ部 パスポートを視る

　しかしながら，国外に出る際にはこのソ連パスポートは意味をなさない。そのため，こうして無国籍になった人々の国際移動の便宜のために導入されたのが「外国人パスポート」(エストニア)／「非・国民パスポート」(ラトビア)である。これらのパスポートは，旧ソ連国民で無国籍となった者を対象に発行され，エストニアおよびラトビアが二国間協定を締結した国への入国の際に使用されるという点で共通しているが，エストニアとラトビアの間で違いもある。エストニアではその名のとおり，同国の法律では国籍未定者に分類される「外国人」に発行され，基本的にはエストニアへの帰国のみを保障するものであるのに対し，ラトビアの場合は「非・国民」と国家の間の紐帯の存在が明示されており，それゆえ，外国ではラトビア国民とほぼ同様の権利が期待できるのである。こうした違いのみが理由ではないが，エストニアでは無国籍者がロシア国籍を取得したことによりその数がある程度までは順調に減少したが，ラトビアでは無国籍状態のままとどまる者が少なくなかった。しかし，ロシア国籍や無国籍のままでいることを選ぶには，より積極的な理由がある。この点は後述することにして，モルドバの例について先にみてみよう。

　モルドバでは，1991年6月の国籍法に基づき，1990年6月23日以前からモルドバ共和国の領域内に居住している者に対し，申請に応じて自動的に国籍が付与された。ちなみに，国籍付与の基点となった1990年6月23日はモルドバで主権宣言が出された日であり，その後，1991年8月27日，ソ連からの独立が宣言された。すなわち，国籍法は独立以前に採択されたのである。こうしたタイミングが国籍政策の性格に影響を及ぼしていることは疑いない。前述のエストニアでも，独立前には必ずしも排他的な国籍政策が強く主張されていたわけではなかった。ところが独立後に民族主義的な勢力が政治の主導権を握ったことにより，脱ソ連的な政策が追求される過程で国籍政策の方向性も決まっていったのである。

　この間，ドニエストル(ニストル)川東岸ではモルドバの独立に反対する動きが強まり，1990年9月には，モルドバから分かれてソ連邦内共和国を創設することが宣言された。1992年3月に勃発した武力紛争は同年7月の休戦協定締結まで継続した。このドニエストル川東岸が冒頭で述べたトランス

ニストリアである(面積ではモルドバ共和国の約 12%を占める)。

　一方，西の隣国ルーマニアも，体制転換を経て 1991 年 3 月，新しい国籍法を採択した。この国籍法には，両大戦間期にルーマニア国民でありながらその後の国境変更などにより国籍を喪失した者に対して国籍回復を認める条項が含まれていた。両大戦間期のルーマニアの領域は，現在のモルドバ(トランスニストリアを除く)ならびにブコビナ，南ベッサラビア(両地域ともに現在はウクライナ)にまたがっていたから，現在これらの地域に住む人々の多くがルーマニア国籍取得の権利を認められたことになる。実際，1991 年から 2000 年の間に，約 30 万人のモルドバ国民がルーマニア国籍を取得したという。もともとモルドバの国籍法は二重国籍を禁止していたが，ヨーロッパ的規範の適用，ルーマニア国籍取得者ならびにモルドバ国籍放棄者の増加などを背景として，2003 年には二重国籍が容認された。

　では，なぜかくも多くの人々がルーマニア国籍を必要としたのだろうか。この点について考える前に，モルドバのやや込み入った民族意識について説明しておかなければならない。実は，モルドバには，民族的ルーマニア人とは異なる民族的モルドバ人が存在するという考え方と，民族的にはモルドバ住民の多数派は民族的ルーマニア人で，民族的モルドバ人は存在しないという二つの考え方が並存している。前者がモルドバ主義であり，後者がルーマニア主義である。独立に際しモルドバでは，国語を「モルドバ語」とするのか「ルーマニア語」とするのかについても議論があった。ちなみにこれは異なる二つの言語があるためではない。モルドバで話されている言語とルーマニア語の間に大きな違いはない。モルドバ語とルーマニア語を同じものとするのか，違うものとするのかはきわめて政治的な問題なのである。モルドバのルーマニア主義者のなかには，現存するモルドバとルーマニアという民族的ルーマニア人の二つの国家を統合すべきだという考えをもつ者もいないわけではない。だが，そうした考えは国民の多くから支持されているわけではないようである。調査によって若干の違いはあるものの，両国の統合を支持するのは，どちらかといえば賛成という意見を含めてモルドバ国民の 3 割程度で，強く支持するのは一部の知識人や政治家に限られている状況である。

　したがって，モルドバ国民の約 40%がルーマニア国籍を保有していると

いう状況は，必ずしもルーマニア民族主義に支えられているわけではないと考えられる。モルドバには，一説には約12万人のロシア国籍者(モルドバとの二重国籍)も存在するといわれ，国籍はナショナル・アイデンティティの表象ではなく，移動するための手段としてどのパスポートを手に入れられるかという観点から選択されているとみることも可能である。

資源としてのパスポート

エストニアとラトビアでも，この両国のEU加盟が実現した2004年前後に，両国の国籍取得者の増加がみられた。むろん，ロシア国籍あるいは無国籍のままにとどまる者も一定数存在し，その数は簡単には減りそうもない。その背景には，エストニアないしラトビア・パスポート保有者の場合，ロシアへの入国にはビザが必要であるため，頻繁にロシアを訪問する人々には不便に感じられるという事情もあるだろう。ロシア訪問の理由は日常的なものである場合が少なくない。自分の通う教会や先祖の墓地が国境の向こう側にある人々にとって，越境は日常的な行為である。それ以外にも，単に買い物のために越境する場合もある。相対的に物価の高いエストニアないしラトビア側の住民には，ロシアでの買い物は魅力的だろう。シェンゲン圏への移動にもロシアへの移動にも制限のない外国人パスポート／非・国民パスポートは，一部の人々には最も価値の高いパスポートとして認識されている。

他国から独立を承認されていないトランスニストリア・パスポートには，実質的に国際移動を保障する機能はない。そうした事情から，もともと，かなりの数のウクライナ国籍やロシア国籍取得者がトランスニストリアには存在していたが，それに加え，モルドバ・パスポートを申請する者も増えた。今やモルドバ・パスポートはシェンゲン域内の移動を可能にする手段としてきわめて魅力的なのである。

現代世界では，パスポートのもつ移動のための資源としての意味合いが強く認識されているといっても過言ではない。とはいえ，筆者の知り合いのロシア人(ラトビア国籍)が，現在では義務ではないにもかかわらず，パスポートに民族的帰属の記載を残しているのは，単にソ連時代からの慣習だからという理由のみによる行為とは思えない，ということも付言しておこう。

1.1.6 旧ユーゴスラビアのパスポート

多民族国家ユーゴスラビア

パスポートは多くの場合，国家と関連づけて考えられる。それゆえ，国家の形が変化するときには，自ずとパスポートもその姿を変えることになる。旧ユーゴスラビア地域におけるパスポートの変遷はそのことを如実に物語っている。

現在のセルビア，モンテネグロおよびコソボに住む人々の多くは，過去四半世紀の間に，三つないし四つの異なるパスポートを手にする結果となった。それは，彼らの住む国がいかに激しく変動してきたかを示している。

1945年，第二次世界大戦において反ファシスト闘争を率いたチトーは，共産主義イデオロギーに基づく国家ユーゴスラビアを建国した。当初ユーゴスラビア人民共和国として誕生したこの国は，後に憲法改正を行いユーゴスラビア社会主義連邦共和国(SFRJ)へとその名を変えた。「七つの国境，六つの共和国，五つの民族，四つの言語，三つの宗教，二つの文字，一つの国家」といわれる多民族連邦国家のSFRJ は，東西冷戦構造のなかにあって非同盟運動の中心となるなど，一定の存在感を示した。

しかし，冷戦構造が崩壊し1990年代に入ると，東欧における民主化の劇的な流れにユーゴスラビア(以下ユーゴ)も取り込まれ，やがて多民族国家は崩壊へと向かっていった。

パスポートに見るユーゴの解体と国家の変遷

スロベニア，クロアチア，セルビア，モンテネグロ，ボスニア・ヘルツェゴビナおよびマケドニアの6共和国からなるユーゴであったが，1991年のスロベニアおよびクロアチアによる独立宣言を発端にして解体へと向かっていった。その過程では，第二次世界大戦後の欧州において最悪といわれる凄惨な武力紛争が発生した。

1992年，スロベニア，クロアチアにつづきボスニア・ヘルツェゴビナおよびマケドニアがSFRJ からの独立を宣言すると，残されたセルビアとモンテネグロは，二つの共和国からなるユーゴスラビア連邦共和国(SRJ)へと国名を変更した。同じ「ユーゴ」の名を冠しながら，SFRJ と SRJ は地理的にも構成共和国も異なっており，実質的には別の国家である。しかし，俗に

図 1・12　ユーゴスラビア社会主義連邦共和国（SFRJ）パスポート（左）とユーゴスラビア連邦共和国（SRJ）パスポート（右）
SFRJ パスポート：筆者撮影
SRJ パスポート：元タンユグ通信記者提供

　「新ユーゴ」ともよばれる SRJ は、誕生からわずか 11 年後に消滅してしまう。そのため、SRJ の名を冠したパスポート（図 1・12 右、口絵⑧）は 10 年あまりの間しか発行されておらず、現存する SRJ パスポートは非常に数が少なく、貴重である。

　1999 年のコソボ紛争および北大西洋条約機構（NATO）軍による SRJ 空爆、2000 年のミロシェビッチ体制の崩壊を経て、2003 年、セルビアとモンテネグロはそれまでの連邦国家体制を解消し、より緩やかな国家連合体であるセルビア・モンテネグロの樹立に合意した。ここに至り、ついにユーゴの名は完全に世界地図からその姿を消したのである。ちなみに、セルビア・モンテネグロは独自のパスポートを発行しておらず、国名変更後の 3 年間は、便宜的に SRJ パスポートを継続使用することになった。

　さらにその 3 年後、2006 年になると、モンテネグロが住民投票によって国家連合の解消と独立を選択し、セルビアとモンテネグロは完全に分裂、おのおのが独立国家となった。独立を果たしたモンテネグロはただちに独自パスポートの発行を開始した（口絵⑨参照、筆者撮影）。一方、ユーゴという国名のくびきから解放されたセルビアもまた、自身の名称を冠した新たなパスポートの発行を開始していった（口絵⑩参照、セルビア内務省ウェブサイトより）。

コソボ問題とパスポート

　セルビア南部の自治州であったコソボは，自治州人口の大部分を占めるアルバニア系住民と，セルビアおよび旧ユーゴにおける政治的中心民族であるセルビア系住民との間の緊張関係が旧ユーゴ時代から存在してきた。

　1989 年に当時のセルビア共和国幹部会議長(後にセルビア大統領および SRJ 大統領)であったミロシェビッチが自治州の自治権を剥奪すると，アルバニア系住民は地下政府を形成し，セルビアおよび SRJ の統治を拒否するようになっていった。1990 年代後半になると，対セルビア武力闘争を標榜するコソボ解放軍が武装蜂起し，コソボ問題は武力紛争化していった。SRJ が欧米の要求する政治解決を拒否した結果，北大西洋条約機構(NATO)が SRJ への武力介入を行い，最終的には，セルビアおよび SRJ の統治はコソボから排除された。

　1999 年 6 月，国連安保理は決議 1244 号を採択し，これによって，国連が派遣した平和維持活動(PKO)である国連コソボ暫定行政ミッション (UNMIK)が，NATO を中心とした多国籍軍であるコソボ国際安全保障部隊 (KFOR)とともに展開し，コソボの統治を担う体制が導入された。国連が主権国家に代わって全面的な領域統治を行うという異例の体制がここに構築されたのである。

　国際統治の導入当初より，UNMIK は KFOR の支援の下で，SRJ 隣接国 (アルバニアおよびマケドニア)との国境において国境管理を実施した。この段階ではコソボはまだ独立していなかったが，UNMIK は SRJ(2006 年以降はセルビア)の主権を「代理的に」行使するという立場をとっていた。ただし，その際に UNMIK 係官によってパスポートに押印される出入国検印は SRJ/セルビアのものではなく，UNMIK 独自のスタンプであった(図 1・13)。これは国連が直接的に出入国管理を行った稀有な事例である。

　UNMIK は 2000 年より，コソボ居住者向けに独自の渡航証明書の発行を行った(口絵⑪

図 1・13　UNMIK 入国検印
(筆者撮影)

参照, UNMIK 関係者提供)。これはおもに, SRJ/セルビア当局からのパスポート取得を忌避するアルバニア系住民に対し, SRJ/セルビアパスポートなしでの海外渡航を可能とするための暫定措置であったが, アルバニア系住民にとってはこれが実質的なパスポートとなっていった。UNMIK の発表によれば, コソボが独立を宣言する 2008 年までの間に, 約 60 万人のコソボ住民に対してこの渡航証明書が発行されている。これもまた, 国連が主権国家に代わって実質的にパスポートを発行したという珍しい事例となっている。

ただし, この間も SRJ/セルビア当局は正規パスポートをコソボ住民に対しても発行し続けており, セルビア系コソボ住民はほとんどの場合 UNMIK の渡航証明書ではなく正規パスポートを使用していた。このため, 国連が導入した制度は, パスポートをめぐり民族間の分断を生じさせる結果となってしまった。

2008 年 2 月 17 日, コソボはセルビアからの独立を一方的に宣言した。その 3 日後, コソボ議会は新市民法を制定し, UNMIK の渡航証明書の無効とコソボ独自パスポートの発行を決定した。これを受け, アルバニア系住民はコソボパスポート(口絵⑫, コソボ内務省ウェブサイトより)への切り替えを進めていった。

一方, コソボの独立を認めないセルビア政府はコソボパスポートを認めず, 当初はこれを無効扱いとした。このため, コソボパスポートしかもたないコソボ住民は当初, ベオグラード(セルビア首都)の空港からの出国が不可能となってしまった(ただし, この問題は後に EU の仲介により妥協が成立し, コソボパスポートを用いてのセルビアからの出国が可能となった)。また当然ながら, セルビア系コソボ住民は, ほとんど誰もコソボパスポートの発行を求めようとはしなかった。

2016 年 8 月現在, 日本を含む 112 カ国がコソボを国家承認している。一方で, セルビアはコソボ独立を認めておらず, またロシア, 中国などの国々もコソボの独立を承認していない。

パスポートはつねに国家と結びつけて考えられる。国家性をめぐりいまだ争いが残るコソボにおいては, パスポートはその争いを象徴する存在となっている。

1.2 アメリカのパスポート

1.2.1 アメリカ合衆国のパスポート

アメリカ合衆国のパスポートの歴史

アメリカ合衆国で最初にパスポートが発行されたのは，独立戦争中，フランクリンの命を受けフランスに行った少数の人々に対してであった。1789年の憲法制定により，連合規約時代の外務省が現在の国務省となり，パスポートの発行を含む外交問題を担当することとなった。しかし同時に，州政府や自治体政府も独自のパスポートを発行しており（ただし，そのようなパスポートは外国では正式なものとは認められなかった），この慣行は1856年に連邦政府が禁止するまでつづいた。

1941年に連邦法が制定されるまで，南北戦争と第一次世界大戦中を除いて，海外に行くアメリカ合衆国市民に対して正式にパスポートが要求されることはなかった。パスポートの形状は，第一次世界大戦以前は 11×17 インチの紙1枚であったが（図1・14），1926年から手帳型となり，色も赤から緑，そして1976年からは現在の青へと変化した（図1・15）。

1981年には世界で初めて機械で読み取り可能なパスポートが導入され，2000年にはデジタル写真，そして2006年には生体認証パスポートが導入され，2007年8月以降は無線通信で読み書きできる RFID (Radio Frequency Identification) チップを含むパスポートが発行されるようになった。

申請の要件

初めてパスポートを申請する18歳以上のアメリカ合衆国市民（およびアメリカ合衆国国籍の非市民）は，申請書類に氏名，住所，生年月日，出生地，職業などのほか，両親

図1・14 初期のアメリカ合衆国のパスポート
出典：http://passportinfoguide.com/the-history-of-the-us-passport/

図1・15　現在のアメリカ合衆国のパスポート
出典：http://www.uscis.gov/

の氏名および住所，婚姻の有無，身長，髪および目の色，目的地などを明記したうえ，出生証明書などのアメリカ合衆国市民であることを証明できる書類およびパスポート用の写真とともにパスポート発行の業務を扱っている部署（国務省領事局やパスポートセンターのほか，郵便局や裁判所書記官など）に提出し，申請料140ドルと手数料25ドルを支払えば，通常4～6週間（追加料金を払えば2～3週間）でパスポートを取得することができる。16歳未満の市民は上記の書類のほかに両親の同意が必要とされる。また16歳および17歳の市民は単独でも申請できるが，両親のどちらか一方の同意があることが望ましいとされており，親権者がパスポートの発行に同意していないことを示す書類がある場合には，パスポートは発行されない。パスポートの有効期間は通常10年（16歳未満の場合は5年）である。

渡航の簡易化

アメリカ合衆国のパスポートがあればビザが免除される国は，2014年現在174カ国であり，パスポートの自由度を測る「ビザ制限指数」はフィンランド，ドイツ，スウェーデン，イギリスとならんで世界第1位である。

また2001年9月11日の同時多発テロ事件以降，テロ対策が強化されるな

か，2004 年に情報活動改革テロリズム防止法の一環として制定された「西半球渡航イニシアチブ」に基づき，2008 年から財布に入るサイズのパスポートカード(図 1・16)が発行されるようになり，カナダ，メキシコ，カリブ海諸国およびバミューダから陸路または海路によりアメリカ合衆国に入国する場合には，パスポートの代わりと

図 1・16　アメリカ合衆国のパスポートカード
出典：http://travel.state.gov/

して認められることとなった。パスポートカードの有効期間はパスポートと同じく 10 年(16 歳未満の場合は 5 年)であり，発行手数料は 55 ドルである。なお，空路については，安全上の理由から使用が認められていない。

1.2.2　カナダのパスポート

カナダのパスポートの歴史

1862 年までカナダ人はイギリス臣民(§ 1.1.2 参照)としてパスポートなしでもアメリカ合衆国を行き来することができたが，ヨーロッパに行くためには，ロンドンの外務省が発行するパスポートを所持していなければならなかった。しかし，南北戦争の間は，アメリカ合衆国政府からもパスポートを要求されるようになったため，1862 年に当時の総督はパスポートの発行を一元化することにした。それ以降 50 年の間，カナダ人のパスポートは文字どおり総督からの「依頼状(letter of request)」であった。

一方，南北戦争中の 1867 年に，イギリス議会が海外領土で初めてカナダを自治領

図 1・17　初期のカナダのパスポート
出典：http://www.passport-collector.com/canadian-passport-early-years/

として認めたことにより,「カナダ連邦」が誕生した。しかし,このときはまだ外交権は付与されなかったため,独立国家とはいえなかった。

1920年,パスポートに関する国際会議がパリで開かれ,国際的にパスポートを手帳型に統一する決議が採択されたことを受け,カナダも1921年から手帳型のパスポートを発行するようになった。一方,この決議ではパスポートの有効期間は少なくとも2年間,できれば5年間が望ましいとされたが,カナダではすでに1919年からパスポートの有効期間は5年とされており,さらに5年の延長も認められていた。

その後,1931年にイギリス連邦が誕生した際に,カナダもその一員となり,イギリスと対等な主権をもつことが認められたため,実質的に独立国家となった。さらに1947年に勅許によりカナダ市民権法の制定が認められ,カナダの市民権が創設されて以降,カナダのパスポートはカナダ市民に対してのみ発行されるようになった。もっとも,1970年までの間,パスポートの申請方法は首都オタワへの郵便のみであり,要件もカナダで生まれたことを主張しさえすればよく,証明も不要であった。

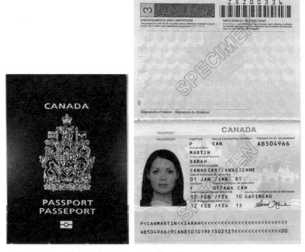

図1・18 現在のカナダのパスポート
出典:http://www.cic.gc.ca/

しかし，パスポートの紛失件数や盗難件数が増加するにつれ，より厳しい要件の必要性が指摘されるようになった。特に，1968年にキング牧師の暗殺犯が詐称により取得したカナダのパスポートを使用して国外に逃亡したことも大きな要因となった。そこで，1969年の王立安全保障委員会の報告書に基づき，パスポートの申請要件が厳しくなるとともに，1970年にモントリオール，トロント，バンクーバーにパスポートセンターが開設され，オタワ以外でも申請することが可能となった。

1985年に初めて機械で読み取り可能なパスポートが導入され，2008年には財務省が2011年までに電子パスポートを導入することを発表，2013年7月からは「eパスポート」とよばれる，ICチップを埋め込んだパスポート(図1・18)が発行されている。なお，この新しいパスポートに印刷されているホログラフィーには，偽造防止のためちょっとした工夫が施されている(口絵⑭参照)。

申請の要件

16歳以上のカナダ市民がパスポートを申請するには，申請書類に氏名，住所，生年月日，婚姻の有無，目の色，現在の髪の色，身長，体重，電話番号のほかに，身元保証人の宣誓も必要とされる。身元保証人になれるのは，18歳以上のパスポートを有するカナダ市民で，少なくとも2年以上は申請者と知り合いでなければならない。これらの条件を満たしていれば，申請者と同じ住所に住んでいる家族も身元保証人となることができる。

一方，この身元保証人とは別に2人の保証人の署名も必要とされる。保証人は18歳以上で，少なくとも2年以上申請者と知り合いでなければならず，親族がなることは認められない(このため会社の同僚や隣人に頼むことが多いようである)。この申請書類のほかに，カナダ市民であることを証明する書類およびパスポート用の写真を提出し，10年有効のものは160カナダドル(約13,000円)，5年有効のものは120カナダドルを支払えば，パスポートセンターで直接申請した場合は10営業日，その他のセンターや郵便局で直接申請した場合，あるいは郵送の場合は20営業日で取得することができる(なお，緊急の場合は追加料金を払い，直接センターで申請すれば最短2営業日で取得することもできる)。

16 歳未満の市民のパスポートは，両親のいずれかが申請書類に必要事項を記入することになっており，申請者である親の身元保証人の宣誓が必要とされる（この身元保証人の要件は上記と同じであるが，子どものことも知っている必要がある）。このほかに，子どもがカナダ市民であることおよび当該の子どもの親であることの証明書（いずれも出生証明書など），パスポート用の写真を提出し，申請料57カナダドルを支払えば取得できる。

渡航の簡易化

カナダのパスポートがあればビザが免除される国は，2014年現在173カ国であり，デンマークと並んで世界第2位である。

上述の西半球渡航イニシアチブに基づき，アメリカ合衆国に入国するカナダ市民に対して，2007年からパスポートに準じた渡航証明書としてNEXUSカード（図1・19）が発行されるようになった。2010年以降，NEXUSカードは市民権の証明書として認められるようになり，陸路であればパスポートがなくても入国可能となった。NEXUSカードの保有者には国境の出入国ゲートで専用レーンを利用できるなどのメリットがある。

図1・19　カナダのNEXUSカード
出典：http://www.cbsa-asfc.gc.ca/

1.2.3　ペルーのパスポート

景勝地のデザイン

カバーが暗赤色をした南米ペルーのパスポート（図1・20，口絵⑬参照）を手に取ってめくってみると，二つの点が目を引く。第一に，所持者のデータが記載されているページ以後につづく追記とビザ用の各ページに，マチュピ

チュ遺跡やナスカの地上絵など世界的に知られているペルーの主要な景勝地のほか，同国の地図や代表的な動物などがデザインとして描かれていることである。そうしたデザインは，今世紀になって入れられたもので，それまでのパスポートでは，他国のものと同様，カラーで抽象的なデザインが用いられていた。

　パスポートはおもに出入国官など当局者が見るもので，ペルーの宣伝としては大きな効果は期待できない。単に遊び心と考えることもできるが，同国をめぐる最近の情勢を考慮すると，ペルー人の自信回復の現れとみることができる。

　20世紀の終わりにかけて，ペルーを含むラテンアメリカは大混乱を経験した。それは，「国民国家」建設のため1930年代前後から追求した国家主導型の経済発展モデルが，累積債務の拡大などにより破綻したためである。1980年代は，超高率インフレなど極度の経済不安定を経験する「失われた10年」だった。ペルーの場合，経済問題に加え，反政府武装集団によるテロの拡大により社会の混乱が増幅され，そのもとで麻薬不法栽培・取引の増加も起こった。このように複合的な無秩序に陥ったペルーのイメージは，ラテンアメリカ諸国のなかで最悪だった。

　さらに，1970年代までの時期も，アルゼンチン，ブラジル，チリ，メキシコ，ウルグアイのラテンアメリカにおける先発工業化国と比較すると，ペ

図1・20　ペルーのパスポート（筆者所有）
左：表紙　右：マチュピチュ遺跡が描かれているページ

ルーは安定や繁栄とは縁遠かった。1950年代以降に一定の経済発展をした他のラテンアメリカ諸国に対し，ペルーは政治が安定しないなか，一貫した経済社会政策が維持されず，中長期的な経済発展には恵まれなかった。20世紀後半，ペルーの状況は悪化の一途をたどるだけだったのである。

経済的困難に陥ったラテンアメリカ各国では，新自由主義（ネオリベラリズム）に基づく改革路線がとられ，1990年代の経済社会は安定を取り戻した。ペルー社会も，公選選挙を経て国家元首（大統領）となった初の日系人，アルベルト・フジモリ（在職：1990～2000年）の権威主義的な政治の下で，新自由主義改革が断行され，同時に進められたテロ対策の奏功と相まって安定化した。ペルー経済は回復から成長基調となり，今世紀に入って起きたコモディティ輸出ブームに乗って，ラテンアメリカにおいて上位グループに属する経済成長を記録した。半世紀ぶりに，ペルー人は自国を誇れるようになったのである。

アンデス共同体のパスポートとしてのペルーパスポート

ペルーパスポートでもう一つ目を引くのは，表紙の上部に，正式名称の「ペルー共和国」（REPUBLICA DEL PERU）の上に，より大きく目立つ形で「アンデス共同体」（COMUNIDAD ANDINA）と記載されていることである。アンデス共同体は，ペルーのほか，ボリビア，コロンビア，エクアドル，ベネズエラという，アンデス山脈に懸かっているアンデス諸国が推進するラテンアメリカの亜地域統合である。その起源は1960年代にさかのぼるが，ラテンアメリカ全体に共時した前述の不安定な状況のなかで，アンデス共同体の活動は長らく停滞してきた。それが，1990年代後半からの経済の成長基調ならびに世界的な地域統合の活発化傾向を背景に，アンデス諸国も四半世紀ぶりに地域統合の推進へと舵を切った。その一環として，個人データの項目を含むパスポートの基本的な特徴および技術的な要件について統一する合意が2002年に成立した。ペルーのパスポートもそれに従ったものとなっている。そうしたことを背景に，上述のようにアンデス共同体の記載があり，同共同体のパスポートでもあることが表示されている。なお，アンデス共同体の市民は，同共同体内を移動する際にはパスポートの所持は要求されず，各国が発行する身分証明書のみで国境を越えることもできる。

パスポートの発行主体と手続き

ペルーのパスポートは，内務省の下にある移住監察局が発行する。同局は2011年に移住帰化局を改組したものである。

パスポートの申請にあたっては，所定の手数料（39.30ヌエボソル＝約1,350円）をあらかじめ政府系の国民銀行で支払ったうえで，所定の申請書，手数料支払い証書，身分証明書とそのコピーの4種類の書類を提出する。

身分証明書は，選挙管理機構を構成する全国身分登録事務所が発行，管理する。ラテンアメリカの多くの国では，投票は義務制である。その義務を果たさなかった場合は罰金刑が科せられることが多い。ペルーでは，国政ならびに地方の選挙で投票していない場合，身分証明書は有効性をもたず，パスポートの交付手続きをはじめとする各種の公的な手続きができない。投票すると，投票をしたことを示す小さなステッカーが身分証明書に貼付されるとともに，全国身分登録事務所に記録される。投票しなかった場合は，罰金を国民銀行で支払い，有効な身分証明書にしておかなければならない。

パスポートの「価値」とラテンアメリカ的人生観

20世紀の終わりにかけて，ペルーのパスポートの「価値」は高くなかった。前述のように，ペルー社会は大混乱に陥っており，ラテンアメリカ諸国のなかで最悪のイメージでとらえられていたためである。具体的には，経済的な困難による経済移民が増加し，その多くが不法移民となり，受入先の先進諸国で問題となった。また，麻薬不法取引との関連で，ペルーパスポート保持者が疑われることもあった。

そうした状況において，ペルー以外のパスポートを取得できる重国籍者は，ペルーパスポートの使用を控えていた。ペルーは重国籍を認めていないが，元来，エリート層のほとんどを形成するスペイン系を中心とした白人系の人々には重国籍者が多く，現実には法が適用されてきていない。スペイン系のほか，血統主義（§4.1.2参照）をとるイタリアやドイツ，それに日本の移民の子孫がペルー以外のパスポートを入手できた。重国籍者はペルーの出入国にはペルーパスポートを使用したが，外国では，ペルー以外のパスポートで出入国していた。

日系人の場合，ほとんどが戦前に移住した日本人の子孫である。領事館で

出生届を提出すれば，戸籍に記録され，日本の国内法上は日本人とみなされる。成人となる際に国籍選択を要請されるが，不履行の場合に日本も処罰することはなく，放置してきた。

フジモリも，両親が熊本県出身で，1938年に首都リマで生まれた際，領事館に出生届が出され，戸籍に記載された。それが残っていたために，日本国籍の所持者とみなされたのである。ただ，フジモリは，日本パスポートを取得したことはない。

20世紀のラテンアメリカでは「国民国家」建設が推進されたが，植民地時代からの格差構造という構造的な問題を背景に，「国民」としての一体感を醸成できない国が多かった。ただ，前出の先発工業化国は，「国民」としての一体感形成に比較的成功した。

ペルーは，「国民」としての一体感を構築できなかった典型例である。そこでは，国籍は，生まれながらにして定まっているとは考えられていない。あくまでも，人生の各場面の状況に応じて，便宜的に利用する，あるいは使い分けるものである。極端な場合，必要とする国籍は不法な手段を用いてでも取得する。1990年代に増加した，日本に「出稼ぎ」に来たペルー人のうちかなりの数の人々は，日系人になりすましたペルー人であった。金銭を支払い日本の戸籍をもつ日系人と形だけの養子縁組をするなどして戸籍謄本を取得し，それにあわせて出生証明書などペルーの公式証明書を偽造する，という手口がよく使われた。

「国民」の醸成を困難としてきた原因にはさまざまなものがあるが，背景として，結果に至る過程や手段，手続きの正しさには拘泥しない態度や行動様式が存在することは無視できない。ラテンアメリカで「クリオジョ文化」，「クリオジョ的賢さ」とよばれるものである。それは，少数の有力者を頂点とする厳格な格差・階層社会と閉鎖的な政治といった歴史的，構造的な条件のもとで，社会的な地位の向上を志向する人々によって生み出された。植民地時代にクリオジョとよばれた現地生まれの白人支配層（宗主国であるスペイン・ポルトガル生まれの白人とは区別，差別されていた）のなかで発生し，植民地期，独立期をへて，一般の人々にまで広まった人生観である。

無価値とみなされていたペルーパスポートも，近年では，その「価値」を

高めつつある。かつてはどこへ行くにも要求されていたビザの取得を免除する国が，ラテンアメリカやアジアで多くみられるようになったのである（ただし，アメリカ合衆国と日本はビザ取得要件を維持）。そして，2014 年，EU がシェンゲン・ビザ（§1.1.1 参照）の対象国にペルーを含める決定を行った。前述のように，今世紀に入り，ペルーがラテンアメリカでトップクラスの経済成長を遂げてきたことが背景にある。格差や貧困などの諸問題が克服されたわけではなく，社会紛争も多発している。だが，政治社会がより不安定な他のラテンアメリカ諸国と比較され，そのイメージが格段に向上したのである。

　長らく，ペルーではパスポートの選択とアイデンティティの間に強い結びつきはないとみられてきた。近年のペルーパスポートの「価値」の高まりは，はたして「クリオジョ文化」に変化をもたらし，「国民」としての一体感を醸成するであろうか。他方で，グローバル化のもとで多様かつ多層的なアイデンティティが形成される契機も増加している。まさに移動を保証する機能とアイデンティフィケーションへの作用というパスポートの二つの側面での変化が，ペルーでは起こっているのである。

1.3 アフリカのパスポート

1.3.1 アフリカ人移民のパスポート

　私はいま，移民の調査をするためにケニアの主要民族のギクユ人が大勢住むアメリカ合衆国メリーランド州に来ている。ギクユ人の友人にパスポートを見せてほしいと頼んだところ，ケニアとアメリカの二つのパスポートを見せてくれた（図 1・21，口絵⑮）。15 年ほど前に留学生として渡米し，現在は正看護師として病院で働いている彼は，念願のアメリカ市民権を得て二つめのパスポートを得た。ケニアでは二重国籍が認められているので，これで彼は，ビザなしで自由に母国とアメリカを行き来できるという。

入手「困難」なパスポート

　アフリカ人にとって，パスポートを得るのは容易ではない。母国のパスポートの入手からして大変だ。ケニアの場合，ネットカフェなどでウェブ申

請をしたうえで(多くの地域は電化されていない),ナショナルIDや証明写真,出生証明書や申請料(スタンプを押すページが32枚の場合は4,500シリング≒4,700円,48枚は6,000シリング,64枚は7,500シリング)のほかに,「ケニア人であることを証明する」推薦者のIDとサインを提出しなければならない。隣国ソマリアなどからの外国人が不正に取得することを防ぐために,本当に申請者がケニアで生まれ育ったのか,ということを地元の弁護士や銀行員,宗教的指導者,医師などに証明してもらうのだ。同社会では,さまざまな場面で,証人となる人の存在(多くは長老)が重んじられているため,こうした手続きはケニア的であるといえよう。

　これらの資料が無事に整い,首都ナイロビにある移民局の「ニャヨハウス」へ持って行ったとしても,パスポートが発行されるまで1～2カ月かかる場合もあった。しかし,渡航を目前に急いでいる場合は,困ってしまう。そのときは,賄賂(甘いミルクティーを意味する「チャイ」とよばれる)を渡す。ある男性は2000年にパスポートを申請した際,移民局の担当官と外の喫茶店で会い,2,000シリング(当時のレートで約3,000円)を渡した。その途端に彼はVIP扱いとなり,長い列の先頭に入れてもらってすぐに手続きしてもらったそうだ。お金がない場合は,移民局に通い詰め,理不尽な対応にイライラしつつ待たないといけない。近年は南スーダン(2011年に独立した新国)で商売をするために国境を越えるケニア人が増加したことと,ケニア政

図1・21　ケニアのパスポート(右)とアメリカ合衆国のパスポート(左)

権が汚職撤廃を明言しているために，状況は改善されつつあると聞くが，完全になくなっている様子はない。

　一方，西アフリカの大国，ナイジェリアの例はどうだろうか。イボ民族の男性に聞いたところ，申請手続きはケニアと大きな違いはなく，VIP になるための賄賂も 5,000 ナイラ（約 1,600 円）程度必要だという。「汚職は文化だからなくならない」と男性は思っており，大胆にも「監視カメラがないので，その場で渡す」のだそうだ。もちろん，賄賂を渡さなくてものんびり待てば，いつかは発行されるだろうが，旅行者には時間の制約があるので，手っ取り早い方法を選んでしまう。

　アフリカ諸国すべての状況をひとくくりに論じることは難しいが，少なくとも，アフリカの大国であるケニアとナイジェリアのパスポート入手は，ウェブ申請など近代的な方法を導入しつつも，アフリカ的な要素を残し，一筋縄にはいっていない様子がわかった。

便利な渡航文書

　それでは，アメリカ合衆国に移住したアフリカ人にとって，母国のパスポートとは何であろうか。その質問を何人かに投げかけたところ，「アイデンティティの源」だと明言した人は，今のところいない。彼・彼女たちにとって，「ケニア人」や「ナイジェリア人」であること以上に「ギクユ人」「イボ人」であることが重要なのだ（ただし 90 年代以前は，在米ギクユ人やイボ人の人口が少なかったので，ケニア人，ナイジェリア人としてのアイデンティティが強く表現されていたという）。それでは，アフリカの農村では，パスポートをもった人にどのような眼差しが向けられていたのだろうか。「（渡航できるほどの）金持ちの象徴」と返答すると思ったが，そうした特別感は少なく，彼らは「たんに旅行する人だ」と口を揃えた。私が思っていた以上に，アフリカ人の国境を越えた移動は日常なのである。

　アフリカには，地域ごとにさまざまな経済共同体が設置されており，その地域内に暮らす人々は大抵，ビザなしで簡単に移動できる。そうした共同体でしか使えないパスポートが，地域パスポートである。たとえば，ケニアが属している東アフリカ共同体（ブルンジ，ケニア，ルワンダ，タンザニア，ウガンダ，南スーダン）の人々は，東アフリカパスポートを申請できる。そ

れは6カ月間有効で、申請料は900シリングと正規のパスポートよりも安いため、頻繁に隣国へ移動する人にとっては便利だ（なお、申請料300シリングで1時間以内に発行される通行許可証もある）。一方、ナイジェリアは、西アフリカの15カ国の一員として西アフリカ諸国経済共同体（Economic Community of West African States, ECOWAS）に参加しており、国の正式なパスポートが地域パスポート（ECOWASパスポート）と合体している（図1・22 a）。このように、地域パスポートは地域経済の活性化と交流を目指し、それを有する人々が自由に通行できる便利な渡航文書である。

パスポート戦略

母国アフリカのパスポートは、話を聞いた複数の友人にとって「便利な渡航文書」でしかなかったが、移住先であるアメリカ合衆国のパスポートに対しては特別な思いがあった。アメリカのパスポートはアメリカ合衆国の市民権を有している人に発行されるが、それを獲得する道のりは困難極まりないからである。

永住権（グリーンカード）を取得した後、さらに市民権を入手するための高額で長い手続きが待っているが、それを簡略化するのが「偽装結婚」である。公然の秘密として頻繁に聞いていた話ではあったが、生きるために仕方がなかったとして、積極的に私に語ってくれた、あるアフリカ人女性の例を

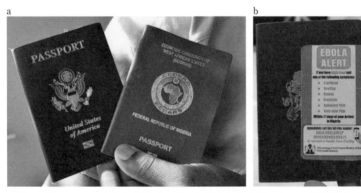

図1・22 a：アメリカ合衆国パスポート（左）とナイジェリア・ECOWASパスポート（右）　b：ナイジェリアのパスポートの裏面（エボラ出血熱を疑わせる症状と緊急連絡先が書かれたシールが貼られ、渡航者の注意を喚起している）

紹介しよう。

90年代に渡米した彼女は，アメリカ人男性に5,000ドルの報酬を渡し，偽装結婚をした（報酬はさまざまで，250,000ドルを払ったという人もいたし，無報酬という人もいた）。彼女は，一度に払えなかったので，何回かに分割してお金を渡した。アメリカ人男性は大学時代の友人で，彼女がオーバーステイで母国へ里帰りできないことを不憫に思って，彼の方から協力を提案したそうだ。彼女にとっては願ってもない申し出である。しかし，それからが大変だった。二人は，面接で偽装結婚でないことを証明しなければならず，移民弁護士の手ほどきを受けながら，何週間もかけて瞳孔の色や前の前の職場，両親の生誕地など，細かい情報を共有したという。面接当日は「手足が細かく震えるほど緊張して，手に汗を握った」そうだ。

面接はうまくいった。しかしその後，彼女は，彼の未払いの税金や医療費を払わされたり，車を買わされたりして困り果てた。折しも，好きな男性の子どもを妊娠したので，市民権申請まであともう少しだったが離婚を決意したという。後ろめたいものを捨て去るような，清々しい気持ちになったという。現在，彼女はまだ市民権を得られていないものの，その見通しが立ち，新しい家族との生活を始めている。数年後には，新しい家族全員がアメリカのパスポートを手に入れ，結婚式を挙げるために母国に帰りたいと述べた。

市民権をもたないアフリカ人移民の男性が，それを有するアフリカ人女性を利用したという例も聞いた。彼はワシントン州に住み，彼女はメリーランド州に住んでいたが，旅先で知り合い，のちに結婚の約束をした。彼は結婚の申し込みをするためにメリーランド州を訪れたが，その場に立ち会った彼女側の証人（結婚するには，証人を交えてさまざまな段階を踏まなければならない）が彼の言動を不審に思い，その結婚に反対した。彼も彼側の証人として社会的に信頼のおける複数の男性と来なければならなかったのだが，一人でやってきたのだ。結局，二人は結婚したが，数カ月後に破綻した。彼はアフリカの母国に妻子をもっており，彼女を利用して自分の法的立場を整えてから，家族を迎えに行こうとしていたという。その後，彼は行方不明になったそうだ。

喜びと悲しみ

　アメリカのパスポートを見せてくれたケニア人とナイジェリア人の友人は，上記とは異なる方法で市民権を獲得したが，それを入手したときの喜びはひとしおだったそうだ。これで「母国の家族に自由に会いに行ける」し，アメリカのパスポートのおかげで「世界中を旅できる」のだ。

　実際，アメリカのパスポートをもたないために里帰りできず，母国の家族との関係が悪化した例を聞いた。携帯電話も普及していない 90 年代，アメリカから送金して母国の家族に土地の購入を頼んだが，モイ政権下にあったケニアの経済的状況は非常に悪く，土地代金が家族の生活費として消えてしまうことが日常的にあったという。

　また，アメリカのパスポートをもたないアフリカ人移民が，母国で行われた家族の埋葬式に立ち会えなかった悲劇を何度も聞かされた。一方，市民権はもたないが永住権を有するアフリカ人男性移民が，自分の兄弟と子どもをアメリカに残して里帰りしたが，再入国審査で問題が発覚し，戻って来られなかった例も聞いた。結局，彼は子どもと離ればなれに暮らさざるをえなくなった。

「私はアメリカ人です」

　「将来，母国ケニアへ完全帰国したいですか？」という私の質問に対して，十分に稼いで，子どもの教育が終わったら帰りたいと返答するケニア人移民は少なくない。比較的高学歴の彼・彼女たちは，看護師など専門的な仕事を平日と週末で掛け持ちしたり，タクシー運転手や駐車場管理人などの副業をして，目が回るほど忙しい生活をしている。ケニアで永住権を当ててから渡米した幸運な人たちも例外ではない。そうした幸運組は 40 代，50 代の人たちが多いため，学校に通い直す時間を惜しみ，看護助手やガソリンスタンドのレジ打ちなどの低賃金で長時間働いている。ただ，本音は「アメリカでの生活はとても忙しい」し，「社会的かかわりが薄くて不満足」だから，ケニアへ帰りたいのだ。

　このように，アメリカ合衆国への帰属意識が薄いにもかかわらず，アメリカのパスポートを根拠に自分は「アメリカ人だ」と表現する人が多い。アイデンティティというよりも，達成感に近い。私はアメリカ人だから，二つの

国を行き来しても文句は言われないし，孫や子どもに囲まれ医療の整った安全な地のアメリカと，豊かな人的交流のある故郷の二つの世界で自由に生きたいというのだ。

アフリカ人移民にとって，パスポートは便利なツールであると同時に，大きな悩みの種であり，喜びでもある。そして，家族に会うための移動を叶えるために必要不可欠な，大変に重みのあるものだといえる。

1.4 中近東のパスポート

中東諸国間での移動では，どのような種類のパスポートが存在し，どのように取得され，実際に使われているのだろうか。本節では他の地域ではあまりみられないと思われる ID カードを使った移動や，一時旅券の存在を含め，その特徴に迫っていきたい。

1.4.1 アラブ諸国のパスポート

アラブ諸国での国籍取得

中東のアラブ諸国では，父系の血統主義による国籍取得が主流である。婚外子や父親が無国籍の場合などを除くと，基本的に母系で国籍を取得することはできず，父親と同じパスポートを得ることとなる。だがそれは男女平等に反するとの運動が起こり，1990 年代以降の法改正により，チュニジア，エジプト，アルジェリア，モロッコなどでは母親から子どもへの国籍の継承が認められることとなった。その他の国では母系の国籍取得はまだ認められていないところが多い。

帰化による国籍の取得は，同じアラブ人の方が有利な法規定となっている国もある。その他の外国人の場合は，居住要件のほかにアラビア語の能力が求められる。これらアラブ諸国での国籍取得に関する条件は国によって異なる (Parolin 2009)。

他方で同じアラブ人といっても，ペルシャ湾またはアラビア海に面した産油国である湾岸諸国では，国籍の取得は容易ではない。入国者は基本的に観光，もしくは就労目的で出稼ぎに来て，長くても数年間の労働の後，自国へ

帰ることが前提とされているためだ。居住の延長や家族の呼び寄せをすることは，経済状態によって可能となる場合もあるが，それらは国籍取得に結びつかない。1991年に湾岸戦争が起きたときは，クウェートにすでに数十年居住していたパレスチナ難民が，長期滞在の外国人労働者としてあっさり国外追放されることとなった。

パスポートの二重保有

1954年にアラブ連盟で交わされた合意により，アラブ諸国間で複数のパスポートを所持することは，原則的に禁じられている。合意に参加した国としてはヨルダン，シリア，イラク，サウジアラビア，レバノン，リビア，エジプト，イエメンがあげられる。これらの国ではたとえばエジプトとヨルダンのパスポートを両方もつことなどが，原則的には認められない。だが実際には，この合意は多くの国で法的に批准されておらず，あまり遵守されていない様子である。

筆者が2011年にパレスチナ自治区および東エルサレムで実施した調査の結果によると，複数回答を可とした質問で，パレスチナ自治政府発行のパスポートを所持している人は50.3％，ヨルダン政府発行のパスポートを所持している人は15.8％であった（図1・23）。同様の調査は2003年に西岸地区の研

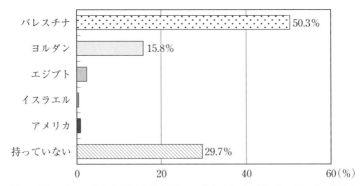

図1・23 パレスチナ自治区および東エルサレムにおけるパスポートの種類
出典：科研費若手(A)研究代表者：錦田愛子(No.23681052)「パレスチナ人の越境移動をめぐる意識と動態の総合的アプローチによる研究」による2011年調査（パレスチナ自治区・東エルサレムでサンプル数1500にて実施，統計分析には研究分担者である山形大学准教授・濱中新吾氏の協力を得た）

究機関 PSR でも実施されており，ヨルダン・パスポートの保有率は当時と
ほとんど変わっていない(PSR 2003)。これらの調査は旅行者ではなく居住者
を対象としているため，アメリカ合衆国のパスポートと回答している人は他
のパスポート(自治政府またはヨルダン)と二重保有している者も含まれる。
筆者の調査では，こうしたパレスチナ以外のパスポートの保有者は，国外へ
の移動の頻度が実際に高いという相関関係がみられた。個別の聞き取り調査
では，親族がアメリカやドイツなど外国に居住し永住権または国籍を取得し
ている例をよく聞く。

こうしたパスポートの複数保有が好まれる理由は，中東の政治的不安定性
にある。外国旅行へ行く際のビザ相互免除協定は，欧米を中心とした先進国
の方が充実している。そのため，国外移動が多い富裕層の間では，移動の手
間とコストを下げるために移動に有利なパスポートの取得が積極的に行われ
るのだ。

非アラブ諸国のパスポートの取得には，別の利点もある。2001 年にアメ
リカで起きた「9.11」同時多発テロ事件以降，アラブ諸国のパスポートの保
持者に対する検査の厳重化，差別的取り扱いはとりわけ顕在化してきた。そ
れを避けるため，欧米のパスポートで渡航するということが，自衛策として
取り入れられている。だがこれも万全ではなく，名前や出身国の記載などか
ら中東系であることがわかると，入国時に長時間質問されたり，別室で検査
が行われたり，出身国発行のパスポートや ID カードの提示を求められたり
することもある。

ID カード

中東諸国の間では，隣国への移動に際してパスポートが不要な場合も少な
くない。建国時に境界や領有権が問題になったシリアとレバノン，ヨルダン
とパレスチナ自治区の間では，それぞれパスポートの代わりに ID カードの
提示で往来が可能であり，ビザの取得も不要である(2000 年代に入って以
降，状況には若干変化がみられる)。すなわち，中東では ID カードがパスポー
トと同様に，移動の際に身分を保証する書類として機能している。

たとえばシリア人はレバノンへ比較的簡単な手続きで入国が可能で，レバ
ノン国内の農場での季節労働者や，建設現場での労働者，ホテルの従業員な

どとして頻繁に出稼ぎに来る様子がみられた。2011年以後は、こうした移民労働者に加えて多くの難民がレバノンへ押し寄せている。

これに対してヨルダンとパレスチナ間の往来では、単に出入国管理でIDカードのみを提示すればよいわけではなく、イスラエルが発行する許可書が必要となる。またヨルダン側の内務省の許可も必要で、事前に複雑な手続きが必要とされる(錦田2010)。

これらIDカードの発行は、むしろマジョリティである自国民との差別化を図り、マイノリティ住民に許される行動の範囲を明確に管理することを目的としている面もある。レバノンではパレスチナ難民はラミネート加工の青い難民登録証をIDカード代わりに持たされる(図1・24)。彼らとレバノン国民との差は歴然で、就業や財産所有、参政権などあらゆる面で制限が設けられている。たとえばタクシーの運転手がIDカードの提示を求められ、それがパレスチナ人用のものであると、不法就労が摘発されるという仕組みだ。

イスラエル政府はパレスチナ自治政府との協力により、イスラエル国民用、エルサレム市民(非ユダヤ人)用、パレスチナ自治区住民用に、それぞれ色の異なるIDカードを発行している。これらはイスラエルとパレスチナ自治区、係争地であるエルサレムの間の移動の際に、移動資格を確認する書類として機能している。パレスチナ自治区の住民は、エルサレムやイスラエルのユダヤ人居住区へ入境するには、特別の許可が必要である。移動の際には、境界線上に設けられた軍事検問所でこれらの許可書とIDカードを一人一人チェックされる。

エルサレム在住のアラブ人には、青色のエルサレムIDがイスラエル政府から発行される。これはイスラエル国籍とパスポートをもつ完全なイスラエル市民と、パレスチナ自治区住民との中間的な地位を示す。1980年にイスラエル政府は一方的にエルサレム全体を首都宣言しており、エルサレムに居住を許す

図1・24　レバノン国内のパレスチナ難民用に発行されたIDカード(2009年筆者撮影)

アラブ系住民の人口を管理することが必要であるためだ。エルサレム近郊でも，2000年代初頭にイスラエルが建てた分離壁の向こう側は，西岸地区の一部とみなされ，住民にエルサレムIDは与えられない。彼らがエルサレム中心部にある聖地アル=アクサー・モスクなどを巡礼で訪れる際には，礼拝用の特別の許可書が必要となる。

このようにIDカードは中東の一部地域において，パスポートと同様に身分証明書であると同時に移動の手段であり，また移動を抑制する管理システムの一部として機能している。

パレスチナ人用の一時旅券

オスロ合意（1993年）に始まる中東和平交渉により，パレスチナ自治政府が発足して以来，パレスチナ自治区の住民にはパレスチナ人用の旅券（口絵⑯）が発行されるようになった。その表紙には，英語とアラビア語で「パスポート」と書かれた下に，小さめの文字で「一時旅券（travel document）」と書かれている。これはなぜなのか。

パレスチナは2012年に国連総会決議で「パレスチナ国家」としてのオブザーバー参加資格が認められたものの，いまだ多くの国からは正式な国家として承認されていない。そのため，パレスチナ自治政府が発行するこの一時旅券を，パスポートとして正式に効力を認めるか否かは，各国の入国管理局の判断に委ねられている。日本は2002年以降，これをパスポートと同等に扱い始めたが，独立国家としての承認や国交の締結には至っていない。

隣国のレバノンではパレスチナ人は1948年の故郷喪失以降，無国籍の状態が続いている。レバノン国籍がないため一般のレバノン人と同じパスポートは発行されないが，移動の際にはパレスチナ人用の一時旅券が発行される（口絵⑰）。その表紙にはアラビア語とフランス語で「レバノン共和国　パレスチナ人用一時旅券」と明記されている。

このほかにも中東では難民用に多様なパスポートが発行されている。ビザの取得要件も，年齢や性別により異なる。こうした複雑な制度は，それ自体が人々の頻繁な移動と政治情勢の不安定さを反映しているといえるだろう。

52　第Ⅰ部　パスポートを視る

1.5 アジアのパスポート

1.5.1 韓国と北朝鮮のパスポート

韓国のパスポート事情と在日韓国人のパスポート申請

　韓国のパスポートの信頼度は比較的高く，たいがいの国は観光目的であればビザなしで入国することができる。ビザなしで入国することは査証免除待遇とよばれ，韓国のパスポートについては現在では145カ国で適用されている。

　韓国においては①一般パスポート，②公用パスポート，③外交官パスポートという3種類のパスポートが発行されている。在日韓国人の場合は，韓国政府が発行するパスポートの取得にあたって，必ず申請者本人が総領事館の窓口に出向き申請をしなければならない。この旅券申請には，旧旅券，外国人登録カードの裏表コピー，カラー写真2枚，家族関係証明書と旅券申請書が必要となる。初めてパスポートをつくる人は，このほかに基本証明書が必要となる。韓国からの基本証明書の取り寄せにかかる約1週間を含め，パスポート申請には1カ月程度かかる。パスポートの有効期限は10年間（17歳以下は5年間）である。パスポート申請書はハングルでの記入が必要となるが，ハングルでの記入が難しい人は最寄りの民団支部（在日本大韓民国民団の支部）で手数料を支払って代行してもらうことができる。また，韓国戸籍謄本や家族関係証明書，基本証明書の取り寄せや各種文書の翻訳（韓→日および日→韓）にも代行業者のサポートが利用されることも少なくない。

　在日韓国人のパスポート申請に関しては以下のような問題点があげられている。まず，先祖の戸籍が見つからない，または現状と一致しないという理由で，子どもたちの家族関係登録簿が創設されていないために相続手続きが進まないことがある。また，戸籍を取り寄せた際に過去の婚姻の事実や，さらには重婚が発覚する場合もある。日本での結婚後にも，韓国の戸籍では独身のままであるため，二重結婚が生じうるのである。この場合は韓国の戸籍に記載されている方が正式な婚姻関係として認められ，日本の子どもには認知手続きが必要となる。一方，不法に渡航しようとする密航者などは行方不明扱いとなり諸手続きの際にもめることになる。

北朝鮮のパスポート事情

　北朝鮮においては一般の人たちがパスポートをもつということは想像もできないことである。北朝鮮の人が国外に出るときは，パスポートと国際旅行健康証明書，国際エイズウイルス抗体検査証明を具備しなければならない。パスポートの信頼性が低く，かつては精密な作りではなかったために，通過する国ごとに何度も偽造パスポート所持者と疑われ調査を受けることもあった。特にヨーロッパにおいては北朝鮮はテロ脅威国に指定されているため，パスポートの提示に際して徹底的に調べられることもあった。

　北朝鮮のパスポートには①外交パスポート，②公務パスポート，③一般パスポートがあり，国家の業務で海外出張に出る人たちも，規定上3カ月にわたって本人が属する行政部署と党委員会，当該の幹部科，保衛部，安全部，貿易省，外務省，中央党担当部署，中央党派遣課，中央党幹部部の審査を経た後，外務省の海外派遣講習を1週間以上受けてようやくパスポートが発行される。外交パスポートは外務省幹部，中央党海外出張幹部，中央党統一戦線部幹部を対象にしており，経済官僚は各省および中央機関の副部長級以上の者にだけ発行される。公務パスポートは国家ビジネスのために海外出張に出る貿易および一般経済役人を対象に発行される。一般パスポートは一般労働者と技術者，傘下工場の勤労者が必要に応じて貿易幹部や経済幹部に随行するときに使われる1回限りのパスポートであり，使用後は外務省によって100％回収され焼却される。外交パスポートと公務パスポートの使用期限は5年であり，出張から帰ると直ちに返却しなければならない。返却されたパスポートは外務省に保管され，次の出張時に前述の手続きをもう一度行うことでパスポートが発行される。

　海外出張者が外務省にパスポートを受け取りに行くときは「食糧臨時停止証明書」が発行され，当該の配給所で確認してもらい提出しなければならない。出張から帰りパスポートを返却すると「食糧臨時停止証明書」が返却され，再び配給を受けられることになる。これは食糧の供給をこの間停止させるという目的以外に，パスポートを100％回収する手段ともなっている。

　北朝鮮ではこのようにしてパスポートが発行されているが，1年間にパスポートの発行を受けて出張するのは3万人未満であり，北朝鮮人口の0.14％

が海外出張という「自由ではない自由」を何日かだけ享受している。

在日韓国人と在日朝鮮人の日本への再入国について

かつては在日韓国人が一度日本を離れて再び日本へ入国するには再入国許可書が必要であった。2012年に日本の入国管理制度が変更され、特別永住者は2年、中期在留者の場合は1年以内であれば再入国許可を取得しなくても「みなし再入国」が適応され入国できるようになった。一方で北朝鮮国籍をもつ在日朝鮮人は北朝鮮のパスポートをもつことができる。そこに記される国籍は当然「朝鮮民主主義人民共和国」であるが、日本政府は北朝鮮が「未承認国家」であることを理由に、北朝鮮のパスポートを正規かつ有効な旅券と認めていない。したがって、北朝鮮国籍の有無にかかわらず、在日韓

図1・25　渡航書
韓国から一般の人たちが行ける北朝鮮観光の一つである開城観光のネームカード。国籍や居住地によってカードの色が異なるため、北朝鮮の案内人が一目でわかるように分類されている。開城観光は、2007年12月に統一事業の一環として行われたものの、2008年に起こった金剛山観光客襲撃事件で韓国人観光客1名が亡くなり、その後11月に中断された。

国人に適応されている「みなし再入国」が在日朝鮮人には適応されずに「再入国許可書」が必要となり，これがパスポートの代わりとなる。そこに記されているのは大韓民国籍でも朝鮮民主主義人民共和国籍でもなく「朝鮮籍」である。さらに，査証免除が適用される国がないため，渡航先のビザを取得する必要がある。

在日朝鮮人の韓国渡航

韓国において在日朝鮮人は「無国籍」とされているため入国審査は厳しい。在日朝鮮人が韓国に渡航する場合には旅行証明書の発行が必要となるが，2008 年以降は審査が厳しくなっている。在日朝鮮人の韓国渡航にかかわる事例として，在日朝鮮人男性である鄭栄桓が入国を拒否され，韓国政府を相手に韓国入国に必要な旅行証明書の発行拒否処分の取り消しを求めた事例がある。一審では政府にこの処分を取り消すように命じる判決が出されたが，二審では「拒否処分が関連法を根拠に行われた」として原告の請求は棄却された。ほかに，在日朝鮮人作家で済州島の 4・3 事件をテーマとした著作をもつ金石範が韓国への入国を拒否された事例がある。在日韓国大使館はこの入国拒否について「旅券法に基づき審査した結果」とだけコメントした。

韓国人の北朝鮮への渡航

韓国人が北朝鮮へ渡航することは難しい。まず，韓国政府の許可なく渡航した場合，韓国の国内法により処罰される。北朝鮮側も入国には慎重である。2010 年 3 月 26 日に起きた天安沈没事件を受け，韓国は①北朝鮮船舶の南側海域の運航を全面禁止，②開城工業団地を除く南北交易中断，③国民の訪朝不許可，④対北新規投資の禁止，⑤対北支援事業の原則保留などを内容とした「5.24 措置」を設けた。現在のところ韓国国民の北朝鮮への渡航は，南北の政治的事情に常に左右される状態にある。

一方で日本生まれの在日韓国人の場合は，手続きに少し時間はかかるものの渡航は可能である。北朝鮮は EU 諸国を含めて 162 カ国との間に国交があり，観光客も幅広く受け入れている。ただし事前に北朝鮮領事館でビザを発行してもらい観光コースを決め，現地では専任のガイドとともに行動することが条件である。外国人が宿泊可能なホテルは限定されている。なおこの場合でも，渡航目的は観光に限られる。日本の警察官，自衛隊員，マスコミ関

係者は原則として渡航できない。

北朝鮮からの脱北者

北朝鮮からの脱北者はかつて政治亡命がほとんどであったが，北朝鮮の大飢饉が報道された 1995 年頃より深刻な食糧難や生活苦からの脱北者，すなわち経済難民が増加している。韓国に暮らす脱北者は年々増加し，2007 年には 1 万人を超え，2011 年 11 月時点では 23,100 人に達した。その多くは厳しい生活を余儀なくされている。韓国では韓国籍をもつ者に対して出生時に住民登録番号が与えられる。この 13 桁の識別番号は，国民の日常生活上でさまざまな手続きの本人確認手段として使われており，生年月日や性別および出生地コードを入れる仕組みとなっている。脱北者の出生地は教育機関がある京畿道として登録され，男性が 125 から，女性は 225 から始まる番号で統一され，番号だけで脱北者であることがわかってしまうため，就職差別などを受けることがある。これにより，中国政府によるビザ発行拒否が頻繁に起こった。脱北者のみならず，京畿・仁川を出生地にする韓国人のビザも下りないことがあったため，2009 年に脱北者は 1 回に限り住民番号を変更できるという法案が成立した。

在日朝鮮人帰還事業

在日朝鮮人の北朝鮮への渡航や北朝鮮と日本の行き来，および脱北者の存在に関しては，在日朝鮮人帰還事業が背景にある。在日朝鮮人の帰還事業とは，1950 年代から 1984 年にかけて行われた，在日朝鮮人とその家族による日本から朝鮮民主主義人民共和国への集団的な永住帰国あるいは移住のことである。北朝鮮では帰国事業とよばれ，在日本朝鮮人総聯会合（朝鮮総連）が推進した運動という側面からは帰国運動，帰還運動とよばれる。日本と北朝鮮には国交が存在しないため，日本赤十字社と朝鮮赤十字会によって実務が行われた。1959 年 12 月 14 日に最初の帰国船が新潟港から出航し，数度の中断を挟みながら 1984 年まで続いた。93,340 人が北朝鮮へと渡り，そのうち少なくとも 6,839 人は日本人妻や子といった日本国籍保持者であった。在日朝鮮人は日本から地理的に近い朝鮮半島南部の出身者が多かったが，そのような者にとっては祖国ではあるが異郷への帰還となった。帰国船の費用は北朝鮮が負担し，事業の後期には万景峰号が使われている。この日朝間を

頻繁に行き来する帰国船は，北朝鮮による朝鮮総連への指導・連絡や，日本や韓国への工作員の送り込みにも利用された。

2006年7月，北朝鮮によるミサイル発射実験が行われ，日本政府は万景峰号に対し半年間の日本入港禁止措置を出した(特定船舶の入港禁止に関する特別措置法)。同年10月，北朝鮮の核実験成功の発表を受けてさらに入港禁止対象を北朝鮮のすべての船舶に拡大し，その後も度重なる期限延長により万景峰号を含む北朝鮮の全船舶は現在でも入港禁止となっている。

1.5.2 香港のパスポート

香港人のパスポートとその特徴

香港の人々は世界で最も多くの旅券を所持している集団の一つであろう。

その背景は，おもに二つの要因に帰すると考えられる。まず，返還前の植民地期において，イギリスでは香港住民の法的身分をどう扱うかをめぐり，長い間，多くの混乱があった。それによって，香港人の法的身分に関する法改正が繰り返されるようになり，多くの種類の「イギリスパスポート」が発行されたのである。

そして香港旅券が多様化した最大の要因は，1997年の香港の中国への返還という歴史的事件そのものに由来するものといえよう。返還に備えイギリスは旧来の各種パスポートの発行を停止するとともに，返還後も使用できる新たなパスポートを発行した。他方，返還後の香港政府も市民権をもつ住民に「特区」パスポートを発行している。さらに，1980年代から1990年代にかけて，返還を恐れた数十万の香港人はカナダやオーストラリアなどに移住し，現地の市民権およびパスポートを取得した後に香港に「回流」(リターン)してきた。彼らは，香港と他国の二つのパスポートを同時に有する人たちである。

では，具体的に，香港人はこれまでどのようなパスポートを使用してきたのか。

イギリス植民地時代の旅券

1948年イギリス国籍法は，連合王国および植民地市民(CUKCs)の概念を確立し，香港生まれの住民はそれに属すると認められ，CUKCsパスポート

が与えられた(図1・26, 口絵㉑参照)。また, 1981年イギリス国籍法になると, 大多数の香港住民はイギリス属領市民(BDTC)に分類され, 旅券も1983年からBDTCパスポートに移行された(図1・27)。このパスポートは1997年の香港返還をもって失効した。

一方, 返還前の香港市民の半数近くは中国本土生まれのため, イギリス国籍を所有していなかった。香港政庁はこれらの「本国の国籍を維持する」香港市民に, パスポートに代わる香港身分証明証(CI)を発行した(図1・28)。この旅券も香港返還に伴って使用停止になった。

中国返還後の香港旅券(1997年～)

1984年の「英中共同声明」に基づき, 香港は1997年7月1日をもって中

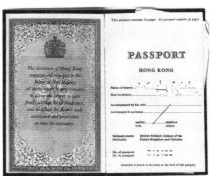

図1・26 連合王国および植民地市民(CUKCs)パスポート
(S氏提供, 1975年発行のもの)

図1・27 イギリス属領市民(BDTC)パスポート(香港入境事務処より)

国に返還されることが決定された。それを背景に，翌年，イギリスが1985年香港法を制定し，返還で「イギリス属領市民」という身分を喪失する香港の人々に「イギリス国民（海外）」(BN(O))の身分を与えた。それに基づき，BN(O)パスポートは，香港返還10年前の1987年から発行された（図1・29）。イギリス本国への移住権を認めないこのパスポートは返還後も効力をもつが，子孫への継承はできず，返還後の新規申請も認められていない。

一方，1996年，返還を控えた中国は，①イギリス発行のパスポートを持参するかどうかを問わず，香港に永住権を有するすべての中国系香港住民

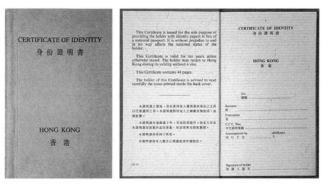

図1・28 イギリス統治時代に発行された香港身分証明書（CI）
（香港入境事務処より）

図1・29 イギリス国民（海外）パスポート（BN(O)パスポート）
（J氏提供，1997年発行のもの）

は，返還後自動的に中国国民と認定する，②中国国籍を放棄する手続きを完了しないかぎり，持参している外国のパスポートを有効な旅券として認めるが，パスポート発行国を国籍国としては認めない，と発表した．後者はカナダなどに移住した人々にも適用される．この規定に基づき，返還後のすべての香港市民に，中華人民共和国・香港特別行政区パスポート（HKSARパスポート）の申請資格が与えられた（図1・30，口絵㉒参照）．

中国・台湾への入国のための旅券

香港は，中国への返還までイギリスの植民地だったが，中華民国（台湾）も中華人民共和国も香港を中国の領土と認識しているため，香港住民の中国または台湾への渡航の際，パスポートによる入国を認めなかった．その代わりに，特別な入国旅券が発給されてきた．

1949年以降，中国と香港の国境が閉鎖され，それまで行われていた旅券なしの自由往来は中止を余儀なくされた．そのため，1956年，中国政府は香港住民に本土渡航用の香港・マカオ同胞帰郷紹介書を発行した．また1979年から，中国の「改革・開放」政策によって香港住民の本土への旅行が頻繁になるのを背景に，翌年8月1日から香港・マカオ同胞回郷証，通称「回郷証」が香港中国旅行社を通して発行されるようになった（図1・31，口絵㉓参照）．1999年になると「回郷証」は，通関時の捺印を省略するカード式の香港・マカオ住民本土渡航通行証に移行した（図1・32）．

図1・30　中華人民共和国香港特別行政区（HKSAR）パスポート
（J氏提供，2000年発行のもの）

他方，1949年以降の台湾でも，中華民国内政部入出国及移民署が香港にある中華旅行社を通して香港やマカオ住民に対し台湾渡航用の中華民国台湾

図1・31　香港・マカオ同胞回郷証（J氏提供，1998年発行のもの）

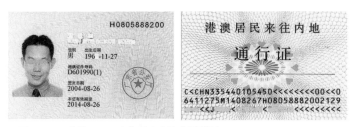

図1・32　香港・マカオ住民本土渡航通行証
（J氏提供，2004年発行のもの）

図1・33　中華民国台湾地区入出境許可証（J氏提供，1999年発行のもの）

図 1・34 出入国機能付「香港 ID カード」(J 氏提供，2004 年発行のもの)

地区入出境許可証（大陸からの渡航者に発行する中華民国台湾地区旅行証とは異なる）を発行してきた（図 1・33）。

また，香港入境事務処によって 1949 年から発行され始めた香港 ID カードは，1980 年代以降，香港市民の生活や仕事において欠かせないものになったが，1990 年代からカードに出入境の機能が追加されるようになった（図 1・34）。これによって，香港への出入境にとどまらず，マカオへの出入境にも使用可能になった。

1.5.3 タイのパスポート

移民・難民・少数民族と無国籍の子どもたち

ここでは，市民権に付随する権利を保証する証明書としてのパスポートを通じて，タイに暮らす事実上の無国籍の子どもたちの市民権をめぐる問題にふれる。タイの GDP の 3 割以上は輸出産業からの外貨収入であり，輸出額の約 9 割を製造業が占める。その製造業は 1990 年代以降，ミャンマーを中心とした周辺諸国からの安価な労働力の供給によって支えられてきた（Pearson and Kusakabe 2012: 13）。タイ経済を底辺で担う，国境地帯から浸透する非熟練労働者は，移民労働者とも出稼ぎ外国人労働者ともよばれる。しかし実際には，こうした非熟練労働者たちは，難民やタイ領内に昔から住んできた少数民族との区別が曖昧で，矛盾に満ちた制度のはざまにあり，境界線を引くのが難しい（片岡 2013: 249，Lee 2012: 273-279）。彼らは事実上無国籍である場合も多く，その子どもたちもまた事実上の無国籍者としてタイで生ま

れ，成長している。タイ国内には，子どもだけで約30万人が無国籍の状態で暮らしており，そのうちタイの学校に就学する者は約5万人と推定されている (タイ政府情報センターウェブサイト，2015年9月15日閲覧 http://www.nic.go.th/gsic/default.php?ds=set/disadvantagedpeople-3)。本項ではこの無国籍の子どもたちをめぐる権利の問題をパスポートからみていく。(以下の文章中のパスポートに関する記載事項は，断りのないかぎりタイ内務省領事部のホームページをもとにしている。タイ内務省領事部: 僧侶旅券・メッカ巡礼旅券について，2015年9月15日閲覧 http://www.consular.go.th/main/th/services/ タイ内務省領事部: 外国籍住民のための渡航許可証について，2015年9月15日閲覧 http://www.mfa.go.th/main/en/services/4909/15376-ISSUANCE-OF-TRAVEL-DOCUMENT-FOR-ALIENS-(TD).html)

タイのパスポートの種類

タイのパスポートは，6種類に分かれている。①一般パスポート，②外交パスポート，③公用パスポート，④僧侶パスポート，⑤メッカ巡礼パスポート，⑥外国籍住民のための渡航許可証の六つである (図1・35，口絵⑱)。一般パスポート・外交パスポート・公務パスポートの三つは，5年間有効で基本的にタイ国民だけに発行される。基本的に国民なら誰でも申請可能な一般パ

図1・35 タイのパスポート
左上：一般パスポート 右上：公用パスポート 左下：一時パスポート(僧侶パスポート/メッカ巡礼パスポート) 右下：外交パスポート(出典：タイ外務省ウェブサイト，2015年8月閲覧)

スポートは，2015 年現在で 28 カ国にビザなし渡航が可能である。王族・三権の長・軍事司令官・国務大臣・外交官やその配偶者や家族などが受給できる外交パスポートと，公務で出張する際に国会議員や公務員が使用する公用パスポートは，ともに 68 カ国にビザなし渡航が可能である（2015 年 8 月時点）。

これに対し，僧侶パスポート，メッカ巡礼パスポートと外国籍住民のための渡航許可証は，渡航先が限定された 1 回限りのパスポートである。しかしこれらはタイ国内で暮らす無国籍者であっても，「タイ政府から発行される，国民携帯証に代わる身分証」を提示することで発行される可能性がある。僧侶パスポートとメッカ巡礼パスポートはともに 2 年間有効の一時パスポートの下位区分となっている。僧侶パスポートは，僧侶の身分にある人であれば，国家仏教局からの証明書を添えて，住民登録証と，海外で仏教活動に参加する証明書を提出することで，無国籍であっても発行を受けられる可能性がある。またメッカ巡礼パスポートは，タイ政府公認のイスラム聖職者もしくは各県のイスラム委員が作成した証明書と，外国人居住許可証を提示することによって取得が可能であり，これも無国籍者であっても取得できる可能性がある。

外国籍住民の渡航許可証

直訳すると「外国人のための渡航許可証」となる外国籍住民のための渡航許可証は，事実上の無国籍者に受給される可能性のある，基本的には 1 年間有効のパスポートである。タイ政府内務省によれば，これはタイ政府発行の居住許可証，住民登録票等を揃えれば，申請することができる。またタイ文部省はこれを「顕著な活躍をした人」「社会的に知名度の高い人」などの要件を満たした，無国籍の人物に発行が認められる可能性があるとしている。実際の無国籍の人々へのこの渡航許可証の発行事例を追っていくと，かつての「特別に顕著な活躍をした人」「特に社会的に知名度の高い人」から，徐々に発行の枠が広がりつつあることがうかがえる（以下の記述は，石井およびナパアンポーンのフィールド調査に基づいている）。

紙ヒコーキ少年

タイ国内のメディアで報道され，タイで全国的に知られた外国籍住民のための渡航許可証発行の事例として，2009 年の「紙ヒコーキ少年」（当時 12

歳)の例がある。彼はミャンマーとの国境に近いタイ北部チェンマイで働いていたシャン人の両親のもとに生まれた少年であった。彼は当時12歳だったが，2005年にタイ政府が公立学校へ無国籍の子どもを受け入れるよう政策転換を表明してから小学校へ入学したので，このときまだ小学校4年生であった。少年は，タイの紙ヒコーキ全国大会で優勝した。優勝者には，タイ代表として日本で開催される全日本折り紙ヒコーキ大会への出場が約束されていたが，少年は無国籍を理由に，タイ・パスポートの発行を内務省に拒否された。ミャンマー側で生まれたシャン人の非熟練労働者である両親はタイ国籍をもっていなかった。その結果，少年は多くの移民労働者の子どもたちと同様に，無国籍のままタイで成長していたのである。しかし支援者がパスポート発行を拒否した内務大臣を行政裁判所に訴え，これをタイ・メディアが全国的に報道した結果，少年には「社会的に知名度の高い人」への特別措置として外国籍住民のための渡航許可証が発行された。

能力ある無国籍者への渡航許可証の発行

2000年代後半から，この少年と同じく無国籍であるためにパスポートが

図1・36　外国籍住民のための渡航証を持つ無国籍のシャン人大学生
(2014年5月，ボンコット撮影)

66   第Ⅰ部　パスポートを視る

受給できないミャンマー・タイ国境地帯の無国籍住民に，渡航許可証が発行される例が出始めている。最初の事例は，2008 年に，チャンマイの私立大学で 1990 年代初頭から 26 年間にわたって教鞭を取ってきた無国籍の音楽講師への渡航許可証の発行だった。少数民族カレンの出身でタイ国籍を申請したまま何年も政府からの返答を待っていた 50 代のこの大学講師は，オーストリアで開催される音楽コンクールへのタイ代表として選ばれた。このとき彼女に，1 年間有効の渡航許可証が発行された。この先例に則るかたちで，同じ 2008 年にはアメリカ・ウィスコンシン大学への留学奨学金が決まっていたチェンラーイ県の私立大学に通うシャン人の女子学生にも，4 年間有効の渡航書類が発行された。この時点で，タイに生まれたが少数民族ゆえに国籍を取得できない人物への発行事例から，判別をつけにくいとはいえいわゆる移民労働者の子どもたちへの発行に，対象が少しずつシフトしていく。

　2009 年には上述の紙ヒコーキ少年の事例があり，その後 2011 年には，紙ヒコーキ少年と同じようにマーチング・バンドのタイ全国大会で優勝したシャン人の高校生兄妹が，タイ代表として香港での国際大会に参加するため，外国籍住民の渡航許可証の発行を受けた。その後，外国人のための渡航許可証の発行は，タイ全国大会優勝という傑出した事例における無国籍の子どもたちへの渡航許可証発行の先例に則り，徐々に発行の枠が広げられていく。2013 年にはベトナムでのフィールド調査研修に参加するため，バンコクの一流大学で学ぶ，国境のミャンマー側で生まれたためタイ国籍を取得できない 24 歳のシャン人大学生に渡航許可証が発行された。また 2014 年には，インドネシアでの語学研修と文化交流プログラムに参加する，これも国境のミャンマー側で生まれたためタイ国籍を取得できない，ラカイン人の父とカレン人の母をもつ 26 歳の私立大学生に，それぞれ 1 年間有効の外国籍住民のための渡航許可証が発行されている。

無国籍のまま子どもから大人へ

　外国籍住民のための渡航許可証はあくまでも時限的な例外措置であり，無国籍の子どもたちが抱える問題を根本的に解決はしない。2015 年 8 月に「あの紙ヒコーキ少年は今」と題したタイ・メディアのニュースが，18 歳に

なった彼が今も無国籍でいる近況を伝えた。この報道が語るとおり，これら無国籍者のための渡航許可証の発行事例は，タイで成長した数十万ともいわれる無国籍の子どもたちがタイ国内で高等教育を受ける年齢に達していることを示す，氷山の一角の事例であるだろう。今後，彼らが迎える就職・結婚といったライフステージにおいて，無国籍であることが差し迫った問題として表面化する事例が増えるであろう。

2008年国籍法の救済枠から取りこぼされた人々

2008年以降に外国籍住民のための渡航許可証が発行されているという事実は，2008年の国籍法改正で一部生地主義が適用されるようになって以降も，いぜんとしてタイ国内で無国籍のまま成長する子どもたちが数多く存在することを示している。2009年当時，1年間有効の渡航許可証の発行を受けて紙ヒコーキ大会に出場した12歳の少年は，メディアの取材に「将来の夢はパイロットになること」と答えた。しかし2015年現在も無国籍の彼は，パイロットになることはできない。2008年のタイ国籍法改正により，「1992年2月26日以降にタイ国内で生まれた者は，タイ国籍を取得できる」と，無国籍者へのタイ国籍取得の救済枠が広げられた。しかし同時に「父母どちらかが入国許可を受けずに入国した者」はその対象外とされたため，彼はほかの多くの子どもたちと同じように，タイ国籍を取得できないでいる。2008年国籍法の救済枠から抜け落ちる無国籍者は多い。

市民の権利か安価労働力か

外国籍住民の渡航許可証の発行事例が示すもう一つの側面は，彼らがタイ人として，タイ社会で成人しつつあるという事実を示している。タイ産業界にとっては，法的地位が不安定なまま成人する彼らは，その両親と同じような恰好の潜在的安価労働力であるのかもしれない。しかしその数とタイ社会における実態を考えたとき，例外的・時限的な措置で「お茶を濁し」つづけるには，限界があるのではないか。タイがどこまで市民としての権利を守れるかは，国籍条項そのもののさらなる改正にかかっているといえるだろう。

謝辞：本稿の執筆にあたっては，在東京タイ王国大使館領事部のシッティコン・チャンタダンスワン参事官および澤山弥和氏にお世話になった。記して御礼申し上げます。

1.5.4 ミャンマーのパスポート
ミャンマーの「暫定パスポート」

　ミャンマー政府の発行による，この「暫定パスポート (Temporary Passport)」(図1・37, 口絵⑲) は，私たちが一般に考えるパスポートとはいくつかの点で異なる。第一に渡航先が一国に限定されている。"This Temporary Passport shall be valid for travel in the Kingdom of Thailand." ── このパスポートが有効とされるのはミャンマーの隣国であるタイにおいてのみである。第二に渡航目的が限定されている。このパスポートはタイで働くミャンマー人労働者にのみ発行される。ご丁寧にも，"This Temporary Passport is not valid for the purpose of entering or serving in the armed forces of such a state." と明記されている。入隊目的のためにはこの暫定パスポートは有効ではないという文言がかえって背後の複雑性を推測させる。そして第三にこのパスポートは所持人たる者の渡航後に発行されている。"Issued only to Myanmar workers registered in the Kingdom of Thailand." ──タイで登録したミャンマー人労働者にのみ発行される。ということは，手続きの順序としてはタイでの登録が先に行われている。端的にいえば，このパスポートは，パスポートなしで越境しタイで働いているミャンマー人に対して，後付けでミャンマー政府が発行する，当該労働者の身分に関する証明なのだ。つまり，タイ政府はかかる身分証明を有しない労働者を「登録」させている。いったいどういうことなのだろうか。これには国境を接するタイ，ミャ

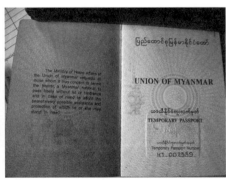

図1・37　ミャンマーの暫定パスポート

ンマー両国間の複雑な政治および経済的経緯がある。

タイにおける外国人労働者の事情

　2014 年現在，タイには公式で 170 万人，実際にはその 2 倍ともいわれる
ミャンマー人労働者がいる。ミャンマーからタイへの越境という現象は，軍
事政権に翻弄されてきたミャンマーの人々の来しかたである。雇用機会の欠
如，実質収入の下落など経済的理由とともに，政府による市民への弾圧，
政府軍と反政府軍との戦争，少数民族に対する重課税，強制使役や強制労
働など政治的不安定が人々の越境に拍車をかけてきた。一方タイの経済成
長は著しく，1990 年代以降，労働集約産業における労働者不足をまねい
た。これを補うべく，タイ政府は，隣国であるミャンマー人，ラオス人，
カンボジア人の就労を入国管理法上は非合法なまま「登録」という形で認
知し，労働許可を与えた。この制度では，自らの国籍を証明する文書をも
たなくても，自らがたとえばミャンマー人と名乗ればそれで足りたのであ
る。

　しかし，2003 年タイ政府は，これまでの政策を転換し，外国人労働者の
出自を明らかにするために「国籍証明手続き」なるものを規定した。タイ政
府は，上記 3 カ国との取り決めを行い，タイにすでに入国し就労しているこ
れら 3 カ国からの出身者に対して，出身国政府から国籍を証明するパスポー
トを発行してもらい，タイ政府からビザを受けるように求めた。そしてその
期限を 2010 年 2 月末とした。つまりタイ政府としては，その日をもってタ
イ領内の外国人労働者はみなパスポートをもち，新たに入国する者は事前に
パスポートをもちビザを得，それ以外のものは不法労働者・不法滞在者とし
て国外退去させる算段であった (山田 2014)。これを受けてミャンマー政府が
タイで働く自国民に発行を始めたのが，ここで紹介する「暫定パスポート」
である。

ミャンマー政府による「暫定パスポート」の導入

　暫定パスポートの取得を求める政府の方針は，タイ国内にいる数百万人の
ミャンマー人に大きな動揺をもたらした。タイとミャンマー両政府間の交渉
が難航したため，実際にその手続きが開始されたのは 2009 年 7 月，タイ政
府のいう期限まで半年しかなかった。そもそもこの対象になるのは，すでに

「登録」され労働許可をもっている者であった。かかる労働者は国籍証明申請書を雇用主経由でタイ労働省に提出し，この申請書はさらにミャンマー政府に送られる。ミャンマー政府は申請事項について国内で照会をとり，確認できた者の名前をタイ政府に伝える。タイ労働省から雇用主経由で通知を受けた労働者は，パスポートを発行してもらうため，指定されたタイとミャンマーの国境に行かねばならない。手続きの複雑さ，時間，コストに加え，国境までの往復における嫌がらせや逮捕の可能性など，ミャンマー人が手続きに進まない要因は多い。そして当時は何よりもミャンマー政府の措置の不透明性がミャンマー人の不安と躊躇を煽った。そもそもミャンマーにいられずにタイへ来た者たちである。身元が判明することによりタイでの就労が発覚し，本人や出身地に残る家族に恣意的な課税がされたり，不法出国の罪で逮捕されたり，係官から金銭を要求されたり，嫌がらせを受けたりするという噂が後を絶たなかった。

　また，ミャンマー政府と対立する少数民族は，そもそもミャンマー政府から国籍証明など受けたくないという思いもある。国籍取得は本来ならば国際人権法上，個人の権利である。しかし，タイ政府がその政策として，国内にいるミャンマー人労働者に対し，自国に戻り，ミャンマー政府からの国籍証明取得を求めることは，それができない者にとっては苦渋でしかない。国籍証明手続きに進めない者のなかには，難民と認定されうる者もいるだろう。逆に，国籍証明を申請したがミャンマー政府から証明を拒否された者は無国籍者となる。本来であれば，パスポートとは，政府が国外に渡航する自国民に対し，国籍およびその他身分に関する事項に証明を与え，外国官憲に保護を要請するものである。だとすれば，すでにミャンマー国外にいる者がその取得のために苦渋を強いられる国籍証明すなわち「暫定パスポート」という制度は，皮肉としかいいようがない。

国籍証明手続きの期限を迎えて

　手続きの期限とされた 2010 年 2 月 28 日から翌日に日付が変わる深夜零時，ちょうどその日は万仏節（タイ陰暦 3 月の満月の日に釈迦の弟子 1,250人が何の前触れもなしに集まったことを祝う祭り）であったが，夜空に輝く満月の下，国籍証明を終えていないミャンマー人，ラオス人，カンボジ

ア人の労働許可は一斉に失効した。大量の不法労働者が強制退去させられると噂されたが，当時のタイ軍や警察は反政府デモへの対処で手いっぱいであり，大がかりな強制退去は行われなかった。国籍証明手続きの期限は延期され，タイ国内にいるミャンマー人はひきつづき暫定パスポートの取得に奔走する者もいれば，なすすべもなく非合法のまま働き続ける者もいた。

あれから5年あまり，「暫定パスポート」は表紙の色が変わりこそすれ，いまだに発行され続けている。パスポートをもたずにタイに入国・就労しているミャンマー人を合法化するための後づけの手続きは，いぜんとしてつづいているのだ。すでにタイにいる労働者に国籍証明手続きをさせると同時に，新しい雇用・就労は，両国労働省を通じて雇用主が募集要件を提示し労働者が応募し，パスポートとビザを取得して入国・就労する手続きとした。しかしこの手続きも，その複雑さと時間とコストから，それを避けようとする雇用者，労働者が絶えない。暫定的であったはずの暫定パスポートの発行手続きは，すでに常態となっている。

図1・38 暫定パスポート保持者のタイ入国手続き
タイ領内のミャンマー国境に近いラノーンにおいては，タイとミャンマーの両政府の窓口がおかれている。写真は係官と業者が一緒になって入国手続きを行っている様子。

1.5.5 マレーシアのパスポート

マレーシアにおける国家装置としてのパスポート

マレーシアにおいてパスポートが導入されたのは19世紀末のイギリス植民地期(英領マラヤ)にさかのぼり,これは植民地支配の拡大およびその近代化と密接なかかわりをもつ。パスポートは,領域内の住民の法的地位を公的に示し,領域を越える個人の移動を管理する一冊の法的書類であっただけでなく,植民地政府の政治支配を正当化する装置としての機能も果たしていた(Hakli 2015)。ここで特に注目したいのは,もともと植民地期以前のマレー半島においては明確な国境や個人の法的帰属という概念は存在せず,こうした概念は植民地政府によって外から持ち込まれたものであったという点である。現在のタイ・マレーシア国境地域に目を向ければ,1909年の英シャム条約によって初めてシャム(現在のタイ国)と英領マラヤの国境が国際的に合法化された(柿崎 2000: 142)。この出来事によって,それまで不明瞭であった国境地域の住民の法的帰属が恣意的に分類された。国境画定を境に植民地政府は個人の法的帰属が登録されたパスポートおよび移民局を通してその越境行為の管理を制度化しはじめたのである。

ここでは,特にマレーシアにおけるパスポートについて,国境が画定された20世紀初頭にさかのぼって考察する。前半部では,国境画定後に発生したパスポートにかかわる諸問題を取り上げ,現地の国境社会において国境やパスポートという従来存在しなかった概念がいかに受け入れられたのかを考察する。後半部では,独立後のマレーシアにおいてどのようにパスポートの社会的意味が変容したのかについて,国籍法制定をめぐる諸問題を取り上げる。特にパスポートが個人の帰属意識を反映するようになった背景を明らかにする。

領域境界の画定とパスポート

20世紀初頭当時の英領マラヤは,おおまかにマレー人,華人,インド系住民,そしてごく少数の先住民(オランアスリ)とユーラシア系住民に分かれていた。特に19世紀後半以降の急速な植民地経済の拡大に伴い労働需要が高まったことで,華人やインド系住民はセランゴール州やペラ州などマレー半島西海岸部を中心に鉄道建設,錫鉱山,またはゴム農園の安価な労働者と

してマラヤに移入された。上述したように1909年にシャム・マラヤ国境が画定され，マレー半島の北部4州（クランタン，クダー，トレンガヌ，プルリス）が英領マラヤに組み込まれた。この領域拡大に伴い，海峡植民地およびマレー連合州という従来の行政区分に加えて，マレー非連合州という新たな行政区分が誕生し，上述の4州は間接統治下に置かれた。イギリス植民地領内の住民の法的帰属は，植民地宗主国イギリスの国籍法と同じ生地主義に基づいて分類されたが（Lees 2009: 79, Wade 1948: 68），どの行政統治に属するかによって異なる法的取り扱いがみられた。たとえば，同じ英領マラヤ生まれのものであっても，海峡植民地生まれの場合はイギリス臣民，マレー連合州およびマレー非連合州生まれの場合はイギリス保護民として異なる法的地位が与えられた（植民地期のイギリス臣民および保護民のパスポートについては図1・39を参照）。これに加えて，マラヤ外のイギリス植民地出身者の間でもイギリス臣民と保護民という区分があり，さらにそれ以外の外国人という法的区分が存在した（Lees 2009: 79-80）。なお植民地生まれのイギリス臣民に関しては法的にイギリス本土出身者とほぼ同様に扱われたが，イギリス保護民の法的位置づけに関しては非常に曖昧なものであり，保護民はイギリス国籍の保有者としては認識されなかった（Carnell 1952: 505）。このため同じ植民地生まれでもイギリス臣民と保護民ではその法的な取り扱いに差異が生じた。たとえば，華人だけをとってみても，海峡植民地生まれのイギリス臣民，マレー州生まれのイギリス保護民，そして中国大陸出身の中華民国民，香港出身のイギリス臣民，さらに台湾出身者は当時日本の植民地下にあったため日本国籍を保有するという多様な法的地位が存在した。このように当時のマラヤはいわば多民族多国籍のモザイク国家であった（*ibid.*: 505）。

　国境地域に目を向ければ，1909年にシャムとの国境が敷かれたことによって国境画定以前からの国境をまたいだ密接な社会関係に大きな影響が及んだことがわかる。以下，国立マレーシア史料館のアーカイブ資料（Arkib Negara, 以下 AN）を用いて，法的義務，国境住民の越境概念，外国人の越境管理，民族アイデンティティという四つの点に焦点をあてる。

　第一に，パスポートを通してみえてくることは，シャム・マラヤ国境画定後，国家が住民の法的地位を分類し，その法的帰属に応じて個人の権利や義

図1・39 上：植民地期のイギリス臣民（British Subject）のパスポート
下：植民地期のイギリス保護民（British Protected Person）のパスポート
出典：http://www.PassportMalaysia.com

務を課したことである。特に国境地域の住民は国境をまたいだ商売や親族関係を保つため，マラヤ側の法的所属を示すことで居住国シャム側での課税や兵役を逃れた。たとえば，シャムの人頭税をめぐって，シャム領域内に住む英領マラヤ出身者がイギリス臣民あるいはイギリス保護民であることを証明するパスポートを提示すれば，人頭税を免除するという提案が国境画定から3年後の1912年に提出されている（AN 627/1912）。同様に問題となったのはシャムの兵役義務である。シンガポール出身のある華人は，シャム生まれの

息子の兵役義務を逃れるため，自らが海峡植民地出身のイギリス臣民である
ことを証明する手紙と息子のイギリス臣民としてのパスポート発行を希望す
る書類を植民地政府に提出している（AN 217.K424/1912）。当時，イギリスの国
籍法では，植民地生まれのイギリス臣民あるいは保護民としての法的地位
は，二世代まで継承することができた。また南タイのソンクラーに居住して
いたクランタン出身のある華人は，イギリス領事に対し，自らがイギリス保
護民として登録されるように申請している（AN 798.814/1917）。このように当
時の国境地域にはシャム領内に居住するマラヤ出身者，あるいは国境間を
頻繁に移動する人々が存在し，国境の画定によって発生したのはそれまで
曖昧であった法的帰属だけでなく，国家に対する個人の義務の問題であっ
た。

　第二に国境の画定によって問題となったのは，それまで問題視されなかっ
た移動行為が突然「越境」として認識され，国家によって管理されるように
なったことである。あるクランタン出身のマレー人が牛泥棒を追ってシャム
国境を越えたが，彼はパスポートを所持していなかったため，シャム側の警
察に拘束された。この事件は国境画定直後の 1910 年に発生している（AN 679.
K880/1910）。このような牛泥棒をめぐる越境は，当時頻繁に起こっていた。
たとえば，13 名のシャム臣民が牛泥棒を追ってクランタン側に入り，パス
ポートを所持していなかったため，10 ドルの罰金を支払ったという事例も
1916 年に発生している（AN 369.K602/1916）。こうした事例からは当時の国境地
域に暮らす住民にとって国境認識そのものが曖昧であり，しかもその移動が
パスポートによって管理されるという知識も乏しかったことが明らかと
なる。なお，興味深いことにクランタン州のパスポート申請記録でとりわ
け多くみられたのはインド出身の商人たちであった。彼らはシャム側への
借金の徴収，取引先との商談，あるいは親類訪問を目的としてパスポート
を申請した。このように国境地域においてはマレー住民だけでなく，移民
出身者の間においてもシャム側との密接な関係があったことが明らかにな
る。

　第三に，越境と関連して取り上げたい点は，マラヤ生まれ以外の国境住民
に対して植民地政府がパスポートを発行し，その越境を管理していたことで

76　第Ⅰ部　パスポートを視る

ある。たとえば中国大陸に帰国し，シンガポール経由で再びクランタンに戻る予定のある中国大陸出身男性が，植民地政府に対してパスポートを申請している（AN 435.K445/1915）。また当時クランタンに存在した日系の錫鉱山会社に勤務していた日本人男性が，イギリス植民地政府に対してシャム側への越境を理由にパスポートの申請をしていた記録も残っている（AN 1214.1278/1935）。イギリス植民地政府が外国人に対してパスポートを発行していたことはマラヤだけでなくその他の地域のイギリス植民地でもみられ，これは今日のビザ制度に先行する法的実践として位置づけられる（Diplock 1946: 50）。このような事例からは当時の国境住民の多様な法的帰属および植民地政府によるその越境管理の姿を明らかにすることができる。

　第四に，植民地期に導入された人為的な民族分類が，パスポートを通してさらに法的に正当化されたという点があげられる。そもそも当時の英領マラヤにおいては現代社会に比べて民族，宗教の境界が非常に曖昧であり，民族間の通婚はそれほど珍しいものではなかった。1927 年にはムスリムに改宗した華人のパスポートに記入される民族カテゴリーを「マレー」として修正するようにとのイギリス植民地政府の指示が出されており（AN 1610.1647/1927），それまで曖昧であった中国系の出自をもちムスリムに改宗した住民は，マレーとして登録された。ここで重要な点は，現代マレーシアでごく普通に論じられる「華人」「マレー人」「インド人」「その他」という民族分類は，イギリスが植民地に持ち込んだセンサスによって構築されたものであるという点である。この人為的な人口分類はしかしながら独立後のマレーシアにおける個人のアイデンティティ形成に大きく影響を及ぼした（Hirschman 1987）。以上のように国境画定直後にさかのぼることによって，植民地政府によって人為的に持ち込まれた国境管理制度と国境住民の認識とのずれ，法的帰属や民族分類の恣意性，人為性がパスポートを通して浮き彫りとなる。

独立直後のパスポートと移民の帰属問題

　1952 年に独立を果たしたマレーシアにおいては，パスポートは法的帰属を示すだけでなく個人の国家に対する帰属意識を反映するようになった。この点を明らかにするために，独立後の国民国家建設の過程，特に国籍法をめ

ぐる諸問題を考察する。とりわけ独立前夜のマラヤは，移民出身の華人お
よびインド系住民の法的帰属が問題視された。もはやマラヤ生まれである
ことだけでは個人のマラヤへの法的帰属を必ずしも示さなくなったのであ
る。

　まず1946年に初めてマラヤ連合案がイギリス植民地政府によって提出さ
れたが，国籍法をめぐってはイギリス植民地政府の包摂的立場と，多数派で
あるマレー人リーダー側の民族主義的立場との間の大きなずれがみられた。
マラヤ連合案では民族出自にかかわらず英領マラヤ領内で出生した者および
マラヤ領内における10年以上の居住を証明できる者にマラヤ国籍を与える
ことが規定された。これはほぼすべての住民に国籍を与えることを意味した
(Carnell 1952: 507)。しかしながら，このマラヤ連合案はマレー民族主義を掲
げるマレー人リーダーの強硬な反対を受け，新たに1948年にマラヤ連邦案
が提出された。このマラヤ連邦案においては，マラヤ連合案で提示された生
地主義の側面が大きく制限された。これによってマラヤ生まれであっても，
親がマラヤ領域外で生まれた移民の子どもの場合，マラヤ国民とは認められ
なくなった(ibid.: 508)。つまり，マラヤ国民という新たな帰属概念を形成す
るうえで，移民出身者(おもに華人およびインド系住民)が排除される形と
なったわけである。当時のマラヤにおける華人人口の割合が全マラヤ人口の
半数を超え，そのうち3分の2がマラヤ生まれの一世であったことをふまえ
れば(ibid.: 505)，これは深刻な社会問題であった。また当時の中国大陸は内
戦中にあり，マラヤ生まれの華人が帰国できる状況ではなかった。しかしな
がらこのマラヤ連邦案も長くは続かなかった。マラヤ共産党のゲリラ化に伴
い，1948年に戒厳令が敷かれたことによって，植民地政府はマラヤ共産党
のおもな支持基盤である華人コミュニティの政治的信頼を獲得することを優
先課題とするようになったのである(ibid.: 511)。

　このような複雑な政治状況を受け，最終的に妥協案として提示されたの
が，1952年のマラヤ連邦独立時に制定されたマラヤ連邦国籍法である。こ
れは現在のマレーシアにおける国籍法の原型となった。この国籍法では，生
地主義と血統主義の両方が採用され，すべての海峡植民地生まれの者に対し
て自動的にマラヤ国籍が与えられたが，マレー州生まれの場合は一方の親が

マレー州生まれであることという条件が加えられた。移民の親をもつマレー州生まれの者に対しては，5年以上の居住を要件として国籍が与えられた。マラヤ領域外の出身者に対しては，10年以上のマラヤにおける居住歴，なおかつマレー語もしくは英語の基本的言語能力が要求された(*ibid.*: 512-513)。

このように民族間の複雑な政治的交渉，国内外の政治的背景，およびイギリス植民地政府とのやりとりのなかで，誰を国民として包摂あるいは排除するのかという枠組みが形成されたのである。こうして新生国家に対する帰属を定める国籍法制定が以上のような複雑な政治的過程を経るなかで，パスポートは個人の帰属意識を直接反映するようになったのである。

現代におけるパスポートの消費と境界

先進国での出産によりその国家のパスポートを取得させる出産ツーリズムにみられるように(*The New York Times*, August 28, 2015)，現代におけるパスポートは，個人の越境の便宜的な道具として扱われ，パスポートそのものが消費される時代となった。越境のあり方が多様化するマレーシアにおいてもこのようなパスポートの消費化は否定できない。たとえば，現代のマレーシアはシンガポールに労働人口を供給する移民の送り出し国でもあり，シンガポール・マレーシア国境を日常的に行き来する正規の労働者は25万人を超える(*The Nikkei Asian Review*, March 12, 2015)。この数字にはシンガポールの永住権をもつ人々も含まれる。またタイ・マレーシア国境地域においては，住民の国境を越えた密接な経済活動および姻戚関係がみられ，パスポートを提示しない越境が日常化し，しかも推定では国境地域には5万人以上の二重国籍保有者が居住する(*The Nation*, July 14, 2016)。ここで取り上げたパスポートをめぐる諸問題は，個人の越境のあり方がますます流動化する現代マレーシアにおいて，植民地時代に導入されたパスポートがもつ歴史的意味，そしてパスポートに刻み込まれた人為的な境界性を私たちに再認識させる効果があるといえよう。

1.5.6　ネパールのパスポート

市民権をめぐるマデシと女性の問題

　政府軍と共産党マオイストの内戦(1996~2006年)終結を契機に，政党に復帰したマオイストは2008年の制憲議会選挙で第一党になり，ネパール王国はネパール連邦民主共和国となった。新生ネパールの標語となったのは，マオイストが唱道してきた社会的包摂であり，それまで政治的・社会的に抑圧されてきた先住民族や不可触カースト，マデシ(マデシュとよばれるインド国境近くの南部低地に住み，インドとの文化的つながりが強い人々。インド系ネパール人と同義とする研究者もいる)，女性，性的マイノリティ等の権利主張や政治参加が実現してきた。なかでもマデシの包摂は，事実上「無国籍」であった人々にネパール国籍を与える政策で飛躍的に展開し，ひいては彼らのパスポート取得と海外移住労働へとつながった。ここでは，ネパールにおいて市民権とパスポートをめぐってマデシおよび女性がどのようにかかわってきたのかを紹介する。

ネパールの市民権

　王制廃止が下院において決議された2006年，早々と公布された暫定ネパール憲法では，憲法施行時の市民権として「出生時に父または母がネパール市民である者は，血統によりネパール市民である」(第8条2b)とされ，「1990年4月15日までに生まれ(注：2006年当時16歳以上)ネパールに居住しつづけてきた者は，出生地によりネパールの市民権が得られる」(第8条5)と明文化された。すなわち，父母両系出自の血統主義と生地主義に基づく市民権の付与が認められたのである。それ以前のネパール憲法(1990年)では「出生時に父がネパール市民である者は，血統によりネパール市民である」(第9条1)とされ，父系出自によってのみ市民権が与えられていた。

　ただし，それに伴い2006年に改訂されたネパール市民権法では，暫定憲法の第8条5に関して，該当する希望者は「制憲議会選挙前までに申請し，市民証を受給するものとする」(第4条2)とし，「その期間に申請できなかった者は，この法律の施行から2年以内に限り申請できる」(第4条3)とされた。生地主義に基づく市民権の付与は，2008年11月26日までに申請した場合に限るという時限つきの救済措置であり，父母ともに市民権を取得して

いない子，父母ともに身元がわからない子など，父母両系出自の血統主義を採用してももれ落ちるネパール居住者を救済するための一時的な施策だった。

マデシ勢力の台頭

市民権の付与が父母両系出自の血統主義に変更され，一時的にではあるにしろ生地主義も採用された背景にはマデシ問題があった。ネパールとインドのオープン・ボーダー(両国民に対し出入国審査のない国境)をまたにかけて通婚圏とし，通学や商売などで日常的に国境を往来するマデシは，カトマンドゥを中心とする山地に住むネパール人からはインド人と区別がつかない人々とみなされ，多くはネパールに帰化もできず市民証をもっていなかった。マデシはもともと蔑みのニュアンスをもつ，山地のネパール人による他称であったが，今日それはマデシが自らの権利を主張する運動において自称として用いられるようになり，マデシ人民権利フォーラム党などマデシを支持基盤とする地域政党が台頭して一大勢力となってきた。

マデシ系地域政党にとって，大切な票田に選挙権をもたない人が多いことは死活問題であった。折しも2008年の第一回制憲議会選挙は，多様な属性の人々が政治に参加する包摂の民主主義を掲げており，放置できない積年の問題としてマデシの「無国籍」問題が顕在化した。こうして2006年1月～4月，内務省は全国75郡の遠隔地に4,000人の市民証現場発行チームを派遣し，3カ月の間に約260万人の市民証未取得者に市民証を交付した。さらに，第二回制憲議会選挙前の2013年7月にも，同様のキャンペーンを張り，1カ月の間に約60万人に市民証を発行した。国連職員が個人的見解として発表したレポートでは，キャンペーン後も事実上「無国籍」状態におかれている人が，国連難民高等弁務官事務所(UNHCR)の調べでマデシを主として80万人はいるとされる(White 2009)。ネパール政府はUNHCRに対し，そうした人々は市民証未取得の状態であって，無国籍という表現を用いることに疑義があると抗議した。

いずれにしろ，市民権がなければ，保健，教育，就職，結婚，パスポートの取得と海外渡航，商売，不動産所有・相続，国からの給付金の受領など，生活にかかわるあらゆる面で不利な状態におかれ，国民としての諸権利を享

受できない。さらに，いわゆる無国籍者を連鎖的に生じさせる原因となる。ネパールの市民権付与の拡張は，包摂の民主主義という大勢のもと，公正な選挙の実施とマデシ勢力の，ときに暴動を伴う圧力により，進展したのである。

反動と女性の運動

市民証発行キャンペーンは「政治家はネパール国籍を外国人（インド人）に売っている」，「ネパールも（インド系移民が多数派になった）フィジーのようになってしまう」といった批判を生み，「そもそもマデシとは誰か」という議論を呼び起こした。そして，その反動として，ほぼでき上がっていたとされる新憲法の草案では，暫定憲法において「出生時に父または母がネパール市民である者は，血統によりネパール市民である」とされた条項が，「出生時に父および母がネパール市民である者は，（以下同じ）」に改変する方向で議論が収束していた。「父または母」から「父および母」への改変は，該当する者を狭めるものとなる。制憲議会議員は何に怯えて，包摂から後退するような文言を草案に採用したのか。おそらく，そこにはマデシがますます増加し，多数派となってネパールがインドに乗っ取られるのではないかという漠然とした脅威があろう。また，インド人男性がネパール人女性と結婚した場合，その子がすんなりとネパール国籍を得ることへの抵抗が強迫観念として作用したものと思われる。

というのも，男女の権利が平等のように映る暫定憲法においても，実はそうはなっていなかったからだ。ネパール人女性が外国人男性と結婚した場合と，ネパール人男性が外国人女性と結婚した場合とでは，得られる権利が大きく異なっていたのである。ネパール人男性と結婚した外国人女性の帰化は，申請により無条件で認められ，たとえ女性が帰化しなくても，子の市民権は父系出自で取得できる。一方，ネパール人女性と結婚した外国人男性（多くの場合はインド人であることを想起されたい）には，一般の外国人が帰化申請するのと同じ厳しい条件が適用される。すなわち，ネパール社会への貢献，ネパール語の読み書き能力，ネパールで就労中，他の国籍の破棄，少なくとも15年のネパール居住歴，出身国がネパール人の帰化を互恵的に認可，良好なモラル，心身の健康な外国人という条件がそろって初めて帰化が

認められるのであった。

しかも，暫定憲法では「他の条項で何と書かれていても（注：つまりは第8条2bがあるにもかかわらず，それを差し置いて），ネパール人女性が外国人男性と結婚した場合には，ネパールで生まれ住みつづけてきた子は，父の国の国籍を取得していないかぎり，帰化によりネパール市民権が得られる」(第8条7)とし，子に対し出自によって市民権を与えるのではなく，帰化による市民権の取得を要請する。つまり，ネパール人女性の国際結婚の権利上の障害を高くして，自国の女性を管理する(囲い込む)という父権主義的な二重基準が採用されていたのである。

2015年ネパール新憲法

2015年4月25日に起きたネパール地震は予期せぬ影響を与えた。制憲議会に対する世論の関心や期待が急落し，国民から見放されたことに慌てた制憲議会によって，7年越しのネパール新憲法が9月に公布されたのである。新憲法においては，先に述べた草案ではシングルマザーの子が市民権を得られず不平等だという，女性たちのジェンダーに基づく平等を求める運動の成果もあり，懸案の父母両系出自の条項は，暫定憲法と同じ「父または母」(第11条2b)という表現に戻された。さらに，新憲法では「出生時に母がネパール市民であり，父が不詳で，ネパールに居住する者は，血統によりネパール市民である」(第11条5)という新たな条項が付け加えられた。もっとも「ネパールに居住する者」では，海外に住み出産したシングルマザーの子は該当せず不備があるとする批判もある。

他方，上述した暫定憲法の第8条7，すなわち他の条項を差し置いて，外国人男性と結婚したネパール人女性の子は，帰化によりネパール市民権が得られるという条項は，新憲法でもそっくりそのまま第11条7として残り，国際結婚を介した子の市民権をめぐる男女の不平等な取り扱いが解消されることはなかった。この問題はもはや男女同権レベルの議論を超えて，インド人男性とネパール人女性の間の子には出自に基づくネパール市民権を与えないという，国家存続レベルの議論として阻止されていると考えざるをえない。ネパールにとって大国インドに対する脅威はそれほどまでに根深いものといえる。

海外を目指すマデシ

ネパールの市民権をめぐる動向はマデシ問題により口火が切られ，男女平等の権利を求める女性たちの運動によって，十全とはいかないまでも，修正が加えられ進展してきた。ネパールは現在，人口の約7%にあたる190万人が海外で暮らし，特に中東湾岸諸国やマレーシアで移住労働者として働く人が少なくない。カトマンドゥの空港からは一日に1,000人以上の若者が仕事を求めて飛び立っているが，母数が多いこともあり，目につくのはマデシ男性の姿ばかりだ。2006年以後，ネパール市民権を与えられ，真新しいパスポートを手にした後発のマデシは，海外での就労を目指すメインストリームにようやく乗り始めたのである。

ネパールの新旧パスポート

それでは，こうして社会に包摂された人々は，どのようなパスポートを使っているのだろうか。ネパールでは2010年に機械読み取り式の新パスポートに切り替わった。旧パスポートは所持者の情報がすべて手書きで，新パスポートには記載がない，職業，身長（mとcm），肌の色，性別，髪の色，目の色が記されていた（図1・40e）。また，用いている家族を見たことはないが，同行する妻子（氏名，生年月日，性別）の欄もあった。1999年頃，日本のビザが押されたネパールのパスポートは，闇で100万円程度の値段で売買されていた。ラミネートが貼られた写真を差し替えて別人に成りすまし，就労目的で来日するためであった。旧パスポートにはなく，新パスポート（口絵⑳参照）に新たに記載（印字）されているのは，市民証番号である（図1・40f）。表紙および表紙裏にある国章は王国の解体に伴い変更されたが，下部の国是のサンスクリット文「母と祖国は天国より偉大である」は同一である。

10年有効のパスポートの代金は5,000ルピー（約6,000円）で，郡庁事務所で発行される。至急の発行を希望する場合は，カトマンドゥにある外務省（旧ナラヤンヒティ王宮）に付置するパスポート事務所において10,000ルピーで入手できる。パスポート申請書には両親指の指紋を捺印する欄があるが，少なくともパスポートの表面上には載らない。

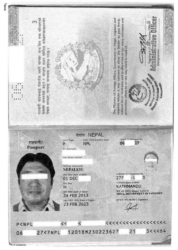

図 1・40　新旧のネパール一般パスポート
　a：旧・表紙　b：旧・表紙裏の国章　e：旧・自署頁
　c：新・表紙　d：新・表紙裏の国章　f：新・自署頁

1.5.7 インドのアイデンティティ・サーティフィケート（IC）

亡命チベット人の海外渡航書類としてのIC

1959 年のダライ・ラマ 14 世のインド亡命前後から，ヒマラヤを越え，ネパール，ブータン，インドへ流入したチベット人とその子孫は，学術研究では亡命チベット人とよばれている。この国境を越えるインドへの流入は，その数に変動はあるが，今日も続いている。一方，中国政府の許可を得た出入国もある。2009 年の人口統計調査 (Planning Commission, Tibetan Central Administration 2010) によると，亡命チベット人約 12 万 8 千人は，世界 28 カ国以上に拡散し，インドでは，最大人口約 9 万 4 千人が暮らしている。

インド政府は，亡命チベット人に対しては，非常に寛容な政策をとり続けている (Kharat 2003, Roemer 2008, McConnell 2011)。インド政府は，ダライ・ラマ 14 世が亡命直後にインドで設立したチベット亡命政権（自称チベット中央政権）を，実質的に亡命チベット人を代表する組織として扱っている。1960 年代，インド政府が提供した土地は，チベットの文化や言語を継承しながら現代教育を行う学校や僧院もある居留地区になっている。さらに，インド政府は，亡命チベット人には，居留地区外での居住や進学，就労，国内外の移動も認めている。公務員の雇用制限はあるが，インド軍は，現在も亡命チベット人の若者の主要な就職先の一つである。インド政府と亡命チベット政権は特別な関係を構築してきたが，彼らの法的地位は曖昧さを増している。

亡命チベット人が海外渡航の際に用いるのが，インド政府発行のアイデンティティ・サーティフィケート（IC）という書類である（図 1・41，口絵㉕）。長年，IC の名前や出生地などは手書きされていたが，国際民間航空条約の規定により，機械読み取り方式で偽造防止機能が向上した新式に順次切り替えられ，旧式の IC は 2015 年 11 月 25 日以降失効となった。海外渡航を繰り返す人が多いためか，新式ではページ数が増加された。IC は 10 年間有効で，更新可能である。黄色い表紙のため，一般にイエロー・パスポートとよばれているが，インド政府がインド国民に発行するパスポートではない。The Passport Act と The Passport Rules というインドの国内法が，パスポートとトラベル・ドキュメント（旅行書類）の 2 種類について定めており，IC は，これらの法の下で発行される旅行書類の一つで，インド外務省が管轄し

図1・41　アイデンティティ・サーティフィケート(IC)
左：旧ICの表紙　右：新ICの表紙

ている。

ICの内部には，ヒンディ語と英語で説明があり，「この証明書は，持ち主にナショナルパスポートの代わりとしてのアイデンティティ書類を提供することだけを目的に発行される。持ち主の国籍上の地位を侵害したり，影響するものではまったくない。持ち主が，いずれかの国のパスポートを取得

図1・42　IC内部の説明部分(旧IC)

した場合，この証明書は有効性を失い，ICはできるだけ早く最も近くのパスポート発行当局に返されなければならない」と記されている(図1・42)。

IC申請の手続き——RC，出生証明，グリーンブックに基づくレター

ICは，インド政府の外務省管轄下のPassport Sevaというオンラインシステムで申請ができる。オンライン申請1カ月以内に，申請書，写真とともに，後述の登録証明(Registration Certificate, RC)のコピー，出生に関する書類，チベット亡命政権発行のレターをダライ・ラマ法王デリー事務所に提出すると，それら一式がインド政府のデリー地域のパスポート事務所に送付される。この場合のICの申請料金は1,100ルピー(約2,000円)である。個人で直接，インド政府のパスポート事務所に提出することもできる。ICの新

規取得には1年以上かかることが多い。以下，RCと出生証明，グリーンブックに基づくレターについて説明する。

RCは，The Passport Act, Foreigner's Act, The Registration of Foreigner's Act, The Registration for Foreigner's Rulesという法の下で，インド政府の内務省が管轄する登録証明書であり，16歳以上の亡命チベット人は登録して取得しなければならない。RCは，近年冊子になったが，以前は表紙のない紙であったため，紛失や損傷が起きやすかった。RCの表紙(図1・43)は，いくつかのチベット人居留地区で印刷され，場所により表紙の文言や色が多少異なる。2012年以降，半年から1年ごとの更新期間が一部延長され，インド外生まれだがインドに20年以上居住している人も，インド生まれとともに5年更新になった。

インドでは文化大革命終了後の1980年代から毎年数千人規模のチベット人の流入がつづき，地元民との緊張が生じた。RCの発行や更新を中止または抑制した地域があり，数年間の学業終了後には，チベットへ戻るよう促された時期もあった。有効なRCがないまま，親族や知人を頼って生活する人は，IC申請が困難になるだけでなく，銀行口座の開設，就職，アパート契約，切符購入やホテルの宿泊など，さまざまな生活場面での不便が生じ，なかには非正規滞在者として拘留され罰金を課された場合もあった。このため，RCの非正規な取得や偽造，なりすましも生じがちになった。2003年からは，ネパールに到着した新来者にはインド大使館が目的別の特別な入境許可書を発行し，インド到着後にRCが発行されている。現在までにRC未取得者は激減し，不正防止のため，RC更新には本人出頭が必須となった。

RCやIC取得に必要な出生に関する書類については，出生当時は出生登録制度がな

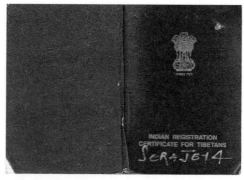

図1・43　RC(Registration Certificate, 登録証明書)の表紙

かったり，制度が機能していなかったり，親が登録しなかったり，越境の際持参しなかったなどの理由で出生登録書をもっていない人も少なくない。そもそも親が誕生日に強いこだわりをもたず記憶が曖昧な場合や，人生の節目で名を変えた場合，実際とは違う年齢を登録した場合，出生地を偽らざるをえなかった場合もある。2005 年から，チベット亡命政権が発行した出生証明書はインド政府から認められなくなった。インド政府機関や病院が発行した出生登録書や出生証明書の提示が

図 1・44　グリーンブック

できない場合は，学校の卒業証明書や，宣誓供述書などで代用できる。

　IC 取得のため，チベット亡命政権の推薦を受けるには，グリーンブックというチベット亡命政権発行の身分証明（図 1・44）を提示する必要がある。グリーンブックは，亡命チベット人が 1972 年に開始した自主献金を記録する冊子で，チベット亡命政権によりチベット人と認められた人だけに発行される。自主献金の支払いに関する法的拘束力や罰則はないが，亡命政権は，献金をしていない人には原則，認可状などを発行しない。毎年の献金額は，インドでは，6 歳から 14 歳は 12 ルピー（22 円），15 歳以上は 58 ルピー（106 円），日本在住者は，6 歳以上の学生と無職の人は 5,500 円，就労している成人は 11,500 円と定められている。グリーンブックは，両親の一方がチベット人であれば，国籍にかかわらず発行される。ただし，チベット人の外国人配偶者には現在発行されていない。

IC 取得後の手続き

　IC には，インド内務省の管轄による「帰国に反対しない」No Objection to Return（NORI）というスタンプが押してある。だが，外国渡航には，渡航予定国の大使館でのビザ申請・取得以外に，インド出国前に居留地区の外国人登録事務所で出国許可証を得，RC を預けなければならない。空港の出入国審査の際，出国許可証原本を提出し，このコピーを自分で保管する。インド再入国の前には，インド大使館または領事館で，再入国ビザを取得しなければならない。日本の場合，東日本居住者は，インド大使館への再入国ビザ

申請前に，東京のダライ・ラマ法王事務所からインド大使館宛に発行したレターを入手し，添付する必要がある。インドに戻ってから，居留地区の外国人登録事務所に出国許可証のコピーを持参すると，RC が返却される。

IC 更新手続きはインドで行う必要がある。書類が揃っていても，数週間かかる場合があり，長期休暇が取りにくい日本在住者の負担は大きい。

IC 使用についての見解

IC は，亡命チベット人にとって，正規に国境を越える機会を提供する一方，自らの国民ではない法的地位を意識する経験ももたらしている（三谷 2015: 109-126）。IC は，パスポートに比較し，渡航予定先の国へのビザ申請に必要な書類が多く，ビザ発行に時間がかかるうえ，発行されないこともある。また，1 回のみ有効なビザしか発行されないことが多い。インド出入国のためのインド政府からの出国許可証や再入国ビザの取得にも時間が必要である。このため，突然の外国への出張や旅行は困難である。航空会社の職員や出入国手続きの職員に IC を知らない人も少なくない。空港で，周囲の注目を浴びながら説明させられたり，高圧的な態度でさらなる書類を要求されたり，順番を最後に回され，幼児連れでも長時間待たされたり，インドでの出入国や IC 更新の際に，役人や警備の人から賄賂を要求された経験をもつ人も多い。行政手続きの遅さや賄賂要求は，亡命チベット人だけが対象ではないが，インドの役人への不満や辛さを語る人は多い。

インドパスポートか，IC か

インドの亡命チベット人の法的地位は曖昧である。インドは「難民の地位に関する条約」に加盟しておらず，難民に特化した国内法がなく，亡命チベット人の個別の難民認定もしていない。また，インドは「無国籍者の地位に関する条約」に加盟しておらず，無国籍者に関する国内法や無国籍者認定制度もない。法的には，亡命チベット人は外国人法の下の外国人として扱われてきた（Chimni 2003）。しかし，政府関係者も，メディアも，亡命チベット人自身も，単なる外国人ではなく，難民であるという認識を共有しており，通常は中国に強制退去されることはない。

亡命チベット人の多くは正規で有効な RC で 12 年以上インドに継続居住しており，帰化申請が可能である。さらに，亡命チベット人の一部は，生ま

れながらのインド国民であるともいえる状況が生じた。インド生まれの亡命チベット人がインドパスポートを求めて訴えた 2010 年のデリー高裁判決 ((C) 12179/2009) と 2013 年のカルナタカ高裁では，インドの Citizenship Act という国籍法の下で，1950 年 1 月 26 日から 1987 年 7 月 1 日より前にインドで生まれた人はインド国民であるという規定により勝訴し (NO. 15437/2013)，彼らはすでに取得していた IC を返却し，インドパスポートを入手した。このデリーの裁判で，インド外務省は，チベット難民は無国籍者であるという発言をしている。だが，この発言の法的根拠は，無国籍に関する国内法が不在のため，不明である。これらの判決を受け，2014 年のインド総選挙で，選挙管理委員会は，上記出生条件を満たす亡命チベット人の希望者には，選挙人登録と投票権を認めた。また，ヨーロッパ諸国では，上記出生条件の亡命チベット人の庇護申請却下の動きが生じている。

しかし，インドの内務省は，2012 年 2 月 23 日に 26027 号通達を出し，この出生条件を満たすチベット人は自動的にインド国民としては扱われず，内務省への個人申請が必要で，認可の場合は RC と IC の返却が必要であるとした。また，インド外務省も，生まれながらのインド国民の条件に合致する人に対しても IC の発行や更新を継続している。

インド国籍の申請には，チベット亡命政権が発行するインド国籍取得に反対しないと明記した証書が必要とされている。チベットナショナリズムの観点から当初は国籍取得は論外とされていた。しかし欧米移住者が増え，1990 年代にチベット亡命政権に反対する亡命チベット人グループがインド国籍を希望した際，この証書が発行されなかった事例についての報告もある (Choedup 2015)。チベット亡命政権の主要役職に欧米やインド国籍の取得者が就任するようになった現在では，国籍取得は個人の自由であり，インド国籍取得希望者へも必要書類発行の遅延はしないと主席大臣はメディアでも表明している (The Tibet Post International 2013.8.21)。しかし，この証書が発行されても，インドの手続きに時間がかかり，国籍取得は容易でない。

その一方，実のところ，これらの判決以前から数十年にわたり，地元の役所への出生届によりインド国籍をもつ人の多い地域や，証書の発行なしで帰化した人，インドやネパールのチベット系民族として登録しその国籍をもつ

人や，インドやネパールのパスポートを非正規に取得した人も，人数規模は不明であるが，存在している。インドを含む開発途上国では，国民国家形成における歴史的，政治的，制度的，経済的な背景により，国民と国民ではない人の区別が曖昧になっている場合が多く，さまざまな身分証明の蓄積により，いつの間にか国籍取得してしまうことも可能である(Sadiq 2008)。亡命チベット人もその例外ではないといえよう。

　インド政府による亡命チベット人の法的地位の扱いは曖昧で，法的手続きの実施が一貫しない場合も多いが，亡命チベット人の間の国籍やパスポート取得への態度や実践も多様である。チベット亡命社会の弱体化を危惧し，チベット問題の解決後の帰還を信じて，インド国籍取得に強い抵抗感を示す人もいる。出生によるインド国籍の条件を満たす人でも，インドの帰化条件を満たす人でも，当面は IC のままでよしとする人は多い。外国団体や個人からの支援を得るためや，欧米での庇護申請や在留申請には，不安定な IC のままの方がむしろ有利である。偽造パスポートやビザの非正規入手，オーバーステイもある。亡命社会全体に，欧米移住への憧れは強く，欧米国籍取得への抵抗感は非常に低い。法的・経済的安定のためだけでなく，移住先の国民としてチベット問題解決を欧米諸国の政府に訴える方が有効であるという説明がなされることが多い。教育を受けた若者が亡命社会の外のインド社会でより良い経済機会を獲得するには，インド国籍取得が有利であるという主張や，インド国籍でもチベット人であることに変わりはないという主張もある。1950 年代まで，チベット人は，国民国家体制とは異なる仕組みの社会で暮らしていた。中国との政治的解決がないままの約 60 年の間に，ヒマラヤを越え，さらに他国への移住者も増加するなかで，国家や国境，国籍やパスポートのもつ意味を，彼らは身をもって学んできた。チベットという国籍が存在しない現状で，IC 所持者とさまざまなパスポートの取得者はともに，トランスナショナルなチベット・ディアスポラを形成しているところであるといえよう。

　　付記: ニューデリー高等裁判所は，出生によるインド国籍条件を満たす亡命チベット人への国籍確認手続きなしのインドパスポート発行をインド政府に 2016 年 9 月 22 日に命じたと報道された(www.phayul.com ほか)。公益訴訟の場合，同条件の人々の IC や，他国の彼らの国籍の扱いへの影響が注目される。

第**2**章
日本のパスポート

　前章では世界のパスポートをみてきた。では日本のパスポートはいつ，どのようにしてつくられたのか。パスポートというと，現在では海外に渡航する際に必要というイメージが強い。しかしながら，パスポートは移動そのものを管理するものであり，その意味で国という概念が存在する前から，すなわち支配する地域の管理のために存在してきた。それはすなわち「国内旅券」といえるだろう。これは日本に限らず，世界のどの地域にもみられるものである。

　本章では日本に限定して，パスポート以前のパスポート，すなわち手形といった国内旅券を確認し，現在使用されているパスポートが成立するまでをみる。いわば日本のパスポートの歴史をみていくものである。日本の国内旅券は関所手形が有名であるが，その原型となるような身分証明書も存在した。また，戦後においては米軍の占領地（たとえば沖縄）から本土に渡航する際に必要なパスポートも存在している。こうした具体的な国内旅券やパスポートの機能や役割を理解すると，時の権力者の空間の管理や国家の主権の範囲の変化がよくわかるだろう。

　また昔の手形や戦前のパスポートなどは，その形状や書かれている内容も違う。形の変化の歴史をみていくことで，実は管理する技術の変化もわかる。そのパスポートの持ち主が，まさしくその人であるという証明が，具体的にどのように行われてきたのかに注目すると，こういった管理の技術が人のアイデンティティ（自己同一性）にもつながっていることがわかる。

2.1 通行手形

2.1.1 通行手形とは

紙の手形と木の手形

　私が中学生の頃，すなわち昭和50年代であろうか，父が出張に行くたびに「通行手形」を買ってきてくれた。今でいえばご当地キャラクターのグッズにあたるだろうか。全国のどこの土産物店に行っても，「通行手形」は置いてあったものである。そのため「通行手形」というのは，ある世代にとって非常に馴染み深いものであり，同時に「通行手形」とは図2・1のようなものだと認識されていた。しかし本当に使われていた「通行手形」とは，実は紙に書かれた書状が中心で，その多くが一回限りの使用であった。図2・1のようなものは「木席」の手形といわれ，いわば関所を通るときのフリーパスのようなものであった。ではこれらの手形にはどんな種類があり，どんなふうに使用されていたのだろうか。そしてそもそも手形は何のために使われ，なぜ使用されなくなったのだろうか。

国内の旅券としての手形

　国外に行くときに使用される「パスポート（旅券）」が登場したのは幕末期であり，「印章」「御免の印章」「印鑑」「旅切手」などさまざまな呼び方がなされていた。日本で最初のパスポートは1866(慶応2)年に隅田川浪五郎に発行されたものであり，そこから海外へのパスポートの歴史が始まるといわれている（§2.4.1参照）。これに対して「通行手形」とは，国内の旅行の際に持ち歩いた「旅券」であり，現在の入国管理のように，街道の要所すなわち関所でチェックが行われていた。後でもう一度みるが，こういった国内旅券制度は日本に限ったことではなかった。ここではパスポート以前の「パスポート＝旅券」として，「通行手形」をみていくことにしよう。

関所による出入りの管理

　「通行手形」すなわち国内旅券といえるものは，多くの人が知っているように江戸時代に使われていた。この手形はそれぞれ「関所」を通過するときに必要であった。関所はいわばパスポートコントロールのようなもので，書状に書かれている人物と本人が同一であるかを確認するところだったといえ

図 2・1 左：お土産の通行手形。右：「木鑑」と「合鑑」。
注：右の写真中,「関所手形」は木製の鑑札であり,公用や飛脚用に使用された。また「合鑑」とは関所過書手形の一種で大臣が家臣に与えたもの。これらは箱根関所資料館のお土産として買える。「関所手形」は「伊豆韮山藩発行の木札」,「合鑑」は「尾張徳川家が用いたもの」を模したものである。

る。この点はまた後で述べるが,特に「入り鉄砲と出女」といわれるように,江戸に鉄砲が持ち込まれてクーデターが起こるのを避けるため,また人質として江戸に住まわせていた諸大名の奥方が逃げ帰ってしまわないように管理する役割があったといわれている。

こういったことはすでに学校の授業で勉強したかもしれない。しかしこの手形も実はいろいろと種類があったことはあまり知られていない。箱根や新居の関所資料館に行くとその種類の多さに驚かされる。ここでは代表的な手形の種類や,手形の機能などを紹介しておこう。まず基本的なことだが,「手形」には大きく分けて2種類あり,「往来手形」と「関所手形」があった。

2.1.2 往来手形

「往来手形(道中手形ともいう)」は,農民や町民が廻国巡礼など長期にわたる旅に出立するときに携帯したもので,檀那寺や町・村役人から発行してもらうものであった(五十嵐 1979: 173)。手形の文面には,居住地,名,旅の宿の便宜を図ってもらう旨,また死亡したときの埋葬願いなどが書かれていた。

この往来手形は一人一枚ずつ持つのが通例であった。往来手形は宿泊に困ったときに名主や問屋に見せると宿の世話をしてくれた。また万一道中で

病気になったり，死亡したりした場合もこれによって故郷と連絡がとれた。この手形は身分証明書としても役立ち，関所手形が後から必要になった場合はこれを見せることで手形を作成してもらうことがあった（金森 2002: 49-50）。こういった機能は，海外で持ち歩くパスポートと同様のものだといえるだろう。パスポートは旅先ではできるだけ身に着けて，持ち歩く必要があるが，同様に往来手形もつねに携帯しているものであった。

図2・2は新居関所史料館にある往来手形の一例である。どこの関所に宛てたものかが明確になっていないという特徴があり，複数回使用できるものだといえるだろう。また「庄屋」が発行したもので，行き先（遠州浜松宿馬込村の文殊印）が記されている。冒頭で手形の多くは一回限りの使用と述べたが，このように種類によっては「書状」のものでも複数回使用ができたといえる。

2.1.3 関所手形

つぎに，往来手形とは別に，ときとして必要だったのが関所手形である。関所手形は「関所女手形」「鉄砲手形」が代表的であったが，その他の手形

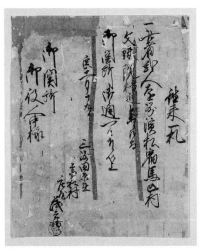
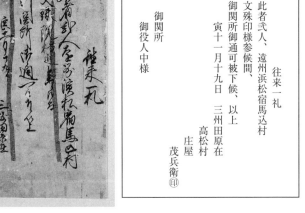

図2・2 「往来手形」（新居関所史料館所蔵）

として「遺骸通行手形」「手負い男通行手形」「乱心男通行手形」「預人通行手形」「武士手形」「町人手形」「百姓手形」「僧侶手形」「馬手形」などさまざまな種類があった。

「女手形」

関所手形で特に重要なのが「女手形」であった。これは旅人が確かな身分であることを保証する人物が申請し，それを受けて幕府が発行するもので，江戸から出発する女性はみな手形を持参しなくてはならなかった。ただし手形を持っていたとしても，江戸時代の53の関所のうち，よく調べたうえで女性の通過を許す関所が32カ所，女性を通さない関所が21カ所あったという。では「女手形」にはどんなことが書かれていたのか。またなぜそこまで女性の移動が厳しかったのか。

まず記載内容であるが，旅行する女性の人数，乗物を使用する場合はその数，そして「剃髪」しているか，「髪切」か，「未婚者」であるかを記していた。また剃髪でも，禅尼（身分の高い未亡人やその姉妹），尼（在家の普通の女性），比丘尼（伊勢上人・善光寺などの弟子など）に区別されていた。「髪切」（身分のある女性が夫に先立たれたときの髪型）は毛先を切っていても「髪切」に分類された。「未婚者」とは振り袖を着ているものであった。現代のように写真で照合ができないため，当人であるか曖昧な点が多かった。そのため後に，ほくろや傷などの記載もあり，それを人見女が入念に調べたという（金森 2002: 143-148）。

図2・3は「女手形」であるが，このように必ずしも個人を特定するものだけではなく，複数人を一枚にまとめる手形も多数ある。また，この手形には現在の会社で使用される「起案書」「議事録」などにおける複数人の署名方式がみられ，そこで印判が使用されていることも注目される。今でいうところの偽造パスポートを阻止するためのものである。ちなみにこれらの判はそれぞれの関所でリスト化され，その判が正しいものか参照されたとのことである。

図2・3の「女手形」は，解説によると「備前国岡山より江戸へ引っ越す3人の関所通行手形」であり，「中島四朗左衛門の申請に，上役の中根吉兵衛が署名し，さらに杉浦政清・大久保利朝・本庄道芳・曽我包助・室賀正俊

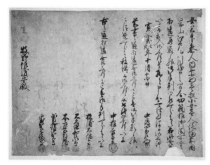
図2・3 「女手形」(新居関所史料館所蔵)

図2・4 「鉄砲手形」(新居関所史料館所蔵)

の5名が奥書をして手形の発行を願い出たものに，京都所司代の牧野親成が裏書をして通行を許可した手形」とされている。

「鉄砲手形」

江戸幕府は鉄砲の移動に関しても，厳しく取り調べを行っていた。特に江戸に持ち込まれる鉄砲について検閲を行っていたのである。逆に江戸から京都方面に向かう鉄砲に関しては，原則として手形は必要なかった。

図2・4は「鉄砲手形」である。新居関所史料館の解説によると「幕府鉄砲28挺を近江国国友より江戸へ取り寄せる際の関所通行手形」である。また「留守居大久保対馬守教明・伊丹兵庫頭直賢・水戸信濃守勝比・松平内匠頭康詮の断書により，老中の酒井左右衛門忠寄・松平右京大夫輝高が発行した手形」とされている。なお，印が押されていない箇所に関しては「老中秋元丹馬守涼朝は喪中につき押印していない」とされている。

その他の手形

その他の手形として，乱心・手負い・囚人・死骸・首といったものがある。これらに関しては男女問わず手形が必要であった。その内容は身分や乗物の有無，出発地と目的地などであった。

このほか，武士・町人・百姓・僧侶の手形・馬の手形(図2・5)なども存在した。

図2・5，図2・6は箱根の関所資料館で購入できるレプリカである。図2・6の「百姓手形」は

図2・5 馬手形

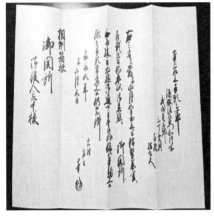

図2・6　百姓手形

箱根の関所の役人に宛てた手形であり，百姓 19 名が正月五日に伊勢神宮に参拝するために関所を通過することを許してほしいという内容のものである．

2.1.4　管理システムとしての手形

　さて手形を使った国内旅券システムの萌芽は，江戸幕府の成立後 1625 年に，主要な関所に対して発布された規定にみられるようである．そこでは，頭巾を脱がせて通らせること，乗物に乗っている場合は戸を開かせることなど，それほど厳しいチェックではなかったようである．ところが 1651 年に起こった慶安事件を機に，検閲体制が強化されていったといわれている．1652 年には新居の関所に立札が建てられ，そこで鉄砲の取り締まりも強化されていった．その後 1711 年には「女性の往来」「手負い，死人」の取り締まりも強化され，この内容が，その後幕末まで 150 年間続くことになる．最終的にこのシステムが終了するのは 1869 年，明治時代に入ってからである（佐々木 2012）．

　こういった国内旅券のシステムは日本だけのものではない．一例をあげれば中世の都市国家ローマでは 15 世紀後半から「衛生通行証」が使用されており，国外だけでなく国内移動の際にも携帯義務があった．衛生通行証制度では，その通行証の保持者が確かに本人であること，および彼がどこから来

たのか，そして彼がその国に少なくとも一定期間滞在しており，出発の時点において良好な健康状態であり，感染源との接触の可能性がないことを証明しなければならなかった。そして商品についても，品質，生産地に加え，感染の疑いがない人によって扱われてきたことを証明する必要があった(チポラ1988)。これはペスト対策として行われたものであったが，こういった検疫は現在でも入国管理において重要なものとなっている。

2.1.5 移動と本人確認

　パスポートというものは，現在の感覚だと海外に行くときに取得するというイメージが強い。しかしみてきたように，その原型は国内の旅券にあったことがわかる。そして記載の内容のうち重要であったのは，やはり本人確認ができるかという点である。昔は写真という技術はなかったため，外見の特徴などが記されていた。それがやがて写真になり，指紋になり，さらに生体認証といった技術に変化していく。また目的も治安だけでなく，衛生といった側面，さらには身元保証＝保護(けがや死亡時の取り扱い)といった側面もある。

　また現在は物品や生物の海外輸送にも確認，規制が行われているが，これも「鉄砲」「馬」の手形の存在をみればわかるとおり，昔から重要であったといえる。いつの時代においても人は移動し，そして同時に移動が行われるところではこれに対する規制もつくられてきたのである。この移動という実態と本人確認ということが表裏一体であることが，こういった手形をみるとわかるだろう。

2.2 偽文書と身分証明

2.2.1 職能民の身分証明書

　パスポートは，国や地域などの権威がそれを所持する人の身元を保証し，国を越えた移動における安全の確保を求めるものである。こうしたパスポートと同様の機能を果たす書類は，かなり近い意味において日本の歴史上早くから成立し，通用してきた。天皇や有名な武将，高僧，ときには神仏といっ

た権威の名において身元を保証し，移動や生産・交易活動の自由を確約する内容の記されたさまざまな文書や巻物が残されているのである。

しかし，その権威に「神仏」が含まれていることからもわかるように，それは実にあやしい身分証明書であった。すなわち，こうした文書や巻物には，それを所持する側の人びとが，自らに都合がいいように内容を創作して偽造したものが多く含まれているのである。歴史学や民俗学の世界ではこれらを「偽文書」とよんでいる。

偽の身分証明書は，手工業者や商売人，漁師や猟師など，なりわいを営むうえで移動することを常とする職能民によって所持され，行使されることが多かった。彼らが偽の身分証明書を携行する必要に迫られたのは，室町時代以降のことである。

平安時代末から鎌倉時代にかけて，さまざまな職に携わっていた人々のうち，天皇に奉仕した人々を供御人とよんでいた。供御人は魚や野菜，薬など，天皇が必要とする品物を貢納していたが，それと同時に諸国を自由に往来して商売をする権利や，漁場の優遇，課役の免除，給免田の所持などの特権が与えられていた。彼らはそれぞれの職を象徴する道具や衣装のほか，自由な通行を保障する木札や短冊を所持して自らの権利を主張した。そして，彼らが特によりどころとしていたのが，朝廷から発給された「牒」や「綸旨」であり，さらに，それらによって特権を与えられた経緯を記した文書であった。

しかし，南北朝時代に入ると朝廷の力が弱体化する。天皇を根拠とした供御人の特権は，その基盤から揺るがされることになったのである。さらに，訴訟において，慣習や伝承よりも文書による裏づけが優位に立つ価値観が成立したことや，戦国大名や統一政権による新たな統制と職能集団の組織化によって，職能民がなりわいを営むうえでの環境が変化したことなども，彼らに改めてその由来を権威づけ，特権を主張することを迫った。

このような事情を背景に，室町時代から江戸時代初期にかけて，大量に偽の身分証明書が作られることになる。そうした経緯で作られた身分証明書には，「偽牒」や「偽綸旨」などとともに，その職にかかわる事物の由来や起源を記した「由来書」があり，やがて江戸時代になると，自らの権利の正当

性を歴史的「事実」や歴史上の人物と結びつけて主張する「由緒書」が登場する(久野 2004)。

2.2.2 さまざまな職の由来と権利

さて，上でも述べたように，こうした身分証明書としての偽文書が多くみられるのは手工業者や漁師などの職能民の世界である。農地をもち，定着して生活を送る農民に対して，生産物そのものやその原料，あるいは生産物の販売先を移動しながら獲得する人々の方が，自らの権利や立場を主張する場面により多く立たされることはいうまでもない。つまり，身分証明書としての偽文書は，同質の閉じられた社会のなかで生み出されるのではなく，異質な文化との接触を契機として生成されるのである。

たとえば，木地屋と呼ばれる職人がいる。木地屋は山中で木を伐り，轆轤を用いて椀や盆，鉢などの円形の木製品を製作することをなりわいとしている。材料となる木には樹齢100年を超すケヤキやトチノキ，ブナなどが好まれたため，こうした木を求めて広く山中を移動した。しかし，山にはそれぞれ持ち主がある。そこで木地屋が所持していたのが，天皇や，信長や秀吉といった権威による免許状の写しとされる偽文書である。この免許状には，轆轤の技術が第55代文徳天皇の第一皇子である惟喬親王から伝授されたものだとする木地屋の職の由来や，一定の土地に留まらずに移動しながら生活することを保障する内容が記されている。この免許状が根拠となり，木地屋は各地で木を伐り，木地を生産することができたのである。

山で狩猟をする猟師もまた，偽の身分証明書の持ち主である。マタギなどとよばれる東北地方の猟師は，自分たちの祖先と山の神とのかかわりについての縁起をもって，全国の山での猟の自由を主張している。彼らがもつ巻物に記された内容には日光派と高野派の2種類がある。日光派の「山立根本巻」は，下野国に流された弓の名人・万三郎が，赤城山の神と対立する日光山の神に味方して勝利をもたらし，その話を聞いた天皇から全国の山で自由に猟をすることを許されたとする内容である(図2・7)。一方，高野派の「山立由来記」は，弘法大師による高野山の開山を助けた猟師が，殺した獣を成仏させる呪法と全国の山で猟をする許しを授けられたとする内容である。

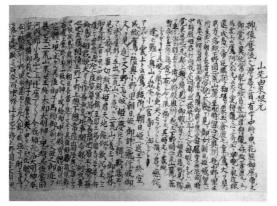

図 2・7 日光派の内容を含む猟師の巻物
（只見町教育委員会所蔵，小池淳一撮影）

　海では，家船とよばれる漁民が，偽の身分証明書を携えて各地を移動した。小船に家族で居住して一定海域を移動し，海産物の採取や販売をしていたのが家船である。江戸時代から，長崎県の崎戸や平戸を根拠地とする集団は鉾突き，潜水，葛網を得意とし，瀬戸内海の能地や二窓などを根拠地とする集団は，一本釣りや手繰網，打瀬網に従事していた。家船は広い海域で操業するため，長崎では大村藩による許可書とされる「家船由来書」，瀬戸内海では神功皇后に許しを得た経緯が記された「浮鯛抄」という「由緒書」の巻物を携行し，漁や交易の自由を主張した。この「浮鯛抄」の内容は，昔，安芸国豊田郡能地浦（現在の広島県三原市幸崎町能地）を訪れた神功皇后が海に酒を注がれると鯛が浮いたので，地元の漁師がこれをすくって皇后に献上した。この功により，能地の漁民は神功皇后から全国の海で漁をすることを許された，というものである。「浮鯛抄」には神功皇后のほか，菅原道真や平清盛，源義経，足利尊氏などに鯛を献上したことも記されている（小池 2004）。

2.2.3　偽文書を介した人の関係

　このように，日本では古くから，生活のために移動を常とするさまざまな人々が，自らの身元を保証し，移動先でのなりわいの自由を主張する証明書

を携行していた。そして重要なことは，これらの身分証明書が偽造されたものであったにもかかわらず，多くの人々に受け入れられ，機能していたということである。しかしその原因を，単純に，素朴な昔の人々が彼らの主張を鵜呑みにし偽造を見破る目をもたなかったということのみに帰結させることはできるだろうか。

　これらの偽文書は携行に便利なように，巻物の形態がとられることが多かったが，それが身分証明書として相手に提示されるときには，紐が解かれ，なかに書かれた文章が読み上げられるわけではなかった。また，それを所持する人々にも，提示される人々にも，内容を読んで理解するだけの力があったとは考えにくい。その証拠に，多くの巻物に記された文章には誤字や脱字が多く，内容についても筋の通らないものが散見されるのである。これは，これらの巻物が，文字や内容を理解しない人によって書き写されていったことを意味している。

　こうした事実は，必ずしも巻物の内容そのものの確からしさが効力をもっていたわけではないということを明瞭に物語るとともに，人々の歴史認識や権威・権力に対する考え方が投影されているととらえることもできるだろう。自らの権利を主張するよそ者と，それを受け入れる地元の人が，その真贋を突き詰めることなく，身分証明書としての巻物を介して了解しあっているのである。そこには，自らの権利を徹底的に主張せずにはおかない現代の私たちとは異なる人と人との関係性をみることができる。

2.3 居留地制度下における外国人の内地旅行免状
──国内旅行のパスポート

2.3.1 外国人居留地と遊歩区域

　幕末の安政五か国条約に基づき，箱館，横浜，長崎が開港された 1859（安政 5）年から 1899（明治 32）年までの 40 年間，日本には外国人居留地という場所が存在した。江戸幕府は，外国資本などの国内進出を抑えるため，外国人の居住と経済活動を居留地内に限定したのである。また，安政五か国条約は，相手国に治外法権を認めた不平等条約であり，外国人には日本の法権が

及ばなかったため，その活動範囲を限定することが必要であった。

外国人居留地（一部は雑居地も含む）は，北から箱館，新潟，東京，横浜，大阪，神戸，長崎の開港場と開市場に設けられた。開市場とは，港は開かず居留地だけ設定した場所で，東京の築地居留地と大阪の川口居留地である（大阪は後に開港場となる）。

外国人居留地制度のもとでは，外国人が自由に出歩ける範囲は，居留地の外側，十里（約 40 km）四方に限られ，その範囲を「外国人遊歩区域」とよんだ。横浜の場合は，現在の神奈川県の大部分と東京都の一部が含まれる範囲である。その奥に広がる日本の国土，「内地」に足を踏み入れるには，「内地旅行免状」という国内旅行のパスポートが必要であった。

2.3.2 内地旅行制度の確立

遊歩区域の外に出たいという要望は早くから寄せられた。箱根や熱海の温泉に療養に行きたい，植物採取などの学術目的のため内地に入りたい。こうした出願に対しては，そのつど「鑑札」を与え許可していた。また，1872（明治5）年に京都博覧会が開かれると，博覧会に出品する外国人に「入京切符」を発行した。お雇い外国人には「雇入及通行免状」を発行し，勤務地までの移動を許可した。

できる限り自由に旅行したい外国人と，なるべく居留地・遊歩区域内に閉じ込めておきたい日本政府との間で，せめぎ合いが続いた。その結果，1874年5月に「外国人内地旅行准準条例」が成立し，内地旅行が制度化された。この条例は，遭難などの緊急時や外国政府の高官や貴族などの貴顕の遊歴を別として，一般には学術調査，病気療養，雇い入れ外国人の業務出張などに限り，内地旅行を許可したものである。なお，内地旅行の際には，必ず通訳の同行が求められた。

翌1875年には，それまでばらばらに出されていた免状が「外国人内地旅行免状」として改訂される。一般外国人の旅行許可書は，すべて領事から公使を経て外務省へ出願し，外務省が交付する「外国人内地旅行免状」に一本化された。これに伴い，開港場所在地の各県庁が交付していた温泉行免状は廃止された。雇用外国人の「雇入及通行免状」については，「通行免状」に

改訂された。

「外国人内地旅行免状」は、表面に国籍、姓名、身分、寄留地名、旅行趣意、旅行先及路筋、旅行期限が明記され、裏面には、地方の規則を守ること、他人に貸与しないこと、旅行から帰着後は返納することなどの11か条の注意書きが書かれている。なお、「内地旅行免状」は旅行のつど申請する、一回限りのパスポートだった。

2.3.3　内地旅行の条件緩和

外務省による免状交付の一本化は、許可までに時間を要するなどの理由で、外国人には不評だった。そこで、要望の多い京都旅行と温泉旅行について改善が図られる。1876（明治9）年に京阪間の鉄道が開通し、汽車による入京希望者の増加が見込まれた。そこで、病気療養、学術研究のための入京と、あわせて奈良・琵琶湖への遊覧を許可する「外国人入京免状」の交付が、兵庫県・大阪府に委任された。また翌1877年には、箱根・熱海への

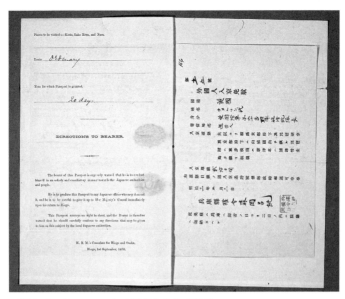

図2・8　ウィルソンに交付された入京免状
横浜開港資料館所蔵

「外国人湯治免状」の交付が再び神奈川県に委任された。その後，長崎の柄崎温泉などへの免状交付は長崎県へ，北海道の登別温泉への免状交付は道庁へ委任された。こうして，公使館・外務省を経ずして免状がとれる「外国人入京免状」や「外国人湯治免状」も交付された。また，居留外国人だけでなく，一時の旅行者にも温泉旅行が許可されるようになった。図2・8は1878年5月11日付のイギリス陸軍軍人ウィルソンの入京免状である。兵庫県令（知事）が交付した免状で，これに駐兵庫・大阪イギリス領事の証書が添付され，本人に渡された。

一方，1875年11月には，遊歩区域内の宿泊が可能となり，1879年には遊歩区域外でも，旅行免除を所持する外国人について，疾病その他やむをえない場合に限り，宿泊が許可された。遊歩区域外では旅館などが少なく，私人宅への宿泊が増えたため，内地非開放の原則に反するとの意見もあった。

2.3.4 外国人居留地と内地旅行免状の終焉

1894（明治27）年7月に日英通商航海条約が調印され，日本は幕末の不平等条約の改正に成功し，居留地の撤廃が日程にのぼった。図2・9は，1897年11月24日付けで横浜のアイザックス商会のM.W.アイザックスに交付された内地旅行免状である。これは，日英通商航海条約が調印されてから，1899

図2・9 M.W.アイザックスに交付された内地旅行免状
横浜開港資料館所蔵

年7月の改正条約施行までの過渡的期間の免状である。この間は内地旅行の条件が大幅に緩和された。許可を受ければ，一年以内で目的も旅行地も問わず自由に国内旅行できる免状が，外務省または地方長官から交付されるようになった。アイザックスの免状には「旅行趣意」(旅行目的)や「旅行先及路筋」(行き先・ルート)の項目がないのが確認される。

改正条約実施とともに，各地の外国人居留地が撤廃された。中国人に限っては旧居留地・雑居地以外での就労には職業制限がなされたが，一般に外国人は日本国内どこにでも居住・経済活動が可能となった。「内地」が外国人に開放された結果，国内旅行のパスポート，内地旅行免状も廃止されたのである(伊藤 1996, 2001)。

2.4 戦前のパスポート

「パスポート」というと誰もが手帳型のものを思い浮かべるであろう。しかし幕末期に初めて登場したパスポートは賞状型(一枚紙)であった。その後大正末期に手帳型に替わるまでの約60年間はこの賞状型のパスポートを使用していたのである。

2.4.1 賞状型のパスポート

ペリー来航から13年後の慶応2年4月7日(1866年5月21日)，幕府はようやく海外渡航を許可する布達を発した。これにより海外渡航を希望する者は身分に関係なく，修学と商業の目的に限って条約締結済みの国に渡航が可能となったが，幕府は外国との往来に必要な証書である「パスポート」についてはまったく手をつけていない状態だった。すでに日本に開設している諸外国の領事からそれぞれの国のパスポートについて聴取し，検討はつづけていたが，なかなか形や規則などが決定しなかったため，ついには米国領事のハリスから督促される事態も発生してしまう。9月末に中央に押す印が完成し体裁が整い，10月17日にパスポート第1号を発行することができた。第1号を手にしたのは総勢18人の「帝国一座」という曲芸団の座長である隅田川浪五郎であった。彼らは翌年開催のパリ万博を目指して渡航したのである

(§6.1.w1 も参照されたい)。

　紆余曲折の末に完成したパスポート(図2・10, 口絵㉚参照)は,「日本政府許航佗邦記」という朱色の角印が中央に押され, 縦 226 mm, 横 318 mm の大きさの厚手の和紙で, 叩くなどしてインクがにじまないよう工夫がしてあった。外交史料館が所蔵する慶応 2 年 10 月 17 日に神奈川奉行が亀吉に発給した神奈川 3 号のパスポートの表面には, パスポート番号, 名前, 身体特徴 (眼, 鼻, 口, 身長を常体大小, 高低などで記す), そして「書面之者英吉利グラント小使トシテ同國迄罷越度旨願ㇾ因りこの証書を與ヘ候間途中何レ之國ニテも無故障通行せしめ危急之節者相當之保護有之候様其国官吏江頼入候」と現在のパスポートの保護要請文の原型ともいえる所持者の保護と安全を依頼する文が書かれている。

　なお当時は, このパスポートとともに「願い出た国以外に行ったり滞在してはならない。帰国の期限を延長しないように。他国の戸籍に入ったり改宗してはならない。誠実を以て[その国の人と]交際すること」という内容の注意事項を渡航者に手交し, 当時の日本人にとって文化慣習の異なる未知の地での滞在に対し注意喚起をした。

　この後, パスポートは慶応 4(1868)年, 明治 2(1869)年, 明治 6(1873)年に若干形態の改正があったが, 手続きに関しては明治 2 年 4 月に布告 363 号「海外旅行規則を定む」を発し, 外国へ渡航志願の者はその府藩県より東京外国官並大坂長崎函館兵庫新潟神奈川の外国掛りに出願することを定め, 本格的

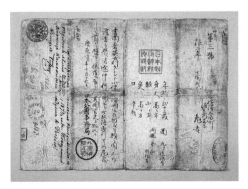

図 2・10　幕末のパスポート(外交史料館所蔵)

110　第Ⅰ部　パスポートを視る

な海外渡航開始への体制を整えた。

　「旅券」という名称は，明治 11(1878)年 2 月 20 日，外務省布達 1 号によっ
て定められた。従来外務省から発行していた海外行免状に「海外旅券」とい
う正式名称が与えられたのである。同様に形態も，一枚の紙（見開き，縦
314 mm 横 422 mm）を半分に折った形に変更となり，「日本帝國海外旅券章」
という印章，保護要請文「右［渡航目的，渡航先］赴クニ付通路故障ナク旅行
セシメ且必要ノ保護扶助ヲ與ヘラレン事ヲ其筋ノ諸官ニ希望ス」は活版印刷
になった（図 2・11）。なお，この保護要請文については戦前期はほぼ変わる
ことはなかった。

　形態は，幕末期と明治 26(1893)年型（縦 172 mm 横 222 mm）は一枚の紙の
裏表，明治 11(1878)年型，明治 33(1900)年型（見開き，縦 235 mm 横 374
mm）以降は紙を二つ折り（都合 4 頁）であり，表紙面（1 頁）に氏名や保護要請
文，内面（2，3 頁）は出入国の記録やビザを記入する面としたため白紙，最
終面（4 頁）には表紙面に書かれた保護要請文の英訳，仏訳，中国語訳などが
印刷されており，名前などを渡航先によって必要な言語に訳して記入した。

　その後明治 38(1905)年に改正された旅券（見開き，縦 261 mm 横 400 mm）
は，複雑な模様の紫色の枠を印刷し，紙全体に「日本帝國海外旅券」の透か
しを入れるなど技術面で偽造防止の工夫が凝らされている。その背景には当
時アメリカ本土へ渡航希望の移民に対し斡旋業者である移民会社が偽造旅券
を使用して不正に渡航させた事件が多発したことがある。

　明治 30 年代末にはアメリカ，特に西海岸地域で，増加する日本人移民に
対する排斥が激化し，重大な外交問題にまで発展した。両国の協議の結果，
明治 41(1908)年，「日米紳士協約」が結ばれ，日本政府は新たな移民の渡航
を自主的に禁止することとした。その結果，明治 38 年型の旅券を変化させ
た「移民専用旅券」（図 2・12）を制定し，送出先米国に対し，目で見える形で
同協約を遵守していることを示したのである。この旅券は，明治 38 年型で
は紫色だった表面の枠の模様が緑色であるほか，表面に族籍や身体特徴の記
入欄があり，また保護要請文が若干異なる。戦前期，同じ形で色の異なる旅
券が同時に使用されたのは，「移民専用旅券」を使用した時期（明治 42(1909)
年～大正 14(1925)年）だけである。なお，この旅券は，ハワイや北米に渡航

第 2 章　日本のパスポート　111

図 2・11　明治 11 年の旅券
(外交史料館所蔵)

図 2・12　移民専用旅券
(外交史料館所蔵)

する移民の出発港(横浜)がある神奈川県，南米移民の出発港(神戸)がある兵庫県，南洋移民の出発港がある長崎県の三県でのみ発給された。

　なお，旅券に欠かせない顔写真は，大正 6(1917)年 1 月 20 日省令 1 号で改正された旅券規則により，初めて旅券に貼ることになった。これは，第一次世界大戦後，欧州において旅行者や滞在者が身分証明を必要とした事情があり，写真貼付は世界的な風潮であった。しかし当時使用されていた賞状型旅券は写真貼付を想定していなかったので，二つに折った内側(2, 3 頁)であればどこでも貼付可能だった。

2.4.2　手帳型のパスポート

　大正 9(1920)年 10 月「旅券に関する国際会議」がパリで開催され，旅券の形態を国際的に統一する決議が採択された。この結果，縦 155 mm，横 105 mm，全 32 頁で自国語とフランス語を使用し，表紙の上部に国名，中央に国の紋章，下部には PASSPORT と記載した手帳型の旅券が国際基準になった。これを受けて日本政府は，大正 13(1924)年に濃緑色の布貼りの

図2・13　a：大正13年の旅券(外交史料館所蔵)
　　　　b：昭和13年の旅券(外交史料館所蔵)

表紙に「大日本帝國外國旅券」，菊の紋章，「PASSPORT OF JAPAN」，「PASSEPORT DU JAPON」，その下に旅券番号が金文字で印字された手帳型の旅券を作成した(図2・13a，口絵㉛参照)。名前などの各情報は日本語と英語，フランス語で表記できる頁が設定されており，渡航先に応じて訳を記入した。

　初の手帳型旅券は実際には昭和になって使用開始となったが，国号の不統一，菊の紋章が模様化するおそれがあることなど形式上の問題と，外国官憲から旅券の有効期間の記載がないとの意見があったことを考慮し，昭和13(1938)年に改正旅券が作成された。結果，第7頁には，昭和10年制定の「外國旅券規則」第8条(旅券発給後六カ月以内に出国しないと無効となる)，第9条(いったん帰国すると旅券は無効)の英訳，仏訳が記載されたほか，国号はすべて「大日本帝國」とし，各頁の地模様になっていた菊の紋章は五七の桐に替えた(図2・13b)。

2.4.3　移民と旅券

　近代日本における移民送出の歴史は，明治元年(1868年)にハワイ，グアムへ渡航した「元年者」から始まる。しかし，これが失敗例となったため新政府は移民送出に消極的であった。その後ハワイ王国からの強い要請により，両国政府間で条約を結んで開始した「官約移民」では明治18(1885)年～明治27(1894)年までに約3万人が当時独立国であったハワイに渡った。その後は

移民会社が仲介して多くの移民がアメリカ本土，カナダなどに渡航した。た
とえば大正 8(1919)年には約 6 万人の渡航者の 8 割が農業，林業，漁業など
労働を目的とする移民の渡航であった。特に賃金の高いアメリカへの渡航を
めざす移民が多く，仲介する移民会社は偽造旅券や他人の旅券の再利用など
法を犯してまでも一人でも多くの移民を送ろうという状況であった。政府が
移民保護の目的も含め，問題解決のため旅券の形態や記載内容，旅券規則を
変更した背景にはこのような事情があった。旅券の氏名の上に「移民」と記
入したり，渡航先を加筆できないように「以下余白」と記入したことはその
一例である。

　一時期排日問題解決のためアメリカ行きの移民数を自主的に制限した時期
もあったが，大正 13(1924)年にアメリカで成立した「排日移民法」によりア
メリカへの移民の渡航が全面的に不可能となった時点で，移民の送出先がブ
ラジルなど南米に移り旅券を区別する必要がなくなったことから，移民と旅
券との深いかかわりが終焉を迎え，移民専用旅券は必要性を失い，手帳型へ
の移行 1 年前に廃止された。

　昭和戦前期はブラジルへの移民が主流となり，年間 2 万人を超える人々が
ブラジルに渡航した。ブラジル行き移民は家族単位で移民することが求めら
れていたので，一家族，たとえば祖父母，父母，兄弟，その子どもなど 10
人近くが 1 冊の旅券で渡航していた例が多くみられる。これはこの時期の旅
券の特徴である。

2.4.4　戦後の旅券

　昭和 20(1945)年 8 月の終戦後占領期間中，被占領国民である日本人は原則
海外渡航が認められなかったが，昭和 22(1947)年 4 月 14 日付 AG000.74 連合
軍最高司令部指令(SCAPIN)第 1609 号「日本人海外旅行者に対する旅行証
明書」により，GHQ に認められた日本人に対してのみ渡航が許可されるこ
ととなった(翌昭和 23 年 8 月 25 日付 SCAPIN1609/1「日本人のパスポート
あるいは身分証明書の発行」により修正あり)。この指令により，個別に
GHQ の許可を受けた日本人のみが旅券の発行を受け海外渡航ができること
になる。発行される旅券(図 2・14，口絵㉜参照)は，表紙は青い布張りで，「日

本國外國旅券　PASSPORT OF JAPAN」と金文字で書かれているが菊の紋章はない。1頁目に印刷された旅券番号が見えるよう窓が開いていた。表紙裏には戦前同様「日本国外務大臣　〇〇〇〇［大臣名］」（外務大臣角印）が記されている。第1頁には、「本官は、ここに写真と説明事項とを添えてある〇〇〇〇［名前］は、〇〇〇〇〇〇［渡航目的］に行く目的で、日本国から出発することを、千九百四十七年四月十四日付指令 AG000.74GA（SCAPIN1609）および〇〇〇〇〇［発給を許可する個別の指令の年月日付管理番号］にもとづいて、連合国最高司令官によって許可された日本国民であるに相違ないことを証明する。この旅券は、〇年〇月〇日まで有効である。ただし、連合国最高司令官の明白な許可のあったときに限り、これを更新することができる。昭和〇年〇月〇日」とある。

　この旅券は、実際には SCAPIN1609 で決められた事項、「連合国最高司令官の許可により、かつ、その指示の下に発給される者であること」、「この渡航が GHQ の指令で個別に許可されたことを表示し、承認された旅行目的と旅行期間について明記すること」そして、「文書中に日本政府から外国当局に対する請願のような表現は直接的にも間接的にも使わないこと」を厳守した結果の旅券である。外務大臣が発行してはいるが、この旅券に、旅券に必ず書かれている所持者の保護要請文が書かれていないのは、外交機能が停止している日本国が外国官憲に対し要請することができないとして前記の

図2・14　占領期の旅券（個人蔵）

図2・15　昭和26年の旅券（外交史料館所蔵）

SCAPIN1609 で禁止されていたためである。

昭和 25(1950)年 1 月 5 日の SCAPIN2072 号「日本人の海外旅行申請」により，今まで直接 GHQ に提出していた旅券申請が日本政府経由で行えるようになった。さらには昭和 26(1951)年 6 月 2 日付 SCAPIN2155 号「旅券交付の権限」により SCAPIN1609 および 1609/1 が廃止され，日本政府は旅券交付と旅券交付規則を定める権限を与えられ，旅券交付の権限を回復したのである。その結果，同年 6 月には新たな旅券(図 2・15，口絵㉝参照)が作成された。黒い皮革製の表紙上部には第 1 頁の旅券番号が見える窓があり，菊の紋章(昭和 13 年型と同じもの)が復活し，「日本国旅券」「PASSPORT OF JAPAN」と金文字で表記され，第 1 頁には「○○○○〔氏名〕」「右の者は日本国民であって，〔渡航目的と渡航先〕へ赴くから通路故障なく旅行させ且つ必要な保護扶助を與られるよう，その筋の諸官に要請する」という保護要請文が復活した。同年 11 月 28 日には旅券法が制定・公布され，12 月 1 日から施行された。昭和 27(1952)年 4 月の平和条約発効前に旅券発給が可能となったのである。

その後は，昭和 38(1963)年の業務渡航の自由化，翌年の観光渡航の自由化により渡航者は急増し従来の手仕事での旅券事務では対応が難しくなったので，昭和 40(1965)年からはコンピュータシステムの導入により，それまで縦書き・手書きで記入されていた氏名や生年月日等が横書きで機械化印字されるようになった。その表紙には現在の旅券と同様の菊の紋章が中央に，上部に「日本国」下部に「旅券」「PASSPORT OF JAPAN」と金文字で印刷された。また，氏名，渡航目的，渡航先を記入した保護要請文は，一律「日本国民である本旅券の所持人を通路故障なく旅行させ，かつ，同人に必要な保護扶助を与えられるよう，関係の諸官に要請する。日本国外務大臣」とその英文が見開きで印刷された体裁となった。

以後も旅券の形態については旅券法や施行規則の改正により何度もマイナーチェンジが行われているが，おもな変更をあげてみる。

それまでの「一回旅券」(帰国すると失効。有効期間なし)に加えて，昭和 45(1970)年より数次往復旅券(有効期間 5 年)の発給も可能となった。数次旅券の表紙には金の枠を入れて区別した。なお，一回旅券は平成 2(1990)年に

廃止となる。

昭和46(1971)年には氏名がローマ字のみの印字となり，昭和50(1975)年には変造防止のため写真に保護シートが貼付された。昭和53(1978)年には紺の表紙が赤に変わり，表紙の表記は上から「日本国」，「JAPAN」，菊の紋章，「旅券」，「PASSPORT」に変更された。昭和63(1988)年には2段だった署名欄(日本語とローマ字)が1段(どちらか一つの署名)となった。

平成4(1992)年8月には写真サイズを変更し身長の記載がなくなり，同年11月には国際民間航空機関(ICAO)勧奨の機械読取旅券(MRP)が導入され，サイズ(125 mm×88 mm)も表紙(「日本国」，「旅券」，菊の紋章，「JAPAN」，「PASSPORT」)も変更し，写真は貼付ではなく転載され現在と同様になった。色は紺色に戻ったが平成7(1995)年には10年有効の旅券(表紙は赤)が加わった。そして平成18(2006)年3月にIC旅券が導入され現在に至っている。

2.5 本土から切り離された地域とパスポート
──奄美・小笠原・沖縄

ここでは，第二次世界大戦の敗戦により本土から切り離された地域(行政分離された地域)と本土の間を旅行する際に必要だった「パスポート」について，および「パスポート」や「ビザ」の発給が認められなかった住民の「密航」について考察する。

2.5.1 行政分離された地域とはどこか

大日本帝国は，1945年8月15日にポツダム宣言を受諾した。ポツダム宣言第8項には「『カイロ』宣言ノ条項ハ履行セラルヘク又日本国ノ主権ハ本州，北海道，九州及四国並ニ吾等ノ決定スル諸小島ニ局限セラルヘシ」と定められている。

翌9月2日に行われたミズーリ号における降伏文書の調印を経て，翌年1月29日に発せられた連合軍最高司令部指令(SCAPIN)第677号により，行政分離，すなわち日本の主権が停止された地域が具体化した。具体的には，日本の範囲に含まれる地域として，日本の四主要島嶼(北海道，本州，四国，

九州)と，対馬諸島，北緯 30 度以北の琉球(南西)諸島(口之島を除く)を含む約 1 千の隣接小島嶼が定められ，日本の範囲から除かれる地域として，(a)欝陵島，竹島，済州島，(b)北緯 30 度以南の琉球(南西)列島(口之島を含む)，伊豆，南方，小笠原，硫黄群島，及び大東群島，沖ノ鳥島，南鳥島，中ノ鳥島を含むその他の外廓太平洋全諸島，(c)千島列島，歯舞群島(水晶，勇留，秋勇留，志発，多楽島を含む)，色丹島が定められた。ここでは，これらの地域のうち，おもに奄美・小笠原・沖縄の渡航事情を扱うものとする。(訓令：http://www.hoppou.go.jp/gakushu/data/document/doc19460129/)

2.5.2　行政分離された地域の日本復帰

　連合国軍により行政分離された地域の大半は，順に「日本復帰」を果たすこととなる。地域によっては「返還」という言い方をするところもある。古い順に，現在の鹿児島県鹿児島郡三島村(1946 年 2 月 2 日)，伊豆諸島すなわち東京都の大島・三宅・八丈の各支庁管内の地域(翌 3 月 22 日)，鹿児島県鹿児島郡十島村(1952 年 2 月 10 日)，奄美群島すなわち鹿児島県名瀬市と大島郡の地域(1953 年 12 月 25 日)，小笠原諸島すなわち東京都小笠原村(1968 年 6 月 26 日)，沖縄すなわち沖縄県(1972 年 5 月 15 日)である。

　これらの地域やいまだに返還されていない地域を「特別地域」ということがある。

2.5.3　特別地域と本土との往来制限と密航
軍事作戦終了による事実上の行政分離と往来の制限

　行政分離のきっかけは，各地域で戦闘行為の終結，すなわち日本軍の戦闘を米軍が制圧・占領したことに始まる。

　たとえば，沖縄では 1945 年 3 月以降，米国海軍元帥 C. W. ニミッツが占領した地域に「米国太平洋艦隊及太平洋区域司令長官兼米国軍占領下の南西諸島及其近海の軍政府総長」という肩書きで「米国軍占領下の南西諸島及其近海居住民に告ぐ」と題する米国海軍軍政府布告第 1 号(いわゆる「ニミッツ布告」)を公布し，日本の統治からニミッツの権限の下に移ったことを宣言した。

ニミッツ布告第2号は戦時刑法である。戦時刑法第1条第5号に,「敵または敵の管轄区域の如何なる者とも連絡したる者」は死刑に処すとの規定が置かれた。日本本土と南西諸島の自由な往来は利敵行為とみなされ,事実上不可能となった。なお,ニミッツ布告の詳細については,沖縄県公文書館デジタルアーカイブズで閲覧できる。

日本人の渡航に関する取締

連合国軍総司令部(以下,SCAP とよぶ)は,日本がポツダム宣言を受諾したことにより,日本人の国外渡航に関する許可権・自主的旅券発給権を掌握した。そこで,SCAP による 1947 年 4 月 1 日付け「日本人ノ海外旅行者ニ対スル旅行証明書ニ関スル覚書」を根拠とする 1946 年勅令 311 号(連合国占領軍の占領目的に有害な行為に対する処罰等に関する勅令)違反の不法出国の罪が定められ,密貿易や密航の取締りが行われた。この勅令は,1950 年に占領目的阻害行為処罰令(同年政令第 325 号)に改正されたが,1951 年に日本人の海外渡航には連合国最高司令官の許可を要しないこととなるまでの間,取締が続いた。

暮らしのために行き来する人々と「密航」,「密貿易」

本土と特別地域の間には,もともと住民の暮らしのために行き来があったところに戦争による断絶が生じたので,食料不足を補ったり必要な取引を行うために,密航や密貿易が頻発した。著名な事例に,第 46 代横綱朝潮太郎が日本復帰前の奄美群島徳之島から密航して角界入りした例や,奄美群島の公立学校の教員らが戦後の民主教育を導入すべく密航して東京の文部省を訪れ,教科書や指導要録などを密輸入した事件(教科書密航事件)などがあげられよう(宮良 2008: 185,小池 2015)。

法令上は「密貿易」となるが,現地島民は「私貿易」とか「復興交易」と言い換えた場合がある。なお,密航についても適切な言い換え,もしくは概念構築はできないだろうか。事情をよく知らない一般市民が「脱法行為もしくは犯罪行為と表裏一体となった密航」というイメージを抱きがちであり,移民政策研究や難民に対する理解の深まりとともに新たな言葉が必要であると考えるところである。現場から生まれた適切な用語は出てこないだろうか。

南西諸島における密貿易や密航については,筆者が日本の裁判所の有罪判

決による事例紹介を以前試みたが(山上 2012: 395-427)，復帰前の琉球の刑事訴訟記録や詳細なフィールドワークに基づいた最新の研究成果が刊行されたので，そちらを参照いただきたい(小池 2015)。

2.5.4　特別地域への渡航のための「身分証明書」
日本から特別地域への「パスポート」(身分証明書)の誕生
　本土から沖縄などの占領地域への渡航に必要な「パスポート」は，現行旅券法が可決成立(1951 年，第 12 回国会)した際に「身分証明書」として誕生した。具体的には旅券法附則第 7 項および第 8 項に身分証明書の発給および手数料に関する事項が定められ，「南方地域に渡航する者に対して発給する身分証明書に関する政令(1952 年政令第 219 号)が制定された。

実際に身分証明書を使って渡航した人の話
　筆者は，復帰前の小笠原に渡った人の話について以前紹介した(山上 2009)。ここでは，沖縄大学教員として就職活動で琉球に渡航した浅野誠氏の身分証明書を紹介する。図 2・16 は，誠氏に発給された身分証明書，同行して渡航した大学教員で妻の浅野恵美子氏のイエローカード(予防接種証明書)，そしてドル表示の採用辞令である。

　渡航の当初は，宮古島に在住する当時婚約者だった恵美子氏の父親宅を連絡先とする観光目的で 30 日間の短期滞在ビザを得て，沖縄大学への就職活動を行い，就職が内定したことにより，渡航目的を「専任の大学講師への就職活動」に変更し，米国琉球民政府の在留許可を得ている。

政治的な理由で渡航許可が出なかった例
　復帰前の琉球には，日本人であっても渡航許可が出なかった例がある。なかでも沖縄県で革新運動を続けた宮良作元県会議員は，大学進学を志し 1946 年に米軍の LST(戦車陸揚艦)で本土に上陸，進学をした。

図 2・16　浅野誠氏の身分証明書(右下)とドル表示の採用辞令(上中)，妻恵美子氏のイエローカード(左下)

途中，琉球に密航船で里帰りしている。密航しても日本人であることに変わりはないので，本土に戻れば市民生活ができた。本土で革新運動に目覚め，アメリカの政治に対し批判的な姿勢を明確にしたため，琉球に帰郷する許可が出なかった。自身のパスポートが出たのは，1970年9月1日に「1955年から日本共産党の狛江町会議員」として申請したときのことであるという（宮良，未刊）。

2.5.5　琉球から本土への渡航手続き

琉球から日本への渡航手続きの萌芽

南西諸島は米軍の侵攻により制圧され，戦時国際法「ヘーグ陸戦法規」を根拠に占領が始まったことから，前述のとおり本土との交通は事実上不可能となった。

具体的な渡航手続きが整備されたのは，1949年10月29日付琉球列島米国軍政本部指令第23号「琉球人（もしくは南西諸島民）の日本入国並に旅行に関する手続及び規程」が発令されたことによる（1949年10月29日付沖縄民政府公報11号および1950年1月10日付臨時北部南西諸島政庁公報76号に掲載）。旅行が認可される条件として，「琉球列島日本間の旅行」は，「旅行申請を却下したら申請者が極度の困難若しくは肉体的苦労を蒙ることが明らかな場合」または「軍事機密上何らの不安を伴わない」と決定される場合にのみ認可されるものとされている。申請者は，出発に先立ち，検疫の手続きとして，係医官により，「旅行者がコレラ，傷チフス，発疹チフス，天然痘に関する検疫ならびに免疫を受けたこと」の証明書を所持することが義務づけられた。

手書きの琉球パスポート

軍政本部の発給した旅行証明書を紹介する（図2・17）。これは日本へ留学目的で渡航した医学生だった島尻清繁氏に対し発給されたもので，英文はタイプライター，日本文は手書きで記された渡航文書である（社団法人宮古地区医師会2011：247）。この旅行証明書は，軍指令発令前の1949年3月3日に発給されている。その内容で特筆すべきは，身分欄の人定記事の特徴欄が「東洋人（Oriental）」と記載されていること，「琉球人（a Ryukyuan National）」なる記載があること，外国政府の要請文まで手書きであること，査証欄には講

第 2 章 日本のパスポート　121

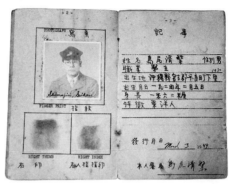

図2・17 医学生だった島尻清繁氏に発行された手書きのパスポート

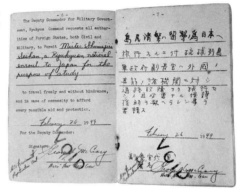

和条約発効前の SCAP による半永住 (semi-permanent resident, SPR) ビザの資格で再入国許可が記されていることである。

そもそも，手書きのパスポート自体，旅行先の入管でその効力を疑われるものであり，旅行者の苦労はどれだけ大きかっただろうと考えると心が痛む。

2.5.6　琉球住民の法的立場の確立と渡航手続きの整備

琉球住民の法的立場の確立

琉球住民の法的地位について，群島組織法 (1950年8月4日付軍布令第22号) 第4条第1項は「琉球列島内で出生し群島内一町村に住所を保有した者又は列島外から移住したもので永住の意志を有する者は，これを群島住民とする」との規定を置いた (奄美群島政府公報 1950年12月15日付号外に掲載)。のちに琉球の基本法である琉球政府章典が制定された。章典第3条第1項に「琉

球住民とは琉球の戸籍簿にその出生及び氏名の記載をされている自然人をいう」との定めが置かれた。

USCAR の設置

南西諸島における米軍統治は，米国極東軍総司令長官の命により1950年12月15日をもって米国軍政府を廃止し，琉球列島米国民政府(United States Civil Administration of the Ryukyu Islands; USCAR)を設置することとなった(琉球列島米国民政府布告第1号，1950年12月23日付沖縄群島政府公報第8号に掲載)。USCAR発足当初は民政長官(Govoner)が置かれ，のちに返還に至るまでは高等弁務官制(High Comissioner)となった。渡航手続きはUSCARが所掌することとなった。琉球人に対するいわゆるパスポート発給手続きは，USCARの行政法務部移民課がこれを担当した。

琉球高校生の日本への修学旅行と「パスポート」

沖縄県出身で会社経営者の松本幸市氏の高校時代の日本修学旅行とその際に取得したパスポートを紹介する(図2・18)。

松本氏は，中部商業高校在学中の1966年8月に奥日光に修学旅行に行った。修学旅行に参加する学生はパスポートの取得と予防注射が必要であり，外貨の準備も必要であったので，全員が参加できたわけではなかった。旅程は18日間に及び，途中，本土の各地を訪問し，帰路香川県の商業高校で交流を行った。当時は，那覇から鹿児島まで船で丸1日かかった。

図2・18　松本幸市氏の修学旅行の際のパスポート

日本本土における琉球からの帰国者に対する入管の手続きを記録した映像は，NHKのドキュメント番組で放送されたことがある(「ドキュメンタリー「ある帰郷」」(約40分・1968年3月23日放送))。琉球の入管の様子は1962年ごろ放送された岩波映画製「日本発見シリーズ『沖縄』」で紹介されている。

2.6 日本が発行する現在のパスポート

2.6.1 日本国旅券

国家がその国民に発行する旅券は，一般に国民旅券(ナショナル・パスポート)と称される。

日本国旅券は，日本国政府が日本国籍を有する日本人に対して，旅券法に基づき発行する国民旅券である。

日本において旅券に関する事務は，外務省設置法第4条第12号に基づき外務省の所管に属する。実際に，旅券の発給などに関する事務の多くは，日本国内においては，地方自治法に定める第一号法定受託事務として都道府県が処理している。また，日本国外においては，大使館や総領事館などの在外公館がその実務を行っている(外務省設置法6条および7条)。

旅券法に基づき発行される日本国旅券には，国の用務のため外国に渡航する者およびその者に同伴または所在地に呼び寄せる配偶者，子または使用人に対して発給される公用旅券と，公用旅券以外の旅券である一般旅券がある(旅券法2条)。

現在ほとんどの国が公用旅券と一般旅券に大別される旅券制度を有しており，日本において公用旅券は，実務的に外交旅券と公用旅券(狭義)の2種類の亜種が設けられている(旅券法研究会編 1999: 60)。外交旅券は外交用務で旅行している者であることを示すためのものであり，国際慣行上，旅券法上に定められた広義の公用旅券から外交旅券を除いた狭義の公用旅券とは分けられて発行される。諸外国でも公用旅券(広義)のなかに外交旅券を設ける例は多い(旅券法研究会編 1999: 61)。

このほか，一部の在外公館でICパスポートが発行できない場合に，緊急旅券が発行されている(図2・19)。

2.6.2　日本国政府の発行する旅券に代わる証明書

　日本国政府は，前述の日本国旅券のほかにも，いくつかの旅券に代わる証明書を発行している。

　出入国管理及び難民認定法(以下「入管法」という)上の旅券として認められる，日本国政府の発行する旅券に代わる証明書としては，日本人に対して発給するものとして，帰国のための渡航書があり，外国人に対して発給するものとしては，難民に対して発行される難民旅行証明書のほか，渡航証明書および再入国許可書がある。

帰国のための渡航書

　外国にいる日本国民で，旅券を所持しない者や旅券の発給を受けることができない者等であって，緊急に帰国する必要があり，かつ，旅券の発給を受けるいとまがない者等に対し，原則として本人の申請に基づいて外務大臣または領事官が旅券に代えて発給する(旅券法 19 条の 3)ものである(図 2・20)。

　渡航書は簡易化された形式であるが，日本国民に対する渡航文書であることにおいては，前述のとおり旅券と同様のものであるから(旅券法研究会編 1999: 230)，「旅券と同様に渡航文書としての効力がある」ものである。

　実務上，この渡航書が発行される者は，海外における旅券紛失者が圧倒的多数を占める(旅券法研究会編 1999: 229)とされる。

日本国政府発行の難民旅行証明書

　難民旅行証明書は，難民の地位に関する条約(以下「難民条約」という)に

　　図 2・19　緊急旅券　　　　　図 2・20　帰国のための渡航書

基づき，同条約の締結国が，その領域内に滞在する同条約の要件に該当する難民に対し，その領域外への旅行のために発行する渡航文書である(難民条約28条)。条約締約国は，難民条約に基づいて発給された旅行証明書を有効なものとして認める(難民条約附属書7項)ものとしている。これにより，旅券に代わる証明書として，入管法上の旅券と定義されている。難民旅行証明書は，日本における実務取扱上，日本国政府が発行するものと，日本以外の締約国政府が発行するものとに区分できる。難民旅行証明書は，旅行証明書の有効期間内のいずれの時点においても当該締約国の領域に戻ることを許可することを約束するとされている(難民条約付属書13項)ので，日本国政府発行の難民旅行証明書を所持する難民は，日本への再入国許可は不要である(入管法61条の2の12Ⅲ)。

旅行証明書の発給があったことおよび旅行証明書に記入されていることは，その名義人の地位(特に国籍)を決定しまたはこれに影響を及ぼすものではないため(難民条約付属書15項)，旅行証明書の発給は，その名義人に対し，当該旅行証明書の発給国の外交機関または領事機関による保護を受ける権利をいかなる意味においても与えるものではなく，また，これらの機関に対し，保護の権利を与えるものでもない(難民条約付属書16項)とされている。

渡航証明書

日本において有効と認めている旅券またはこれに代わる証明書の発行を受けることができない外国人に対し，在外公館において，旅券の代わりとして査証シールの貼付を行い，わが国への渡航のため発給される渡航文書である。渡航証明書の発給手続きは，外務省の査証事務の処理に関する訓令により定められており，その者の身分を証する文書により身分事項を確認のうえ，写真を貼付し，身分事項を記載したうえ，旅行目的，滞在予定期間などに応じ，査証の発給と同様の手続きにより発行される(法務総合研究所編 2013: 28)。渡航証明書は，本来，日本国領事官などが査証をするために発行するものであるが，入管法上，査証であるとともに旅券に代わる証明書としての性格も併せもつものとして扱われる(坂中・齋藤 2007: 56)。

査証は，その外国人の所持する旅券が権限ある官憲によって適法に発給された有効なものであることを確認するとともに，当該外国人のわが国への入

国および在留が査証に記載されている条件の下において適当であるとの推薦の性質をもっている。日本国政府の発給する査証は，外務省設置法に基づき外務省の在外公館において発給される。この査証そのものも，入国審査の場面において提示される渡航文書であるといえる。

再入国許可書

日本に滞在する外国人である所持人の身分事項が記載された日本国法務省発行の冊子型の渡航文書である（口絵㉙参照）。

日本に在留する外国人が，在留期間内に再び入国する意図をもって出国しようとするときには，その者の申請に基づき，法務大臣が与える許可を再入国の許可という。この再入国の許可は，通常は当該外国人の所持する旅券に再入国の許可の証印をして行うが，旅券を所持していない場合で，国籍を有しないことなどの事由で旅券を取得することができないときは，再入国許可書を交付して行う（入管法26条）。

ここでいう旅券は，日本が承認した外国政府発行の外国旅券のほか，政令で定める地域の権限のある機関の発行した旅券等に相当する文書も含まれる。

再入国許可書は，当該再入国許可に基づき日本に再入国する場合に限り，入管法上旅券とみなされる（入管法26条7項）。なお，第154回国会参議院外交防衛委員会（2002年7月11日）における遠山清彦参議院議員質問に対する中尾巧政府参考人の答弁によれば，日本政府発行の再入国許可書は，諸外国においても有効な渡航文書と同様に取り扱われており，再入国許可書であることのみを理由して外国政府から入国査証の発給を拒否されるというような例はないとされている。

2.6.3 北方領土との渡航文書

日本政府は，ソ連が占領し，一方的に自国領に「編入」した歯舞群島，色丹島，国後島および択捉島のいわゆる北方領土は日本固有の領土であり，今日に至るまでソ連，ロシアによる不法占拠が続いているとの基本的立場をとっている（外務省ウェブサイト http://www.mofa.go.jp/mofaj/area/hoppo/hoppo.html）。

日本国政府は広く日本国民に対して，1989（平成元）年の閣議了解で，北方領土問題の解決までの間，ロシアの不法占拠の下で北方領土に入域すること

図 2・21　ロシアの身分証明書
(http://jp.sputniknews.com/japanese.ruvr.ru/2013_01_29/roshia-pasupo-to-ka-do/)

を行わないよう要請している。このため，北方領土地域と日本（北方領土地域を除く）との渡航については，1989（平成 3）年 4 月 18 日の日ソ共同声明や同年 10 月 14 日の日ソ外相間往復書簡といった特別な取り決めによって渡航文書が定められている。これによれば，北方領土に居住するロシア人と日本国民との交流に係る無査証による渡航の枠組みが表明され，日本の訪問団による訪問は，旅券・査証なしで身分証明書および在京ソ連邦大使館の確認を付した必要書類をもって行われることとなった。一方，ロシア人のビザなし渡航についてはロシアのパスポートを用いる。なお，ロシア人にとって身分証明書に相当する国内用パスポートが 2015 年 1 月 1 日発行分からプラスチックのカードに変更されている。

　この取り決めに基づく日本国民の北方領土への渡航は旅券・査証なしで行われるため，これに代わる外務大臣の発行する身分証明書および挿入紙が発行される（我が国国民の北方領土への訪問の手続等に関する件（平成 10 年 4 月 30 日総務庁・外務省告示第 1 号））。

　入管法においても，その適用上，北方領土を本邦外とはしておらず，日本の統治権が現実に及んでいない地域に赴く日本人の身分事項および渡島の事実を確認するために，これらの島に赴く日本人に対しては，その乗船・下船に際し，外務省が交付した身分証明書を確認し，法務省札幌入国管理局の入国審査官が，挿入紙に入国審査官認証印を押印して，出発の報告の確認および帰着の報告の確認をする取扱いをしている（坂中・齋藤 2007: 34）。

第**3**章
移動と身分証明書

　前章までにみてきた世界各地と日本のパスポートは，外国に旅行する際に身分や国籍を証明し，官憲に対し自国民等の便宜供与を求める公文書である。

　このようなパスポートは，いわゆる「旅券」といわれ，世界中にあるさまざまな境界を越えるときに，自分は何者であるかを証明するための文書であった。このような文書には，旅券のほかにも船員手帳などがある（§3.4.1）。しかし，世界のあらゆる場所で生活していくためには，パスポートのみによって自らに関する事柄のすべてを証明することは難しい。

　世界の各地で働き，生きていくためにはしばしば本人確認が求められ，その際にはパスポートでは証明しきれない住所や社会保障に関する状況を証明するさまざまな証明書が必要となる。また，生きているときに限らず，出生前の福祉や死亡後の埋葬のためにも身分を証明する必要性があり，本章では出生届と母子健康手帳についても言及する。

　日本における身分証明書をめぐる最近の動向では，外国人に対する新しい在留管理制度として，外国人登録証が在留カードおよび特別永住者証明書に切り替わり，住民基本台帳カードが廃止され，個人番号（マイナンバー）カードが交付されることになるなど，大幅な制度改正が行われている。

　日本で生活する在日朝鮮人をはじめとする外国人が，再入国許可書などのさまざまな身分証明書にどのように関わってきたのか。本章ではこのようなことも含め，越境する人々に関わる身分証明書の現状と，今後のあり方について考えることにしたい。

3.1 越境とさまざまな身分証明書

3.1.1 越境する人々と身分証明書

　出入国管理などの場面で身分証明書として最も利用されているのは旅券（パスポート）であり，船舶や航空機の乗組員が所持する乗員手帳や，難民や無国籍の人々に発行される難民旅行証明書なども同様の身分証明書として認められている。日本では，虚偽の申立てにより旅券に不実の記載をした者を罰する規定が設けられ，重要な公的証明書のひとつとされている。

　アメリカ合衆国やカナダなどの北米諸国では自動車を利用した越境が日常的に行われていることから，国籍情報を付加した運転免許証が，近隣国の国境通過時に旅券と同様の身分証明書，つまり渡航文書としての役割も果たしている（図3・1）。運転免許証は日本においても所持している人の数が多く，顔写真つきで，戸籍および住民基本台帳との連携により氏名，生年月日，住所など記載事項も多岐にわたる。また厳格な手続きにより公的な機関が発行しているなどの理由により，身分証明書として本人確認に広く利用されている。そのため，高齢などの理由により運転免許証を自主返納した人に対して交付される運転経歴証明書は，運転免許証に代わる本人確認書類としての機能を確保した内容となっている。

3.1.2 身分証明書に対する信頼とその役割

　日本において，金融機関の口座開設時や携帯電話の契約時には，身分証明書による本人確認が法律により義務づけられている。これらの法令では，本

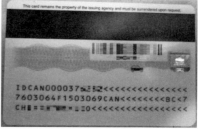

図3・1　国籍情報が付加された運転免許証

人確認のために提示が求められる書類としてさまざまなものが列挙されているが，身分証明書はその信頼度により，ひとつの提示で本人確認ができるものと，複数の提示が求められるものとに区分されている。

本人確認のための身分証明書が，信頼性の高い証明書であるといえるためには，どのような条件が必要であろうか。法律に基づき，本人確認に用いられる身分証明書のほとんどは，国・地方自治体といった官公庁や独立行政法人など公の機関の職員が作成した公文書である。公文書は，偽造などによる被害の程度も大きくなることから，その偽変造を私文書の場合よりも重く処罰することにより信用が担保されている。このことから，その性質上，証拠力が強く，信用度も高いとされている。すなわち，身分証明書の信用力には，発行機関の信頼性が大きく影響を及ぼしている。また，その発行機関にかかわらず，身分証明書の発行手続きにも信頼性が求められる。身分証明書の発行申込みや証明書の交付時に本人確認が行われるが，その際に提出または提示を求められる書類の信用度や，一連の発行手続きにおける本人確認の慎重さによって，発行された身分証明書の信頼度が決定づけられている。

身分証明書には証明目的に応じて，個人の特定に必要な氏名，生年月日，住所，国籍，在留資格，顔写真のほか，社会保障の加入者であること，職員や学生であることといった内容が記載されている必要がある。そのうち同一性の確認に必要な最も基本的な役割は，氏名・生年月日を証明することである。また，就学や就職などをはじめとする数多くの場面で，住所などを証明することも身分証明書の重要な目的である。そして，多くの人々が国籍を有する国から移動し，世界各国において生活していくようになると，越境する際や国籍国以外での居住のために国籍や在留資格を証明することが必要となる。

3.1.3　身分関係および居住関係の証明

日本国籍の証明資料として，わが国で一般的に利用されるのは戸籍である（江川ほか 1997: 48）。戸籍は日本国民についてのみ編製され，外国人について編製されることはないので，日本国籍を有することを公証する機能を有している（民事法務協会ほか編 2001: 2）。その他日本国籍を証明する資料としては，法務省民事局や在外公館の長が発行する一般行政証明としての国籍証明書

(昭 59.12.7 民五 6377 号通達)がある。

日本国籍を有する者の氏名と生年月日を公証することができる文書は，出生届によりその内容が記録される戸籍である。その内容を証明した戸籍証明書は，日本国籍の証明資料として利用される。戸籍制度は，婚姻，協議離婚，養子縁組，養子離縁，認知の創設的届出については，虚偽の届出によって戸籍に真実でない記載がされるのを防止するため，届出の際に身分証明書の提示を受ける方法による本人確認が義務化されている。また，出生や死亡の報告的届出についても，虚偽診断書などの提出に刑法上の罰則を設けるなど，厳格な制度を採用している。そのため，結婚や出産に際して婚姻要件を具備していることや，親子関係など必要な家族関係を証明することが必要となる場合にも，戸籍を利用した証明が利用されている。

そして，日本における住所を公証することができるのは，住民に対する基礎的行政サービスを提供する基盤となる住民基本台帳である。この住民基本台帳制度も，戸籍の附票により戸籍との連携が図られていることから，戸籍制度は，日本において身分証明の基礎をなすべき制度であるといえる。そのため，信頼度の高い公的な証明書の発行手続きには，本人確認書類として戸籍証明書の提出が必要とされている。諸外国においてこのような登録制度を有しているのは，従来の戸籍に代えて家族関係登録制度を導入した韓国など一部の国・地域に限られ，他の国々では，出生証明書や婚姻証明書などの証明書を組み合わせることによって，身分関係を証明している。

3.1.4　身分証明書をめぐる最近の動向

在留カードおよび特別永住者証明書

日本に在留している日本国籍を有しない外国人については，これまで身分証明書として機能してきた外国人登録証明書の交付を受けていたが(旧外国人登録法 5 条)，2012 年 7 月，新たな在留管理制度の導入により従来の外国人登録制度が廃止され，従来の外国人登録証に代えて，新たに在留カードおよび特別永住者証明書が発行されることとなった。

新たな在留管理制度においては，有効な旅券および在留カードおよび特別永住者証明書を所持する外国人で出国後 1 年以内に再入国する場合には，再

入国許可手続きを原則不要とする，みなし再入国許可制度が導入されることとなった。これらのカード等を所持することによって有効な再入国許可を保持していることを証明することになることから，これらのカード等が渡航文書としての機能を有することとなった。また，現在ではこの在留カード等が，日本における外国人の身分証明書として中心的な役割を担っている。

住民基本台帳カードの廃止および個人番号カードの交付

住民票コードを変換した社会保障・税番号(マイナンバー)を導入する制度の創設により，住民基本台帳カードが廃止され，これに代わるものとして，個人番号カード(マイナンバーカード)が交付されることになった(行政手続における特定の個人を識別するための番号の利用等に関する法律(以下「番号利用法」という)2条7項，17条1項)。これにより，外国人も住民基本台帳制度の対象となり，日本人と同様に個人番号カードを所持できるようになった。この制度の導入により，対象となる外国人にも，顔写真つきの個人番号カードが交付されることになり，日本において本人確認に利用可能な身分証明書としては最も多く発行されるものとなり，幅広く利用されるものと考えられる。

個人番号カードについては，本人確認の資料として取り扱われる(商業登記法23条2項1号ほか)。なお，通知カード(番号利用法7条)については，個人番号の本人への通知および個人番号の確認のためのみに発行されるものであることなどの理由から，個人番号カードの交付時以外には，本人確認の資料などとして取り扱うことは適当ではないとされている。

廃止された旧住民基本台帳カードは，その効力を失うときまたはその交付を受けた者が個人番号カードの交付を受けるときのいずれか早いときまでの間は，個人番号カードとみなされる(番号利用法整備法20条2項)ことになった。経過措置により個人番号カードとみなされる旧住基カードについても，本人確認書類として取扱うものとされている。

3.1.5 身分証明書の今後

東日本大震災は，自らを証明できる身分証明書をすべて失ってしまった人々を多く発生させるなど，被災者の身分証明のあり方にも大きな影響を与えた。津波に襲われたため，住民基本台帳システムの機能が停止している状

況において，身分を証明できない住民に対し，口頭確認によって本人証明書を発行した事例があった。また，本来，住家などの被災程度を証明するため建物に対して発行する罹災証明書が，原子力災害による警戒区域の指定により現地確認ができないため，被災した個人に対して発行されているなど，地震・津波・原発事故を受けて発生した事態に対応するため実施された被災地の自治体の取り組みは，緊急時における今後の行政サービスのあり方にも示唆的である。行政の高度情報化政策が推進される現状では，身分証明書の機能は，紙に記載され可視化された状態の物理的なものではなく，その記録媒体に依存しない情報そのものを本人確認の手段とすることを，法制度面から検討することが重要である。

3.2 出生届と母子健康手帳

　ここでは，人の移動と身分証明について，多様な人々の「人生」に寄り添い，ホスト社会との共存に視座を広げる枠組みの観点から考えてみたい。移動に伴い，人はいかにしてアイデンティティを獲得していくのだろうか。移動，特に越境の日常化が，ライフサイクルに変化を及ぼしている。転地が順調で自己実現に向けて上昇するライフサイクルもあるが，移動先での言語習得や円満な人間関係の構築がうまくいかず，家族が破綻したり生活困難に陥るなどさまざまな壁にぶつかることもある。

　まずは，移動と人間の誕生に着目し，外国人の出生届から考えてみよう。

3.2.1 出生届と子どもの国籍

　日本に居住する外国人妊婦が日本国内で出産したときは，戸籍法(25, 49条以下)に基づいて，出産後，医師・助産師に出生証明書を発行・記載してもらい，出生後 14 日以内に，出生証明書と母子健康手帳を持参のうえ，市区町村役場に出生届を提出する。これらの手続きは日本人の出生届とほとんど変わらない。外国人の場合は，出生届を提出したとき，国籍申請に必要な「出生届受理証明書」を受領し，出生後 30 日以内に，地方入国管理局の窓口で，申請用紙に必要事項を記載し，出生証明書と一緒に在留資格取得の申請

手続き，つまり在留資格取得許可申請をしなければならない（入管法22条の2）。

「外国人ノ署名捺印及無資力証明ニ関スル法律」により，印鑑をもっていない場合，外国人は，署名で押印の代用ができる。父母の婚姻証明書，あるいは母の離別・死別の証明書および日本語訳（訳者を明記してあるもの）を確認される場合がある。

外国人の場合，子の名前についてはカタカナで記載し，ひらがなでの届出はできない。本国法上の文字は付記する形式となる。中国あるいは韓国の国籍の場合，漢字で届出することも可能だが，正しい日本文字としての漢字のみを用いて記載する（平成13.6.15民一1544号通達）。住所の欄には，出生した子が居住する住所を記載する。世帯主との続柄とは，世帯主が父の場合は「子」と記載し，世帯主が祖父の場合は「子の子」のように記載する。父母の氏名欄には，子の氏名同様にカタカナで記載する。中国あるいは韓国の国籍の人は，漢字で届出する場合は，正しい日本文字としての漢字のみを用い，簡略文字は使用できない。対応する日本の漢字がない場合はカタカナで記載し，通称名ではなく，本国法上の氏名を記載する。

子どもの国籍は，血統主義をとる日本では，親の国籍によって決まる。両親ともに外国籍の場合，日本国内で出産しても，日本国籍ではなく，父親か母親の国籍になる。

出生証明書をもって，市区町村の役所に出生届を提出し，出生届が受理されたら，出生届受理証明書を受領する。そして外務省へ行き，領事移住政策課証明班に出生届受理証明書・出生証明書・パスポートを提出し，出生届受理証明書を認証してもらう。その後，大使館へ行き，外務省で認証された出生届受理証明書・出生証明書・パスポートを提出し，ようやく国籍申請を行うことになる。

一方，親のどちらかが日本国籍者であれば，子どもは日本国籍を取得できる。国籍と民族とは別の概念であり，日本国籍を取得しても母文化・母国の言語の保持がアイデンティティの獲得に意味をもっている。

無国籍の子ども

日本で無国籍の女性が出産した場合，生まれた子も「無国籍」となる可能性が高い。たとえば日本に在住するインドシナ難民から生まれ日本で育った

136 第Ⅰ部 パスポートを視る

子どもは，政治的理由で母国に出生の届け出がなされず無国籍となることが
ある。しかしこのような「無国籍者」は，日本社会からは不可視な存在で
あった。

　日本は 1994 年「児童の権利に関する条約（子どもの権利条約）」を批准し，
国際社会における基本的人権の尊重と保障を基本理念にしており，医療・福
祉の分野において内外人平等の原則が適用される。国籍や親の在留資格にか
かわらず外国人児童を差別なく受け入れなければならないはずである。子ど
もの権利条約は，子どもの生きる権利，守られる権利，育つ権利，参加する
権利を謳っているものの，条約の各条項が規定する子どもたちの権利を実現
するために必要な，子どもの命を守るという日本政府の明確なビジョンがな
く，国内法の整備など具体的な施策を進める必要がある。

3.2.2　妊娠・出産と非正規滞在

　人は，非自発的関係性のなかで誕生するのであり，いつ，どこで，誰から
生まれるのか，自ら選択することはできない。戦争の最中であったり，ホー
ムレスのテントのなかであったり，不衛生と貧困のなかでの命がけの出産や
不法滞在という法的脆弱性と重層的差別のなかで身ごもる情景もある。

　日本の国内法では「児童福祉法」（1947 年），「母子保健法」（1965 年）が外
国人妊産婦および児童に適用され，医療・福祉制度も適用される。日本は
1974 年に「国際人権規約」を批准した。この国際法の根幹には「世界人権
宣言」（1948 年）がある。外国人住民の増加と定住化とともに人権の意識が
深まっていった。しかしながら 1996 年，日本に居住する約 26 万人の超過滞
在者のうち約 14 万人が女性であり，在留資格のない女性から生まれた新生
児は約 1 万人と推定された（法務省 1996）。その 1 万人にのぼる新生児は，予
防接種や定期健診などの医療サービスを受けられずにいた。在留資格のない
母親は，入管法違反による強制退去を恐れて，一連の医療サービスを受けず
に済ます場合が多い。母子保健の医療を受診しない妊産婦の増加の結果，超
過滞在者の子どもの乳児死亡率は高くなっていたという指摘もある。

　2012 年 7 月より新しい在留管理制度となり，在留資格のない非正規滞在
者には在留カードは交付されず，在留資格のない外国籍妊婦は不安を募らせ

ている。さらに暴力による望まない妊娠，置き去り出産，父親に認知されない出産などさまざまな困難が伴っていることもある。

3.2.3 妊産婦手帳の誕生と歴史

　歴史をさかのぼれば，生まれていない胎児の身分を社会的に証明できる「母子手帳」は日本発祥である。国立歴史民俗博物館には，1942（昭和17）年に厚生省令をもって「妊産婦手帳規程」の交付が始まり，1947年に廃止された「妊産婦手帳」が展示されている。これは世界で初めての妊産婦登録制度である（森田 2000: 2）。

　開いてみると「妊産婦の心得」というページに「丈夫ナ子ドモハ，丈夫ナ母カラ生マレマス。立派ナ子ドモヲ産ンデ，オ国ノタメニ尽クシマショウ」とナショナリズムを感じる文言があり，時代が反映されている。このほかの内容は妊産婦・新生児健康状態欄，分娩記事欄，出産申告書となっている。この手帳を持参し，米，出産用脱脂綿，腹帯さらし，砂糖などの配給を受ける。出産申告書は，現在の出生証明書に類似し，この提示によってミルクが入手できる制度としたことで届出が軌道にのった。当時の妊産婦の約70％が妊産婦手帳の交付を受けていたと推定される（森田 2000: 2）。

　混乱と貧窮，不衛生のなかにあって身ごもる現実は過酷であった。1946年に施行された生活保護法は，国籍条項がなく，外国人も対象とされたが，1950年の改正で，その対象は国民となり，外国人は対象外となった。1954

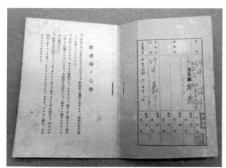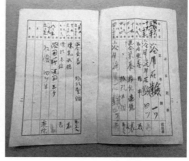

図3・2　左：「妊産婦手帳の妊産婦の心得」昭和18年・19年（国立歴史民俗博物館所蔵）
　　　　右：妊産婦手帳の石鹸やタオルの配給の記録（同年，国立歴史民俗博物館所蔵）

年に厚生省が「外国人は法の対象とはならないが，当分の間，生活に困窮する外国人に対しては一般国民に対する生活保護の決定実施の取り扱いに準じて保護を行う」（保護の準用）として（社発第382号厚生省社会局長通知）以降，外国人は行政措置として受給対象という位置づけになっている（南野2015: 86）。

妊産婦手帳は1947年に廃止され，同年「児童福祉法」が制定された。翌1948年に初めて「母子手帳」が配布され，乳幼児の健康チェックや予防接種の記録が記入された。精米や砂糖の配給が受けられるように工夫されているのは妊産婦手帳と同様である。その後，妊娠・出産の安全性は飛躍的に向上した。母子健康手帳は，母子の健康と命を守り家族の絆を強める身分証明書といえよう。

1947年，最後の勅令として外国人登録法が出され，戦後の外国人の管理が始まった。この勅令により従来は日本国民（帝国臣民）とされていた朝鮮人は，「外国人」として登録が義務づけられた。

昭和期最大のベビーブームのさなかである1947年に制定された児童福祉法には，「(1)すべて国民は，児童が心身ともに健やかに生まれ，且つ，育成されるよう努めなければならない。(2)すべて児童は，ひとしくその生活を保障され，愛護されなければならない」という理念がある。戦後の混乱期，食料不足のなか妊娠・出産の風景はそれぞれに悲惨であり，配給は命綱であった。

 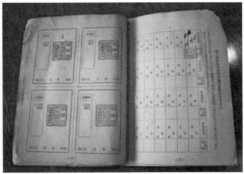

図3・3　1951(昭和26)年の母子手帳(筆者所蔵)
注：この母子手帳には砂糖と精米の配給券がついている。東京都淀橋保健所で砂糖の配給を受領した印鑑が押されている。

児童憲章制定会議は，厚生省中央児童福祉審議会の提案に基づき日本国民各層・各界の代表で構成された。1951年に制定された児童憲章は，三つの基本綱領，十二条の本文からなり，母子健康手帳にも記載されてきた。「国民全体の総意に基づく約束」「国民の総意による申し合わせ」として上記制定会議が作成・宣言したものである。のちに「人権教育・啓発に関する基本計画」(2002年3月15日閣議決定) および一部の地方自治体の条例の条文において引用されるなど，一定の公的規範としての性格を有している。この児童憲章が，ライフサイクルの基底に流れる理念である。

現行の母子健康手帳制度

母子保健法第15条は，妊娠した者は，速やかに市長村長に妊娠の届けをしなければならないと定めている。また，続く第16条では，市町村は，妊娠の届出をした者に対して，母子健康手帳を交付しなければならないとする。あらゆる子どもの命を守るうえでも，人道上の配慮からも，「母子健康手帳」は在留資格にかかわらず交付されねばならない。母子健康手帳(多言語対応)や健診票(健診費用を一部助成するもの)などが入った「母と子の保健バッグ」の配布など，各地方自治体が対応する。所管は厚生労働省児童家庭局母子健康課で，非正規滞在者にも，住んでいる自治体で母子健康手帳が交付される。

自治体は多言語パンフレット無料配布やインターネットを介した多言語の健康情報の提供，通訳の派遣や電話通訳サービスにも力を注いできた。外国人向けに，母子保健医療，出産補助金，医療通訳，異文化間医療，多言語の母子健康手帳，多文化間医療といったサービスが用意されている。

母子健康手帳には，妊娠，出産，

図3・4　母子保健事業団が発行した8カ国語の母子健康手帳(筆者撮影)

子どもの発達成長，予防接種の記録が一冊の手帳に収まっている利点がある。母子保健事業団は，英語，中国語，ハングル，タイ語，タガログ語，スペイン語，ポルトガル語，インドネシア語などの8カ国語の母子健康手帳を発行した。日本語も併記され，海外で出産する日本女性も医療機関の受診時に有効活用できる。

　日本で生まれた「母子健康手帳」は，海外における母子保健関係者の関心を集めてきた。母子の健康増進と死亡率の引き下げを目的にタイは1985年に，米国ユタ州は1990年に，インドネシアでは1994年に導入した。また韓国や東ティモールでは全国的に普及している。東京都文京区にあるNPO法人HANDSの事務所では，母子健康手帳の世界的な広がりの歴史とそれぞれの見本を見ることができる。

　多文化医療サービス研究会(RASC)は，外国人妊産婦向けの冊子「ママと赤ちゃんのサポートシリーズ」(英語・中国語・韓国語・タガログ語・ポルトガル語版；すべて日本語対訳)を作成配布し，ネットワークを広げている。出生証明の背景にはさまざまな情景が広がり，法整備が必要とされている。

おわりに —— 多文化共創の時代

　出自(descent)とは，親子関係の連鎖によって子孫をある特定祖先に結びつける系譜的結合をさしている。母子健康手帳の誕生と歴史には，胎児の存在と自己を肯定するアイデンティティとの深いかかわりがある。自らの出自の証として「へその緒」を大切に保管する日本人が多いことからも，親子の絆，出自を重んじる文化がうかがわれ，この文化が，血統主義を支持する源泉ともいえる。

　一方，「私は，いつ，どこで，誰から生まれたのかわからない。国籍もない」と語る人々が存在することも厳然たる事実である。そうした人々の孤独を解消することは，多文化共創社会の責務である。世界中に胎児の身分証明書ともいえる母子健康手帳の制度があれば，たとえば難民キャンプで生まれる子どもにとって重要な役割を担うなど，一人一人がこの世に生を受けたことを証明する一助になりうるのではないだろうか。

　母子健康手帳には思いがけない多文化への相乗効果がある。世界はいま，より積極的に実践する多文化共創の時代を迎えているのである。

第3章　移動と身分証明書　　141

3.3　外国人登録と在留カード

3.3.1　日本に暮らす外国人 —— その登録と管理

　日本に滞在している外国人が自らの身分を示すときには，旅券，すなわちパスポートか，今現在であれば「在留カード」を使うことが一般的である。前者は当該外国人の国籍国政府により発行される。後者は外国人の居住国の政府，すなわち日本政府・法務省により発行されている。「出入国管理及び難民認定法（以下，入管法）」の第23条の1を読むと，そこには，「本邦に在留する外国人は，常に旅券を携帯していなければならない」，その後に，「在留カードを携帯する場合は，この限りではない」という条文を確認できるだろう。

　観光や親族訪問，商談などを目的とする短期間の滞在であるならば，何かの際に求められる身分証明はパスポートで事足りる。在港時間が短い大型クルーズ船で来日する外国人乗客には，仮上陸許可書が発行され，上陸時にパスポートの提示を要さない場合さえある。ここでは個別に詳述しないが，乗員上陸許可書，緊急上陸許可書，一時庇護許可書，仮滞在許可書なども，外国人にとっての身分証明の一種といえるだろう。身分証明書にはすべからく有効な期間が記載され，その間に認められる活動等についても制約が課されることが通常であることから，それを交付する当局が被交付者の行為を管理するためのツールとしても機能する。

　「外国人」という用語を，上に繰り返し用いた。日本以外の国籍をもつ人，といった程度の意味である。しかしその人物の身分や法的地位，また，それに規定される処遇は一律一様ではない。たとえば，16歳未満の外国人というくくりがある。彼らには旅券等の携帯義務がない。在日コリアンを中心とする「特別永住者」や外交官などは，在留カードの交付対象外である。在日米軍の軍人は，日米地位協定により，出入国に関する日本の法令を免れる。日本で生活を営む外国人の身分や法的地位の多様さは，彼らの背景や属性の多様さの反映であると同時に，その身分証明を含む諸手続きに多様さ，複雑さをもたらしている。

　ただし一般論でいえば，特定の期間，具体的には滞在が3カ月を超えて日

本で過ごす外国人は，在留カードを受領し，それを主たる身分証明書にしている。政府統計に基づくと，2014 年末の日本における「総在留外国人」の数は 2,476,103 人である。ここから観光や親族訪問などを目的とした短期滞在者などを引いた 2,121,831 人が，「在留外国人」とよばれる。そのうち在留カードが交付されるのは，特別永住者を除く「中長期在留者」と定義される外国人である。後者は 1,763,422 人を数え，前者の 358,409 人をその規模で圧倒している。

　日本に暮らす外国人の大半が所有するこの在留カードは，成田空港や羽田空港，中部空港や関西空港など，日本の主要な国際空港であれば上陸時に発行される。日本で暮らす，学ぶ，働く外国人にとって，この在留カードは必須アイテムである。このカードなしでは，さまざまな手続きが滞るからである。たとえば，自治体に住所を届け出るとき，不動産を借りるとき，金融機関で口座を開設するとき，アルバイトを申し込むときなどに，本人確認のための提示を求められる。

　冒頭の一文で，「今現在であれば在留カード」と述べた。しかし，今日では当然のように通用するこの在留カードが普及したのは，比較的最近のことである。具体的には，2009 年 7 月に成立した改正入管法により導入された「新しい在留管理制度」の一環として，その 3 年後の施行日である 2012 年 7 月 9 日から運用されている。それ以前の日本において，外国人の身分証明として日本で使われていたのは，「外国人登録証明書（以下，外国人登録証）」である。それではなぜ最近になって，外国人登録証が在留カードへと切り替えられたのだろうか。そもそも，「外国人登録」とはどのような由来をもつ管理の手法なのか。

3.3.2　外国人登録制度

　日本において外国人を登録し管理するための仕組みは，今から 100 年以上前にも存在が認められる。代表的なものとしては，明治 32 年，西暦では 1899 年 7 月に公布された「宿泊届其ノ他ノ件」の第三条が，90 日以上同一の市町村で滞在する外国人などに，その氏名，国籍，職業，年齢，居住所などを所轄の警察官署に届けることを課していた。戦時下の日本では，内務省

系の団体が「協和会手帳」を発行し，この書面により在日朝鮮人の管理を行っていたこともある。日本が連合軍の支配下にあった戦後の一期間には，1947年5月制定の外国人登録令が，外国人の登録と管理の中身を定めていた。そして日本の独立回復時，すなわちサンフランシスコ講和条約が発効した1952年4月28日には，外国人登録法が成立し，以後60年間にわたって実施される「外国人登録制度」という仕組みが継承された。

　この外国人登録制度は，外交官や短期滞在者などを例外として，日本に滞在する外国人に対して，氏名，現住所，生年月日，勤務先などを記載した外国人登録証を交付し，その受領と常時携帯を義務づけていた。違反者は刑事罰の対象である。罰則を通じて指紋押捺を強制しており，当初はその十指すべてについてであった。

　しかしとりわけ1980年代には，こうした管理手法に対して，在日コリアンや人権団体からの批判が強まり，反対運動が広まっていく。1952年の外国人登録法の制定以降，指紋は一指のみ，一回限りといった軽減はなされてきたが，最終的には1992年6月における同法の改正により，施行日の翌年1月から，永住者および特別永住者の外国人登録における指紋押捺が廃止された。なお1999年にも同法は改正され，施行日である翌年4月以降は，その法的地位にかかわらず日本に滞在する外国人の指紋押捺は全廃された。

　とはいえこの全廃は，外国人登録に限るもので，後から振り返れば一時のものであった。2006年5月の入管法改正により，その施行日の2007年11月20日以降，外国人が日本に入国する際には，バイオメトリクスデータ（生体情報）の提供が義務づけられたからである。7年半のいわば休止期間をもって，別のかたちをとって，外国人からの指紋の採取が復活したのであった。なおこの規定は，特別永住者や外交官，政府招待者，16歳未満の外国人には適用されない。

　上に述べてきた外国人登録は，市区町村の法定受託事務である。来日した外国人は，入国後90日以内に，日本で生まれた場合や日本国籍を失った場合は60日以内に，居住地の自治体に定められた情報を届け出なければならない。市区町村は，その情報をもとに外国人登録原票を作成したうえで，当該外国人に対して外国人登録証を交付する。この登録情報やその変更・更新

内容は，法務省へと事後的に伝わる。

　日本の入管当局がこのやり方に不都合を感じ始めたのが，1990 年代で
あった。背景は，南米系日系人など，1980 年代後半以降に来日したニュー
カマーの急増である。1990 年代の前半にはすでに，ニューカマーは，日本
に滞在する外国人の過半数以上を占めるに至っていた。在日コリアンを中心
とするオールドカマーと比べ，このニューカマーの暮らしには，出入国はも
ちろんのこと，転職やそれによる自治体をまたぐ転居が頻繁に生じる。

　しかし彼らの在留状況に関する情報は，必ずしも速やかにかつ正確に更新
されるとは限らない。こうした事情に加え，当時の日本政府には，在留資格
を有さない外国人にも外国人登録証が交付されているという運用実態を問題
視する向きもあった。外国人の適法ではない超過滞在を助長し，ひいては治
安の悪化につながるとの見解である。日本に滞在する外国人の情報の把握手
段の見直しの背景には，こうした状況判断があった。

3.3.3　新しい在留管理制度

　この見直しのための法制度整備は，2009 年 7 月に成立した改正入管法に
よってなされた。同改正による入管法制上の変更事項は多岐にわたるが，本
節の冒頭に述べた在留カードを導入した「新しい在留管理制度」に，その主
眼が置かれていたことは間違いない。図 3・5 からわかるように，在留カー
ドにおける登載事項は，氏名，生年月日，性別，国籍または地域，住居地，
在留資格，在留期間および在留期間満了の日，許可の種類および年月日，在
留カードの番号，交付年月日および有効期間満了の日，就労制限の有無，資
格外活動許可に関する情報である。外国人登録証のそれと比べると，若干な
がらシンプルである。

　この在留カードの特徴を以下にいくつか列挙しておこう。偽変造防止のた
め，上記の登載情報と顔写真を記録した IC チップが組み込まれている。
カードを見る角度や傾きにより，特定箇所の絵柄の色などを変えるホログラ
ム技術が導入されている。入国管理局のウェブサイトからカードの有効性が
確認できる。「就労不可」など，就労制限の有無が明記される。在留資格を
もたない外国人には交付されない。

第3章　移動と身分証明書　145

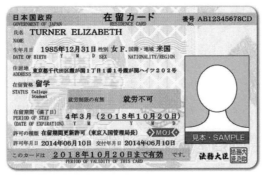

図 3・5　在留カードのサンプル（表面）
（出典：法務省入国管理局ウェブサイト
http://www.immi-moj.go.jp/tetuduki/zairyukanri/whatzairyu.
html）
（注：裏面には住居地記載欄や資格外活動許可欄，在留期
間更新等許可申請欄がある。）

　日本に暮らす外国人は，この在留カードをもっていれば，市区町村の窓口で住居地変更を届け出ることが可能である。所属機関からの離脱や移籍，日本人の配偶者との離婚といった事項に関しては，「入国管理局電子届出システム」が稼働しており，インターネットによる届出が可能である。在留期間の更新や資格の変更については，従来どおり，地方入国管理官署に直接申請しなければならない。届出が期限内になされなければ入管法違反の罰則を科される。また，在留カードの偽変造や虚偽の届出などは，退去強制や在留資格の取り消し事由とされている。
　この新制度を導入した2009年の入管法改正にあわせて，外国人登録法は廃止されている。旧制度との引き継ぎのための経過措置期間は，関係法令の施行日である2012年7月9日から3年後，つまり2015年7月8日に終了している。上述の改正とあわせて，「日本国との平和条約に基づき日本の国籍を離脱した者等の出入国管理に関する特例法（入管特例法）」も改正された。特別永住者が受領するのは，中長期在留者に交付される「在留カード」ではなく，「特別永住者証明書」である（図3・6）。在留カードと見比べると，登載事項が少ないことがわかる。かつての外国人登録証および新たに導入された在留カードとは異なり，携帯義務が課されていない。通称名（通名）の併記

図3・6　特別永住者証明書のサンプル（表面）
（出典：法務省入国管理局ウェブサイト
http://www.immi-moj.go.jp/newimmiact_2/index.html）
（注：裏面には住居地記載欄があり，交付年月日が記されている。）

が認められていない，といった違いもある。

　よく知られているように，入管法および入管特例法の改正とあわせて，住民基本台帳法も改正されている。これにより現在は，中長期在留者である外国人，そして特別永住者もまた，日本の住民基本台帳に組み込まれている。難民認定申請を行う仮滞在許可者や一時庇護許可者も，住民基本台帳制度の対象である。自治体より「個人番号カード」を取得すれば，コンビニエンスストアで住民票の写しなど各種証明書の交付が受けられる。その端末のタッチパネルの操作案内は多言語対応であり，「住民」としての外国人に対する便宜性の向上がはかられている。

　以上，この節では，外国人登録制度から「新しい在留管理制度」への移行を中心にまとめた。どのような制度のもとであっても，国家による個人情報の登録，そして登録情報を通じた管理は，私たちが望む社会のあり様を考えるうえで欠くことができないテーマではないだろうか。そしてこのテーマは，容易に折り合えそうもない複数の論点・争点を宿命的に抱え込んでいる。たとえば，自由の保障や住民のプライバシーの保護について。治安をめぐる懸念について。人道・人権への配慮について。行政が提供する福祉サービスの平等性と公平性について。税の負担と受益，あるいは義務と権利について。

第3章　移動と身分証明書　　147

　現代の世界では，国境を越える人の移動が活性化し，社会を構成する人々の多国籍化と多文化化が不可避的に進んでいる。日本を含む多くの国が，好むと好まざるにかかわらず，多様なメンバーを内包しているのである。国家が個人を「登録」し「管理」する，その理念と運用方法はいかにあるべきか。今や私たち一人一人が，その国籍にかかわらず，上の問いに無縁ではいられない当事者である。

3.4　もうひとつのパスポート「乗員手帳」

　乗員手帳は旅券とは区別された渡航文書と位置づけられている。出入国管理および難民認定法では，旅券とは別に乗員手帳に関する規定があり，有効な乗員手帳を所持する乗員については，日本への入国や上陸に際して，有効な旅券を所持する必要がない（入管法3条1項および6条1項）とする。そのうえで，乗員手帳を，権限のある機関の発行した船員手帳その他乗員に係るこれに準ずる文書（入管法2条7項）と定義している。

　この乗員とは，船舶または航空機の乗組員をいい（入管法2条3項），船舶等の通常の運航に必要な用務に実質的に従事していると認められる者が乗員であり，単に便乗する者（乗員の家族等）は乗員にあたらない（入国・在留審査要領（以下，「入在要領」という）第6編第4章第4節第2　2(2)ア）。これらの規定から，乗員手帳は船舶の乗組員に関するものと，航空機の乗組員に関するものとに分けられる。

3.4.1　船員手帳

　船舶の乗組員に対して発行される乗員手帳は，一般に船員手帳とよばれる。船員身分証明書条約の適用を受ける加盟国は，自国民である船員に対し，その者の申請に基づいて，船員身分証明書すなわち船員手帳を発給するとされている（船員身分証約2条1項）。この船員手帳は，船員の身分証明書および外国への航海においては，船員の旅券としての性質を併せもつもの（野村 1959: 48）であり，実務上，渡航文書として認められている。

　ただ，船員手帳は，船員の保護・取締および船員に関する行政監督の便に

図3・7　日本の船員手帳(左)と中国の海員証(右)

供するため発給されるものであり，旅券と違い海外に赴くための渡航文書として発給されるものではない(法務総合研究所編 2013: 29)。したがって，旅券にみられるような所持人の便宜供与および保護依頼の文言は記載されておらず，所持人の身分事項に関する公証力はあるが，国籍を証明する文書ではない(坂中・齋藤 2007: 60)。

日本はこの条約について未批准であるが，日本において船員は，船員手帳を受有しなければならないと定められている(船員法50条)。

有効な船員手帳と認められるには，国際慣行上，本人の氏名および国籍が記載され，権限のある官憲により発給されたものであることまたは有効な船員手帳である旨の官憲の認証があり，船舶名および当該船舶における本人の職種が記載されており，同一人性の確認ができるもので，有効期間内にあることが必要である。なお，権限のある機関とは，当該国の法令に基づき乗員に関わる文書を発給する権限を有する機関のことで，旅券の発行主体とは異なり，必ずしもわが国政府やわが国が承認した外国政府である必要はない(入在要領第6編第4章第4節2　2(1))。

日本における船員手帳の発給は外国人に対しても行われるが，国外の地域に赴く航海に従事する船舶に乗り組む外国人であって出入国に関わる当該者の身分証明を希望しない者等は，当該船員手帳には出入国に関わる当該者の身分証明を行うものではない旨の表示がなされる。この船員手帳には，所持者の身分証明機能はなく，入管法上の渡航文書としては認められない(船員法

施行規則 29 条 3 項 5 号)。

3.4.2 国際航空乗員証明書等

　航空機の乗組員に関する乗員手帳に該当するものは，シカゴ条約(国際民間航空条約)第 9 附属書に準拠して発行される，国際航空乗員証明書等といわれるものである。通常，航空従事者の免状としては，運行乗組員の技能証明書および免状(licence)がこれに該当する(シカゴ条約 32 条)。日本の航空法第 31 条以下に規定する航空身体検査証明とは，この規定による免状のこと(坂本・三好 1999: 136)とされる。上述の証明書および免状を所持する航空機乗組員の一時的な入国については，旅券または査証を要求してはならないと定め(シカゴ条約第 9 附属書 3.24 項および 3.25 項)，これらの文書は，渡航文書としての機能を有している。

　日本において，航空機乗組員とは航空機に乗り組んで航空業務を行う者をいい(航空法 69 条)，航空従事者でなければ航空業務を行ってはならない(航空法 28 条)とされている。航空業務とは，航空機に乗り組んで行うその運航(航空機に乗り組んで行う無線設備の操作を含む)等とされている(航空法 2 条 2 項)。

　この航空業務を行う場合は，技能証明書を携帯しなければならない(航空法 67 条)が，航空業務を行おうとする者については，国土交通大臣が航空従事者技能証明を申請により行い(航空法 22 条)，この証明を受けた者を航空従事者と定義している。この証明は，航空従事者技能証明書を交付することによって行われる。

　客室乗務員は，航空機の運航自体に従事するものでないから，航空法による航空機乗組員とされていない(山口 1993: 188)が，機長，操縦士等の技術的乗組員と客員乗務員等のその他の乗組員を，航空機乗組員(航空従事者)とする法律もある(石井・伊沢 1964: 105-106)。

　国際航空乗員証明書等に該当するものとして，自国民のみならず外国人パイロットや客員乗務員等にも発給されるところの航空免許証(licence)や乗組員証明書(crew member certificate)は，外国の出入国に際しては，船員手帳と同様に扱われている(春田 1994: 113-114)。

　空港における入国審査においては，航空機乗員は通常，旅券も所持してお

150 第Ⅰ部 パスポートを視る

り(法務総合研究所編 2013: 29)，入国審査実務上，原則として旅券の提示を求められる(入在要領第6編第4章第4節第2 1(3)ア)ため，国際航空乗員証明書等とともにこれを提示している。旅券は，出入国時以外にも，身分証明書として広く通用することから，諸外国における所持人の安全の確保に寄与すると考えられ，また，日本をはじめ現在では数多くの国で採用されている，機械読み取り式旅券による入国審査の事務効率化が行われている国において，機械読み取り式旅券以外の旅行文書では審査に相当の時間を有することから，乗員自身が自らの審査が迅速に行われるとの期待などの理由から旅券を携行しているものとも考えられる。

3.4.3 乗員手帳に準ずる文書

乗員手帳に準ずる文書とは，船員手帳と同様の形式的要件を具備していなくとも，あるいはその呼称が異なっていても，船員手帳の実質的要件を満たす乗員に関する文書をいう(坂中・齋藤 2007: 60)。日本国政府または都道府県所属練習船に乗り込む日本人実習生で国土交通省から「練習船実習生証明書」の発給を受ける者および訓練，儀礼訪問その他用務のため外国へ赴くわが国の自衛艦もしくは自衛隊機に乗り組む自衛官または海上保安庁所属の船舶等に乗り組む海上保安官は乗員に該当するとして，出国確認の対象外としている(入在要領第7編第2章第1節第1)。このことから，練習船実習生証明書や防衛省および海上保安庁発行の自衛官および海上保安官であることの身分証明書等が渡航文書の役割をすることになる。

コラム **日本国「再入国許可書」と私** (丁 章)

再入国許可書を所持する者として私はこの稿の執筆依頼を受けもったがゆえに，学問的な考察ではなく，あくまで当事者である一介の詩人としての見解を述べるにすぎないことを初めにご了承いただきたい。

在日三世である私は，日本国の入管法(出入国管理及び難民認定法)に基づく「朝鮮籍」を保持する者だが，つねづね，自分のことを「無国籍の在日サラム(コリアン)」と，自らそうよんでいる。日本国入管法におけるこの「朝

鮮籍」は，じつは国籍ではなく事実上の「無国籍」であり，「朝鮮」という
のは当人の出自という意味での地域名だとされている。

　大日本帝国支配下の植民地時代，朝鮮人は日本国籍をもたされていた。そ
の後，日本の敗戦によって朝鮮半島は解放され，コリア民族の独立国ができ
るはずだったが，即座に独立国は成立せず，法的にはひきつづき日本国籍を
有することになる。当時この日本列島に在日同胞はおよそ 60 万人いたが，
GHQ は 1947 年の外国人登録令によってすべての在日同胞に日本国籍とは
別に，「朝鮮」という出身地を表す記号をもたせた。つまりすべての在日同
胞はこのとき国籍上は「日本籍」をもち，外国人登録令上は「朝鮮」という
記号をもつことで統一されていた。1948 年の南北両政府による国家成立に
よって，在日同胞の希望者には「韓国籍」に限っての書き換えも可能となっ
たが，しかしそれは国籍としてではなく，あくまで記号としての「韓国籍」
であり，そして 1952 年の日本国との平和条約(サンフランシスコ講和条約)
の発効によって初めて，すべてのコリアンは日本国籍を失うことになる。そ
して在日コリアンは，南北両政府のいずれを支持するかにかかわらず，すべ
て無国籍者扱いとなった。その後 1965 年の日韓基本条約により，日本政府
は「韓国籍」については国籍と認めたが，朝鮮民主主義人民共和国を支持す
る者の「朝鮮籍」については，朝鮮民主主義人民共和国との国交がないゆえ
に共和国の国籍とは認めず，ひきつづき記号・地域名であり無国籍であると
いう見解に立っている。

　コリア半島の南北両政府は，朝鮮戦争によって北緯 38 度の軍事境界線を
境に今も睨み合っているが，祖国は統一されるべきだという信条をもつ私に
とって，南北に分断された両国の国籍をいずれも選択せずに，無国籍状態で
いることはまったく自然なことである。もしどこかの国籍を取得しようとす
るなら即可能な，私のような国籍選択保留者は国際法上は正式(？)な無国籍
者ではないそうだが，私が事実上の無国籍者であることに違いはなく，これ
からも無国籍者のままで生きてゆくことになるだろう(筆者の無国籍者としての
現状については，陳 2012: 454-461 を参照)。

　私が海外へ旅に出る際には，日本国の入管法第 26 条に準拠して，再入国
許可を取得している。それは私が生まれ育った故郷があり，私の家族と暮ら

152　第Ⅰ部　パスポートを視る

図3・8　再入国許可書(表紙は口絵を参照)

す家があり，私の生活の基盤があるこの日本の地に帰ってくるためにである。このように私が日本に帰る理由は，あまねき日本国民と何ら異なるところはない。それでも私が日本国のパスポートではなく再入国許可(または「みなし再入国許可」)を取得しなければならないのは，私が日本国籍をもたない「非日本国民」であるからだ。

　　再入国許可とは，我が国に在留する外国人が一時的に出国し再び我が国に入国しようとする場合に，入国・上陸手続を簡略化するために法務大臣が出国に先立って与える許可です。
　我が国に在留する外国人が再入国許可(みなし再入国許可を含みます。)を受けずに出国した場合には，その外国人が有していた在留資格及び在留期間は消滅してしまいますので，再び我が国に入国しようとする場合には，その入国に先立って新たに査証を取得した上で，上陸申請を行い上陸審査手続を経て上陸許可を受けることとなります。
　これに対し，再入国許可(みなし再入国許可を含みます。)を受けた外国人は，再入国時の上陸申請に当たり，通常必要とされる査証が免除されます。
　また，上陸後は従前の在留資格及び在留期間が継続しているものとみなさ

れます。

　再入国許可には，1回限り有効のものと有効期間内であれば何回も使用できる数次有効のものの2種類があり，その有効期間は，現に有する在留期間の範囲内で，5年間（特別永住者の方は6年間）を最長として決定されます。
（入国管理局ウェブサイト「再入国許可」http://www.immi-moj.go.jp/tetuduki/zairyuu/sainyukoku.html より）

　再入国許可は普通，外国人である当人のパスポートのページに記載されるものであり，現在では QR コードのシールが貼付される。しかしながら私のような無国籍者はパスポートを有しないため，再入国許可のシールを貼付する冊子がない。そこでその代わりになる冊子が，「再入国許可書」ということになる。

　再入国許可書は一見，パスポートと同じような体裁をしているが，本来は異質なものである。たとえば，両冊子の冒頭に掲載されている文言を比べてみればそれがわかる。

　　日 本 国 旅 券……日本国民である本旅券の所持人を通路故障なく旅行させ，
　　　　　　　　　　かつ，同人に必要な保護扶助を与えられるよう，関係書簡
　　　　　　　　　　に要請する。
　　再入国許可書……この許可書は，出入国管理及び難民認定法第26条第2項
　　　　　　　　　　に基づき，所持人の再入国許可のために交付するものであ
　　　　　　　　　　り，所持人の国籍を証するものではなく，また，その国籍
　　　　　　　　　　に何ら影響を及ぼすものではない。

　以上のように，再入国許可書はあくまで「再入国許可のため」のものにすぎず，日本国が所持人の国籍を証明するものでも，旅行中の安全の保障を当該国に求めるものでもない。しかしながら，実際のところは，旅券に準ずる渡航証明書として機能していることは否めない。この「再入国許可書」を使うことによって，たとえ無国籍者であろうと，日本から出国し，また日本国に戻ってくることができるのであるから，本来すべての個人が国籍にかかわらずに有しているはずの「移動の自由と権利」を再入国許可書が保証してい

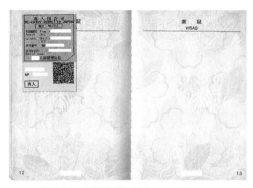

図3・9　再入国許可QRコードシール

るといえないわけではない。そのように再入国許可書は所持人の旅行，つまり国家間の移動を保証するという意味では，明らかにパスポートに準じているといえるだろう。(ただし，所持人の旅行の安全を保障するか否かは不確かである。)

　となると，再入国許可書とパスポートの相違点は，所持人の国籍を保証するか否かという点にあるといえるが，これもまた，再入国許可書については非常に不確かな現状がある。その不確かさとは，再入国許可書には「所持人の国籍を証するものではない」と書かれているにもかかわらず，実際はその国籍欄に記載された国名に基づく処遇を受けるという現実があり，私などはその不確かさによって，これまで幾度となく不便を強いられてきた。

　私が所持する再入国許可書の国籍欄には，冒頭で述べたように，日本国入管法に基づく「朝鮮」という記号が表記されているが，この「朝鮮」籍が，「朝鮮民主主義人民共和国」(以下，共和国)の国籍であると誤認されてしまっているのが世界の現状であり，そしてその誤認に基づく処遇によって私の渡航がしばしば制限されてしまうのである。つまり私の移動の自由が侵害されるということだが，特に共和国国民の入国を認めていない国に私が渡航するのはきわめて困難であるというのが現状となっている。

　私がこれまで被った入国拒否(査証申請不受理)の事例としては，韓国と台湾(中華民国)がある。韓国政府は，「朝鮮」と記載された再入国許可書での入国を認めていない(ただし再入国許可書による入国のすべてを韓国政府が拒否してい

るわけではない。たとえば，在日ミャンマー難民とその子孫が，再入国許可書を使用して韓国に入国した事例がある。成川 2015 を参照）。なぜなら韓国政府は統一国家の正当性から，「朝鮮」籍の者も自国民であるという論理によって自国の臨時パスポート（旅行証明書）を発給し，その使用を「朝鮮」籍者に強要するため，私の再入国許可書での査証申請を受理しようとしない。また，台湾政府は，2015 年に私が査証申請をしたところ，申請書の国籍欄に「朝鮮民主主義人民共和国（または北韓）」と記入するよう強要した。それに対して私は，「朝鮮」籍は共和国の国籍ではなく，ゆえにそう記入すれば虚偽申請になると何度も繰り返し説明したが，いっこうに了承されず，結局査証を申請することができないまま，私は台湾訪問を断念するしかなかった。

このように再入国許可書に記載された「朝鮮」籍を「共和国」国籍だと誤認されてしまっている現実について，日本国が当該国に対して是正を求めるということは今のところない。（それは無国籍者や外国籍者のような自国民ではない者に対して，国家は努力義務を負わないということなのかもしれないが，国家にも人道的な努力義務があるはずなのはもちろんのこと，納税の義務を課している在日住民に対しての努力義務があるのではないか？）

以上のように，再入国許可書は，所持人の国籍を証するものではないがゆえに，その国籍欄に記載された記号としての地域名を，当該国家の都合でいかようにも解釈されてしまうという危険性をはらみながら，なおかつ，旅券を有しない者にとっての国民性（民族性）を不確かながらも当該国家に対して明示する機能も果たしている。これは「朝鮮」に限ったことではなく，「ベトナム」や「ミャンマー」などの難民やその子孫の場合も同様である。つまり何らかの理由で自らのルーツのある国家から乖離し，旅券を有することができない個人にとって，この再入国許可書は，国際上における当人のアイデンティティや移動の自由を保証しうるという利点と，その逆に阻害をもたらしうるという難点との，その両方の可能性を併せもつ両刃の剣なのだといえる。所持人にとって，再入国許可書は，むろん前者のようでなければならない。

今世紀になってもなお，国際規模の紛争が絶えない世界情勢のなかで，再入国許可書の発行者である日本国は，今後もさらに同書を発行する場面が将

来にわたって増えることになるだろう。そのときこの再入国許可書の在りようが，平和を希求する日本国自らの在りようを表す指標になるに違いない。国籍有無の如何にかかわらずに，すべての個人の自由と安全を保障する人道性に優れた国家へと日本国が成長できるか否かは，この再入国許可書の運営においても試されてゆく。

　そしてこれからも当分の間は無国籍者を生きていくことになる私も，再入国許可書が日本国の「平和と人道の証」へと育ってゆくことを望む。国家に属さない無国籍者にとって，平和と人道の思想こそが自らの生存と幸福のよりどころとして切実に希求されるからである。国家とは本来，平和と人道を保障するために存在するはずだが，国家によって平和と人道が侵害されるという本末転倒が起こったときに，無国籍者や難民が，この世界に産み出される。再入国許可書が，その無国籍者の平和と人道を回復し保障するために運営されることを，私はその所持人のひとりとして願うばかりである。

第 II 部

パスポートを考える

第4章
パスポートの概念・理論

　第Ⅰ部ではパスポートそのものをみてきた。本章から始まる第Ⅱ部ではパスポートのもつ意味を考える。本章では，パスポートがなぜ必要なのか，その歴史的経緯，機能，使い方の広がりなどを紹介している。

　そもそもパスポートの有効性は誰によって，どのように決められているのだろうか。国境をまたぐ機能をもっているということは，自分の国だけで決まっているものではない。パスポートが有効だ，という意味は国内だけでなく国際的にも認識されている必要があるだろう。こういった根本的な疑問に対し，本章では法律や歴史，制度の側面から答えている。たとえば，法律の側面ではパスポートをもつことが，その国の国民であること＝国籍をもつことと密接な関係にあることが示されている。

　また制度ができあがる過程には，実は長い歴史がある。移動のための書類は旧約聖書にも登場するし，近代的なパスポートはフランス革命との関わりがあることがわかっている。また現代のパスポートは厳密にコントロールされており，それは管理の技術の進歩をも意味している。その人がどの国の国民であるかを証明することは，簡単にみえるが，実は管理や登録といった技術が進歩しなければ困難なことだといえる。その意味で技術が進歩すれば，将来はパスポートの形態も変化して，カード型もしくは生体認証になるかもしれない。さらに本章を通じて，日常生活のさまざまな場面でパスポートが使用されていることにも気づく。こういったことからパスポートをより深く，広く理解することができるだろう。

160   第Ⅱ部　パスポートを考える

4.1　パスポートとは？国籍とは？

4.1.1　パスポートを規定する法律

　一般に，パスポートとは，政府が国外に渡航する自国民のために交付する身分証明の文書である。パスポートの語源は船の入港許可証を意味した言葉であるが，今日，人の渡航のための公式の身分証明書を意味する。日本ではパスポートは旅券とよばれ，出国と入国に際してはパスポートの提示が義務づけられる。出入国管理及び難民認定法(入管法)2条5号では，旅券は，「次に掲げる文書をいう。イ　日本国政府，日本国政府の承認した外国政府又は権限のある国際機関の発行した旅券又は難民旅行証明書その他当該旅券に代わる証明書(日本国領事官等の発行した渡航証明書を含む。)　ロ　政令で定める地域の権限のある機関の発行したイに掲げる文書に相当する文書」と定めている。国連職員などに対して発行する国際連合通行証(レッセ・パッセ，口絵㉖)や，難民の認定を受けている外国人が出国する場合に交付される難民旅行証明書のように，自国民以外の人に対し渡航証明を発行する場合も例外的にはある。また，政令で定める地域の旅券として，台湾政府やパレスチナ暫定自治政府が発行する旅券も，日本の入管法上の旅券として扱われるようになった。しかし，通常はパスポートにより，どこの国の国民であるのかを公的に証明することができる。国外では出入国時以外の身分証明書として用いられることも多い。写真が付いているため，国内でも身分証明書として使われることがある。日本のパスポートの発給手続きについては，旅券法が規定している。

　旅券法13条1項5号(現行7号)について，外国旅行の自由を含む出国の自由を制限することが憲法問題として裁判で争われたことがある。GHQ占領下の1952年に社会党の帆足計参議院議員がモスクワで開催される国際経済会議に出席するためソビエト連邦行きの旅券を申請したところ，同号の趣旨に基づき，外務大臣に旅券の発給を拒否された。そこでは，一定の犯罪行為などのほかに「著しく且つ直接に日本国の利益又は公安を害する行為を行う虞^{おそれ}があると認めるに足りる相当の理由がある者」は，外務大臣が旅券の発給を拒否することができるかが問題となった。最高裁は，同5号の規定は

「外国旅行の自由に対し、公共の福祉のために合理的な制限を定めたものとみることができ、所論のごとく右規定が漠然たる基準を示す無効のものであるということはできない」として合憲と判示した(最大判昭和33年9月10日民集12巻13号1969頁)。

この点の学説をみるに、第一に、多数説である違憲説によれば、このような「漠然かつ不明確な基準」による規制は、外務大臣の自由裁量により、外国旅行の自由といった憲法上の権利を奪うものであり、文面上違憲とする。しかし、外国旅行の自由は精神的自由そのものではなく、合理的範囲で政策的制約を受けることもある。そこで、文面上違憲とするよりも、むしろ、害悪発生の相当の蓋然性がないのに旅券発給を拒否するときは、適用違憲となりうるとする方が適当とする有力な見解もある。

第二に、合憲限定説によれば、外国旅行の性質上、国際関係の見地から特別の制限が可能であるとするものの、一定の犯罪行為に限定して合憲限定解釈を施す。しかし、犯罪行為とは別に、たとえばエボラ出血熱のようにワクチンがまだつくられていない特定の感染症が流行している地域への渡航制限など、公衆衛生上の公共の安全を理由とした制約は認められる余地があるものと思われる。

第三に、合憲説によれば、犯罪行為に限らず、「国家の安全保障」という立法目的と合理的に関連する行為を政策的に判断して旅券の発給を外務大臣が拒否することは合憲となり、裁判所の審査は目的と手段との合理的関連性の有無で足りるとする。しかし、「日本国の利益」という表現は、外務大臣の恣意的な運用を許す、非常に広範な概念である。「国家の安全保障」という特定の国益の目的との合理的関連性を審査するのであれば、合憲限定解釈を施す必要があろう。また、目的と手段との合理的関連性の審査では十分ではない。国連の自由権規約委員会の一般的意見27によれば、外国旅行の自由を含む出国の自由の制限は、「比例原則に適合するものでなければならない。すなわち、制限は目的達成のために適切なものでなければならず、目的を達成する手段のうち最も非侵害的な手段でなければならず、さらに達成される利益と比例するものでなければならない」(14段落)。

第四に、そこでむしろ、「日本国の利益」を「国の安全」の意味に限定す

る合憲限定解釈を施したうえで，国および公共の安全の目的に照らし，旅券の発給拒否という手段の適合性，必要性，狭義の比例性を審査する比例原則により，合憲・違憲を判断することが適当と思われる。この場合の限定合憲説は，従来の第二説と区別すべく，「比例原則説」とよぶことができる(近藤2016)。野党議員の国際会議への出席を認めないことは，通常の民主国家では比例原則違反となるように思われる。

旅券法19条1項の「旅券の名義人の生命，身体又は財産の保護のために渡航を中止させる必要があると認められる場合」，「外務大臣または領事館は，(中略)旅券の返納を命ずることができる」という規定を適用して，退避勧告が出ているシリアへの渡航を禁止する行為が最近でも問題となっている。本来，外国滞在中の日本人が現地の生活に適応できず生活に窮する状況になった場合を想定した規定だが，日本からの出国予定者に適用された初めての例である。いわゆるイスラム国の支配地域のあるシリアへのフリーカメラマンの渡航禁止という手段が，比例原則に照らし正当化されうるほどの，生命などへの現実の危険の予見可能性がみられる例外的な場合といえたのかどうかが検討されるべきである。

4.1.2 国籍を規定する法律

国籍とは，人と国家との法的な結びつきを意味する。かつては，国籍の有無が，人と国家との間の権利義務関係の有無と直結する場合も少なくなかった。しかし，今日，国際的および国内的な人権保障の高まりにより，市民的権利や社会的・経済的・文化的権利など国籍の有無にかかわらず保障される権利も多い。また，近年のEU市民権や永住市民権のように，一定の外国人をEUや自治体などの地域的な政治共同体の構成員として，政治的権利を含む諸権利の担い手とすることも珍しくはなくなった。しかし，国家において，その国の国籍をもたない外国人と，その国の国籍をもつ国民との権利義務関係の違いは，一定の範囲で残っている。なかでも，国家間の移動に際して必要なパスポート(旅券)は，一般に，国民と国家との権利義務関係に基づいて発給される。その国のパスポートが，その国の国籍を証明する実務上の手段となっている場合も少なくない。人の国際移動の盛んな今日，世界中で

パスポートが使われることから，国際民間航空機関により，パスポートの標準化の取り組みが進んでいる。しかしながら，誰にその国の国籍を認めるかという法原理は，必ずしも標準化されているわけではない。国籍については，民法で定める国もあるが，一般には国籍法が定めている。

各国の国籍法は，出生に伴う国籍取得に際して，誰にその国の国籍を認めるのかについて，二つの基本的な考え方に大別される。第一に，その国で生まれた者に国籍を認める「生地主義」(出生地主義ともいう)があり，第二に親の国籍を承継する「血統主義」がある。また，後天的な国籍取得に際しても，どのような要件のもとに認めるのかは二つに大別される。第一に，行政の裁量などによる「帰化」がある。第二に，一定の居住期間などを要件に，権利として後天的に国籍を取得する「届出」があり，これはいわゆる「居住主義」に基づく国籍取得といえる。日本の国籍法の特徴は，欧米諸国に比べ，生地主義と居住主義の要素が少ない点にある。一般に，移民受け入れ国では早い段階で完全な共同体のメンバーとなることが奨励され，生地主義を採用する傾向にあった。そうした生地主義国でも，しだいに血統主義の要素を取り入れる折衷傾向がみられる。移民送り出し国では，在外国民の子との血統でのつながりを重視する一方，移民受け入れ国に転じたヨーロッパ大陸諸国では，生地主義や居住主義の要素を大幅に取り入れつつある。

今日の国際法上は，主要な法原則が形成されてきており，各国の国籍制度はこれらの法原則に基づいて定められる方向にある。第一の「国家主権原則(国内管轄の原則ともよばれる)」によれば，国籍の取得と喪失は国家の主権の作用によるものであり，国際慣習法上，国家は誰が国民であるかを決定する自由を一般には有するとされてきた。しかし，この伝統的な第一原則は，人権法の発展に伴い，個人の人権を根拠とする第二・第三・第四原則により，その射程を大幅に狭められつつある。

第二の「差別禁止原則」によれば，性別や民族的出身などによる差別的な国籍法は許されない。たしかに，1985年に国会が女性差別撤廃条約の要請する性差別の禁止を重視して国籍法を父系血統主義から父母両系血統主義に改正したものの，日本の裁判所は性差別の違憲判断には消極的であった(東

京高判 1982 年 6 月 23 日判時 1045 号 78 頁）。しかし 2008 年には，日本人の父親と外国人の母親との間に生まれ，出生後に認知された婚外子の場合には，両親が法律上婚姻しなければ，父親の認知だけでは届出による国籍取得を認めていない国籍法 3 条 1 項を，最高裁は憲法の平等原則違反とし，国籍法が改正された。このことは，国籍をめぐる国家の自由な決定権よりも，「子が自らの意思や努力では変えることのできない父母の婚姻」の有無という不合理な差別を禁止する原則を重視した結果である（最大判 2008 年 6 月 4 日民集 62 巻 6 号 1367 頁）。父母両系主義への改正により，国際結婚で生まれた子どもは，母親が日本人の場合であっても，日本国籍を取得できるようになった。結婚していない国際カップルの場合にも，国籍法 3 条 1 項の改正により，認知と届出だけで日本国籍を取得できるようになった。いずれの場合も，複数国籍者を増やすことになる。

　第三の「国籍剥奪禁止原則」によれば，本人の意思によらず，何人も恣意的に国籍を奪われない。この点，日本の旧植民地出身者とその子孫について，旧植民地の独立に伴う国家承継の場合の国籍変動に際しては，国籍選択権が認められるべきであり，本人の意思によらない国籍の剥奪は禁じられるべきであった。また，今日の特別永住者を外国人として扱うことの矛盾は，朝鮮戸籍や台湾戸籍を理由とした民族的出自（ナショナル・オリジン）による「差別禁止原則」にも求めることができるように思われる。

　従来，人はただ一つの国籍をもつべきであるという「国籍唯一の原則」が指摘されてきた。しかしこの原則は，複数国籍防止原則と無国籍防止原則という二つの内容をもっていた。第四の「無国籍防止原則」は，今日も，国際法上の要請である。アンデレ事件最高裁判決は，「父母がともに知れないとき」という国籍法の規定を拡張解釈した（最判 1995 年 1 月 27 日民集 49 巻 1 号 56 頁）。しかし，無国籍防止原則を徹底するのであれば，「父母の国籍を取得できないとき」などと法改正する必要がある。

　他方，1997 年のヨーロッパ国籍条約にみられるように，複数国籍防止原則（重国籍防止原則ともよばれる）は，国際法上の要請とはいえなくなっている。日本でも，国籍法上定められている複数国籍者の催告手続きを法務大臣は行わないと国会で答弁しているように，複数国籍防止原則の適用には慎重な姿

勢がみられる。今日，人の国際移動と国際結婚の増大により複数国籍者が増えており，平和主義，民主主義，人権擁護などを促進する手段として，複数国籍を認める国が増えている。

　しかし，日本では，国際結婚や生地主義国で生まれた複数国籍者が大人になってどちらかの国籍を選ばなければならない「国籍選択制度」や，国外で生まれた複数国籍の子が3カ月以内に届けないと日本国籍を喪失する「国籍留保制度」がある。こうした制度は，国籍剥奪禁止原則に抵触する問題をはらんでおり，法改正が望まれる。最高裁は，「国籍留保制度」を憲法14条1項に反せず，合憲とした。そこでは，「実体を伴わない形骸化した日本国籍の発生をできる限り防止するとともに，内国秩序等の観点からの弊害が指摘されている重国籍の発生をできる限り回避する」という「立法目的には合理的な根拠がある」と判示した(最判2015年3月10日民集69巻2号265頁)。しかし，かつて父系血統主義から父母両系血統主義へと国籍法が移行したことは，性別による差別禁止原則が複数国籍防止原則よりも重視されるべきことを物語っている。また，国際カップルから生まれた婚外子の場合に認知だけで届出による国籍取得を認めた国籍法の改正では，「父母の婚姻」の有無という不合理な差別を禁止する原則が，複数国籍防止原則よりも重視された。国外で生まれた日本人の子に対する恣意的な国籍の剥奪をもたらす国籍留保制度は，ほとんど日本以外に例がなく，早期の改正が待たれる。

　パスポートの発行に関する国家の慣行はさまざまである。このため，国際法上でパスポートの発行と国籍の取得・保有の関連性を確定することは不可能である。パスポートの保持は，国際的な境界線を越えるのに必要条件であるが，十分条件ではなく，査証が入国許可に必要な場合もある。特定の国籍をもつことが入国の障害になる国もあれば，無国籍であることが国際移動を困難にする場合もある。パスポートの保持は，出身国に帰還するための必要かつ十分条件である。パスポートは，近代国家が合法的な移動手段を独占しようとした活動の結果生まれた文書である。同時に，外交上，国家が提供する保護を利用できることを保証する文書である(トービー2008: 257-65)。

4.2 パスポートの歴史

　2015年の夏の終わり，中東やアフリカ諸国からの大量の難民の流入という事態を受け，ヨーロッパにおいて国境の管理体制が破綻の危機に瀕しているかの状況についての報道を，私たちは連日のように目にし，耳にした。その様子を見ていると，パスポートによる出入国管理が可能であるのは，国民と外国人とを問わず人々がそれを所与のものとして受け入れ，そのルールに従っているからだと気づかされざるをえない。パスポートの歴史をたどる本節では，近代的なパスポートの利用が始まったとされるフランス革命から現代までを，画期となった出来事を中心に概観することとし，特に国民国家とパスポートの関係の変容に焦点を合わせる。

　「パスポート」という名称は使われずとも，人々の移動を保障するための書類の存在は，すでに旧約聖書にも記されている。ユダヤ人のネヘミヤは，エルサレムに向かうためにペルシア王から通行許可証を入手したのであった。その後も，王に限らず，ギルドや教会などが通行許可証を発行したことは，歴史文書のあちこちに描かれている。とはいえ，これらは通行を保障する機能を果たす点で現在のパスポートに通じるものの，多くは国内移動を保障するものであり，国家による合法的な移動手段の独占（§4.1参照）を保障するものではなかった。合法的な移動を独占的に管理する国民国家の確立抜きには，もっぱら国外移動にかかわる近代的パスポートについては語れないのである。なお，日本のパスポートの変遷については第2章にゆずり，本節ではロシアを含むヨーロッパに対象を絞ることとする。

4.2.1　革命とパスポート

　パスポートは移動の自由を保障する手段である一方，制限する手段でもある。パスポートの所持者には自由な出入国が保障されるが（ここではビザ制度のことはひとまず脇に置く），パスポートが発行されなければ移動ができない。それゆえ，フランス革命時に議論されたのは，国外からの敵の流入や国内の治安維持を目的として，また反革命的人物の逃亡を妨げるために移動を制限するのか，それとも人間の基本的権利として，パスポートなしでの移

動の自由を認めるのかという，パスポートが根源的に抱える矛盾を浮き彫り
にする問題であった。

1791年9月13日，フランス国民議会はフランス市民の自由な国内通行と
出入国の権利を保障するためにパスポートを廃止した。一方，その同時期
に，外国人に対する滞在許可の取得が地方レベルで義務づけられたのであっ
た(トービー2008：48-49)。しかし，早くも1792年初頭にはパスポートの再導
入が決定される。国民議会は，フランス人にも外国人にも，王国を旅行する
すべての人間にパスポートの所持を命じた。またフランスを去ることを望む
者には，その旨を記したパスポートを携帯する義務が生じた(トービー2008:
68)。すなわち，国内の移動と出入国の両方において，廃止からわずか数カ
月でパスポートによる管理が復活したのである。革命期フランスにおけるパ
スポートをめぐる紆余曲折はこの後もつづくが，ここではふれる余裕はな
い。むしろ，この過程に国民国家というシステムと切り離せないパスポート
の本質が如実に表れていることを指摘しておこう。このシステムの下では，
国の内と外，国民と外国人を厳格に区別する必要がある。そしてそのために
は移動に際しての身分確認用の文書としてパスポートが最も有効であるとい
うことである。人々の移動の完全な自由はそれによって損なわれるが，国民
国家の内部を安全で均質なものとして維持するためには受け入れざるをえな
い不自由さなのであった。

他方，パスポートの機能を強化する条件としての革命にも着目する必要が
ある。革命期フランスでパスポートをめぐる止めどない論争が行われたの
は，革命の成果を守るために，革命の敵を監視し，排除する必要があったか
らである。歴史を振り返っていえるのは，革命は移動の自由を必ずしももた
らさなかったということである。次にロシア革命下でのパスポート問題につ
いてみてみよう。

帝制期ロシアで移動を最も厳格に制限されていたのが農民とユダヤ人であ
る。1905年革命の際，国内パスポートの廃止が議論の俎上に載せられたが，
社会的秩序の維持に最大の効果を発揮するパスポート制度の廃止を皇帝政府
側は望まなかった。1905年の十月宣言でも翌年の基本法でもそれは認めら
れなかった。変化がもたらされるのは，ストルイピン首相主導の改革によっ

てである。ロシアの経済的発展のためには移動の自由が不可欠であると認識されたのであった(ストルイピン自身が自由主義者であったわけではない)。こうして，ストルイピン改革は移動の制限の緩和に寄与したけれども，それはロシア国民の創出にはつながらなかった。

ロシアで国民と外国人の区別が重視されるようになるのは第一次世界大戦期である。それ以前に戦争中に敵国人として認定されたのは，日露戦争中の日本人が唯一の例らしい(Lohr 2012: 118)。だが，ロシア帝国の特徴は，交戦国民に加え，自国民も追放の対象になったことであった。ロシア西部のユダヤ人やバルト諸県の民族的ドイツ人は，戦闘地域からロシア内地へと追放された。念のために付け加えれば，これらユダヤ人やドイツ人は外国籍ではない。れっきとしたロシア臣民である。逆説的ではあるが，このユダヤ人の追放が，ユダヤ人に対する居住地制限の廃止につながった(Lohr 2012: 122-123)。

1917年の二月革命の過程で民族や宗教に基づく差別が廃止された。ロシア臣民であるドイツ人の権利に対する制限も解除された。戦争の前線となった故地から追われた人々は帰還が許された(Lohr 2012: 130)。

しかしそれもつかの間，同年の十月革命により，状況は一変する。外国人のみならず，国民の出入国も国家の厳しい管理下に置かれるようになるのである。といっても革命当初は，革命の理念に基づき，自国で政治的理念や宗教的理由で迫害された人々を積極的に受け入れ，ロシア国民と同等の権利を付与するとされた。その意味ではロシア革命も，フランス革命同様，普遍的な理念を掲げた革命であった(実際には，ソビエト・ロシアへの亡命を希望する外国人がほとんどいなかったことはいうまでもない)(その後のソ連のパスポートについては§1.1.5を参照)。ただし，国内パスポートについては，農民には好きなところに移動する権利があるとするレーニンの主張に従い，パスポート自体は廃止されなかったものの，国内移動の自由が1922年に法的に認められた(Paavle 2010)。

一方，革命と戦争のなかでソビエト・ロシアから大量の亡命者が発生した。1922年，ソ連政府がこれらの人々から国籍を剥奪したため，移動に必要な文書を失った人々に対し，「ナンセン・パスポート」として知られるようになる身分証明書兼旅行書類が締約国によって発行されることになった。

第4章 パスポートの概念・理論 **169**

このパスポートによってはいずれの国の国民としても認められず，また，発行国への入国が保障されるわけでもなかったが，それでも広く普及し，後にはロシア人以外にも適用された（§5.4.2参照）。このことは，この時代にはそれだけパスポートが一般的なものとなり，人々に受け入れられていたことを示している。

歴史からわかるのは，革命は移動の自由化の契機となるが，それが永続することはないということである。革命も戦争も，敵と味方の峻別を要求する。それゆえ，外見では判断できないこの敵・味方を認証する手段として，平時よりもパスポートが必要とされたのである。

4.2.2 パスポートコントロール緩和の要因

では，移動の自由は何によって担保されるのか。ヨーロッパを席巻した1848年革命は，出入国の統制を緩和する方向にも厳格化する方向にも働いた。社会の不安定化の元凶と考えられた人々の出国は望ましいものと考えられた。同時に，フランクフルト国民議会が用意した基本的権利の草稿目録のなかには，出国する権利を国家が制限することはもはや許されるべきではないという規定があった。これは自由主義思想を反映するものである。他方で，しのびよる戦争の影に，各国は兵力の確保を目的として出国を制限した。1850年代には一般的に，出国の自由に対する自由主義的態度と，人口を国力に結びつける旧来の重商主義的思考とのあいだで，絶え間ない闘争がみられたのである（トーピー 2008: 120-121）。

19世紀半ばにパスポートコントロールの緩和を促進した要因として，鉄道という技術的変化が指摘できる。鉄道網の発達によりもたらされた移動の加速化と移動機会の拡大はパスポートに影響を与えずにはいなかった。同時に，急速に発展する工業が労働力を必要とすると，産業資本家らが就業や移動の自由，定住の自由を要求するようになった（トーピー 2008: 125）。1867年，北ドイツ連邦では，プロイセンの経済自由主義を反映して，パスポートによる規制が廃止された（§1.1.1を参照）。

パスポートによる移動規制は，イギリスでもフランスでも第一次世界大戦が勃発するまで忘れ去られていた。出入国の自由の拡大はヨーロッパの多く

の国々でみられた傾向だった(当時ロシア帝国下にあった地域はこの限りではない)。しかし同時に，多様な身分証明書の使用が広がり，国民と外国人とのあいだの境界がより明瞭になったことも事実である。

4.2.3　20世紀のパスポート

これまで述べてきたことから，1914年の第一次世界大戦の勃発がパスポートコントロールの強化に働いたことは想像に難くないだろう。兵役義務のある国民の出国を制限し，「疑わしい」外国人の移動を管理するために，パスポートによる移動規制が各国で復活した。それは当初，一時的な措置と考えられていたが，戦争が終わっても再度自由化されることはなかった。その主たる理由は，国民国家の内的均質性に対する幻想であろう。そしてその最悪の例が，両大戦間期のユダヤ人差別であったことはいうまでもない。ここでパスポートとユダヤ人にかかわることとして杉原千畝の話にふれるならば，リトアニアのカウナスでユダヤ人が日本のビザを必要としたのは，パスポートを持っているだけでは通行が認められなかったからである(§5.4.2参照)。行き先があって初めて，パスポートは人の移動を可能にしたのであった。

20世紀は，二つの大きな世界大戦と数え切れない地域紛争の時代として後世に記憶されるだろう。そうした戦争ならびに紛争は国境の変更や人々の国家的帰属の変更ないし喪失を伴った。そうしたなかで，第二次世界大戦後しばらくは国家への忠誠ならびに実務的な観点から複数国籍は否定的にみられていたが，グローバル化が進み，人の国際移動がますます活発化するなかで，複数国籍を有し，二つ以上のパスポートをもつことも不可能ではなくなってきている(複数国籍の問題については§4.1.2，§5.2.3を参照)。

4.2.4　複数国籍時代のパスポート

シェンゲン協定(§1.1.1参照)の恩恵を受けているのは，EU市民だけではない。私たち日本人もいったんシェンゲン域内に入れば，その後は原則的にパスポートを提示する必要はない。また，シェンゲン域内に入る際のパスポート・コントロールでは，フィンランドであろうとイタリアであろうと同じス

タンプが使われている。19世紀同様，パスポート・コントロールを緩和する要因となったのは，やはり経済的誘因であった。こうしてパスポートの使用頻度が下がるなかで，複数国籍が各国で容認される傾向にあり，二つ以上のパスポートを保有できる人の数が増えている。EU市民にとって，もはやパスポートは越境に際して国民と外国人を区別する手段ではないから，二つめのパスポートに象徴的意味合い以外の意味はないだろう。

　その一方で，形式的にはパスポートを有していても，それが有効な機能を果たさない人々も存在する。当人の帰属する国家が国際的に認められていない場合を想定しているわけではない。それが別の問題としてあることはここでは脇に置き，難民申請者と受入国双方にとってのパスポートの無意味さについて最後に指摘しておきたい。難民申請者の他国への入国はパスポートの有無ではなく，難民申請者というその立場によって決まる。そこでの困難は，自らが難民であることを何によって証明するかにある。EUに主権の一部を移譲した加盟国は，難民の受け入れをどこまで拒むことができるだろうか。その意味では，国家はもはや合法的な移動手段を完全には独占できていない状態にあるといえるのかもしれない（難民の問題については§5.4を参照）。

4.3　パスポートの機能と入管政策

4.3.1　出入国審査とパスポート

　多くの諸外国においては，出入国管理を行う機構としてCIQの機能を担う組織が設置されている。CIQとは，customs（税関），immigration（出入国審査），quarantine（検疫）の頭文字をとったもので，出入国手続きの総称である。これらの審査や検査等の手続きにおいては旅行者の確認が行われるが，この確認に利用されるのがパスポートである。

　このうち，国際的な人の移動を管理ないし規制するための出入国審査事務は，国境における手続きのなかでも，パスポートが審査の重要な要素となる分野であるといえる。

　国際的な人の移動は，受入れ国にとって利益をもたらす面もあるが，反面

重大な不利益をもたらす面もあることから，両者を調整する行政作用が必要となる(法務省入国管理局出入国管理法令研究会編 1995: 1)。このため，諸外国においては，出入国や出入域を管理ないし規制するため出入国審査が行われている。パスポートは，この出入国や出入域の可否を決定するために必要とされ，出入国審査が実施される場面において提示することが求められる。

　出入国管理の法制は国によって異なり，実務運用等もさまざまであるが，日本において出入国管理行政を行っているのは，法務省入国管理局およびその事務を分掌するために設置された地方入国管理局である(法務省設置法 3 条，4 条 32 号ないし 34 号，15 条)。

　入管法は，有効な旅券または乗員手帳を所持しないすべての外国人の入国を禁止している。そして，関係法令に基づき，空港や港湾に上陸審査場が設置され，入国審査を実施するため配置された入国審査官が，旅券の有効性の確認等，日本に上陸しようとするすべての外国人の上陸審査を実施している。

　出入国審査においては，当然に有効な渡航文書の提示を求められるが，偽変造旅券をはじめとする非正規な渡航文書が行使される事例も散見される。

　出入国管理手続きにおいて最も基本となるのは，手続きの対象者が「何者か」を把握することである。旅券の所持者が当該旅券の名義人と同一人物であるか把握できなければ，適正な出入国手続きを行うことは不可能である。

　アイデンティフィケーションは，アイデンティティとは似て非なる概念であり，個人の識別，身分の証明，同一性の確認と定義される。すなわち，身分の証明とは，個人を特定するための情報や，人間が保持している身体的特徴などによって個人を識別し，本人にまちがいないという自己同一性を明らかにすることである。そして，この情報や身体的特徴を，顔写真や生体認証の技術によって同一性の確認(本人の確認)をすることになる。そのための確認手段の一つとして用いられるのが身分証明書である。

　移動する人々が生活していくうえで，必要となるのが身分証明書であり，越境する場面では，パスポートが個人のアイデンティフィケーションに重要な役割をもっている。

4.3.2 パスポートの国籍証明機能

　ナショナル・パスポートは，国家が自国民に発行する旅券であり，国民旅券の名前が表すように，その所持人は当該発給国の国籍を有していると認められる。ただし，日本の法令上有効な旅券と認められるのは，日本が国家承認している国の政府が発行する国民旅券に限られる。また，重国籍者にあっては，日本国籍を有する者を除き，上陸申請のため提示された国民旅券の発給国を，入管実務上，国籍国と認定している。

　パスポートの発給があったことおよび旅行証明書に記入がされていることは，その名義人の地位(特に国籍)を決定しまたはこれに影響を及ぼす。そして，国民旅券の発給は，その名義人に対し，当該旅行証明書の発給国の外交機関または領事機関による保護を受ける権利を与え，また，これらの機関に対し，保護の権利を与えるものである。

　さらに，ナショナル・パスポートには，国の特定の一部地域において発行される国民旅券がある。この一部地域において発行される国民旅券で，日本が法令上の旅券として認めているものには，香港およびマカオの中国返還に伴い中華人民共和国に設置された香港特別行政区およびマカオ特別行政区において発行されている，中華人民共和国政府発行の国民旅券とは異なる特別行政区旅券(SAR パスポート)がある(§1.5.2 参照)。

　このうち香港特別行政区旅券(HKSAR パスポート)を提示する者については，返還以前に香港の居住権をもつ者に対して発行されていたイギリス国民(海外)旅券(BN(O)パスポート)を別に所持する場合であっても，中華人民共和国国籍を有しているものと認められる。これは，この特別行政区は中華人民共和国の不可分の一部分であるとされていることから，特別行政区発行の旅券は中華人民共和国の地域において発行する国民旅券と認められるのである。この旅券の所持者で，HKSAR パスポートを所持または提示しない者の国籍については，入管実務上「英国(香港)」との取扱いがなされる。

　同様に，マカオ特別行政区旅券(マカオ SAR 旅券)の所持者または旅券の発行を受けることが予定されている者についても，中華人民共和国国籍を有しているものと認められる。一方で，マカオ政庁および在マカオポルトガル総領事館発行のポルトガル一般パスポートの所持者はポルトガル国籍を有し

ているものと認められ，香港の場合とは幾分異なる取扱いとなる。

このほかに外国の地域において発行する国民旅券としては，イギリス海外領の旅券がある（§1.1.2参照）。この旅券の国籍欄にBritishと記載があり，イギリス海外領市民の身分を有しているときは，所持者の国籍は「英国（当該属領）」との取扱いを受ける。

これらの旅券を区分して取り扱う実益としては，各国，各地域と相互査証免除協定を締結する権限を香港特別行政区政府に授与すると定めている（中華人民共和国香港特別行政区基本法155条ほか）ことなどから，査証相互免除に関する取決めや査証の数次有効等に関する取決めにおいて，国民旅券の種類により入国審査における異なる取扱いを実施する必要が生じるからである。

現在，このような査証の取扱いで区分されているのは，香港およびマカオの各特別行政区（SAR）旅券と香港居住権者に対するイギリス国民（海外）（BN(O)）旅券である。

日本国政府の承認した外国政府の発行する旅券以外にも，政令で定める地域の権限のある機関の発行した旅券等に相当する文書は，入管法上の旅券として認められるとしているが，この地域については，出入国管理及び難民認定法第2条第5号ロの地域を定める政令（平成10年5月22日政令第178号）により，台湾ならびにヨルダン川西岸地域およびガザ地区と定められている。したがって，台湾旅券（中華民国政府発行の旅券（護照）であるが，日本国政府は中華民国を承認していないため，日本における入管実務では，台湾旅券（護照）と称されている；口絵㉓）およびパレスチナ自治政府発行の旅券が，地域の権限のある機関の発行した旅券等に相当する文書として，入管法上の旅券として認められている。

このような規定が設けられた背景としては，それまで有効な旅券を所持しない者とされていた台湾旅券所持者の日本への入国が増加したことから，繁忙を極めていた入国管理業務の簡素化を図る必要があったと考えられる。

入国管理実務上では，台湾旅券（台湾護照）の所持者または発行を受けることが予定されている者の国籍は「中国（台湾）」，パレスチナ自治政府発行旅券の所持者または発行を受けることが予定されている者の国籍は「パレスチナ」として取り扱われる。

4.3.3　国籍を証明できないパスポート

国際機関発行の旅行証明書

　政府等が発行する国民旅券以外にも，条約上，旅行文書を発給する権限を認められた国際機関が渡航文書を発行することがある。

　国際連合およびその専門機関がその職員に対し発給する国際連合通行証（レッセ・パッセ）や，赤十字国際委員会が，渡航文書の発給が受けられない無国籍者等に対して，人道上の配慮から委員会の各地の代表を通じて発給する渡航文書が，入管法上の旅券として認められている(口絵㉖．㉗)。

　これらの旅券は国籍を証明する能力を有しないが，国際機関の性質上，その機関の職員が，その機関の目的に従い，迅速に義務を果たすことを可能にするという活動の便宜等を考慮し，旅券として認めているものである(入在要領6編2節2　1(2))。

外国人旅券

　外国人旅券とは，その国に居住する難民，無国籍者等その国以外の国籍を有するが何らかの理由で本国の旅券を所持しない者等に対して発行する渡航文書で，通常，自国の国民に対し発行される国民旅券と区別するため使用される呼称である(入在要領6編2節2　1(4)ア)。したがって，たとえある文書がわが国の承認した外国政府が発行した旅行文書であっても，その発給の根拠規定，証明書の文面等からみて，身分事項を証明していること，および引取保証または発給国もしくは第三国への入国保証があることという要件を満たしていない場合には，旅券に代わる文書とは認められない(法務総合研究所編2013: 27)。

　日本では外国人旅券そのものは発行していないが，入管実務上は，日本政府発行の難民旅行証明書も外国人旅券の性格を有するものとされており，このことから難民旅行証明書も広義の外国人旅券といえる(§2.6.2参照)。これらの外国人旅券には，国籍の証明力はない。

その他の旅券に代わる証明書

　入管法上に直接規定されている旅券に該当する渡航文書以外にも，さまざまな渡航文書が，実務上では入管法上の旅券等に該当するものとして取り扱われている。

176 第Ⅱ部 パスポートを考える

　外国政府が発行する旅券に代わる証明書も，入管法上の旅券と同様に渡航文書として認めている。これに該当するものとしては，日本国政府が承認した外国政府が自国民に対して発行する旅券に代わる証明書および国際機関発行の旅券または日本国政府が承認した外国政府が自国民以外の者に対して発行する旅券に代わる証明書がある。これらの証明書の所持者は，当該証明書発給国の国籍として取り扱われる。

　日本国政府が承認した外国政府が自国民に対して発行する旅券に代わる証明書の具体的なものとしては，米国政府発給の再入国許可書があり，実務上の必要性から旅券に代わる証明書として認めている。この再入国許可書の所持者は，アメリカ合衆国国籍として取り扱われる。このほかにも，旅行証（Travel Certificate）と称される証明書があるが，在日韓国公館が在日韓国・朝鮮人に対して発行する「Travel Certificate」や，在日中国公館が中国人に対して発行する「旅行証」（口絵㉔）は，再入国の許可申請の場合に限り，入管法上の旅券として取り扱われる（在在要領10編1章2節9 1(1)オおよびカ）。これにより，これらの証明書に再入国許可の証印がなされ，その後，日本からの出国確認および再上陸審査時に，入管法上の旅券として使用できる。

　ドイツにおいては，子どもについては旅券法に基づき身分証明書が発行されるが，このドイツ政府発行の児童身分証明書も旅券と同様の証明書である。

　このほかに，日本国政府が承認した外国政府が自国民以外の者に対して発行する旅券に代わる証明書があり，入管法上の旅券と同様に渡航文書として認めている。これらを所持する者で，ほかに国籍を証明する文書を所持していない場合は「無国籍」とされ，ほかに国籍を証明する文書を所持する場合は「当該国籍」国の国籍者として取り扱われる。

4.3.4　パスポートの未来

　現在，旅券と旅券に代わる証明書として非常に多様な渡航文書が存在している。日本においてもさまざまな渡航文書が認められてきた背景としては，高度経済成長により日本を取り巻く国際的な人の移動が活発化したこと，第

二次世界大戦の終了とともに，難民の問題が以前とは比較にならないほど大きな次元のものとなっていた(山神 1982: 2)ことが，その理由として考えられる。

国際民間航空機関(以下「ICAO」という)などの国際機関においては，これまでも，渡航文書としてパスポートを絶対的なものとせず，国家間移動の簡易化が協議され，その実施が求められてきた。すでに，一部の国家間の移動においては，カード式の身分証明書によって身分事項の確認が行われている。

アメリカ同時多発テロ以降，ICAO において，旅券の偽変造対策や安全かつ迅速な空港手続きに効果が高い IC パスポートが国際標準化され，日本をはじめとする各国において採用が進んでいる。アメリカが外国人の入国に際して，IC パスポートを所持しない外国人の入国に際してビザの取得を義務づけたことが，採用が進んだ理由の一つといわれている。また，乗員手帳についても現在その IC カード化が検討されているところである。

この IC パスポートの導入によって，日本においては，電子政府計画の一環として，2007(平成 19)年から出入国管理のいっそうの円滑化のために，個人識別情報を活用した新しい出入国審査として，自動化ゲートが設置され，審査の自動化が図られてきている。これは，有効な旅券を所持する日本人および有効な旅券，難民旅行証明書または再入国許可書と再入国許可を所持する外国人について，審査官との対面調査なしに旅券の読み取りと指紋情報読み取り装置で本人認証を行い，自動化ゲートを通過することで入国審査等が行われるものである。このような，出入国の手続きを簡素化・迅速化して利便性を高めるための出入国管理の自動化について，シンガポール等の諸外国においては，IC パスポートが普及する以前から，IC カード式身分証明書による出入国管理の自動化がなされている。日本でも，在留カードおよび特別永住者証明書や個人番号カード(マイナンバーカード)に IC チップが登載されており，これらを自動化された出入国審査へ活用することも，法改正により可能となると考えられる。

渡航文書はこれまで長い間，大きさや形状に多少の差こそあれ，その国際標準は冊子型とされてきた。そして，渡航文書における身分の証明は，そこ

178 第Ⅱ部 パスポートを考える

に記載されている氏名等の本人を特定する事項や写真等によって行われてきたが，今後出入国管理の機械化が進展することによって，身分証明の機能はICチップに記録された身分事項や本人を特定するための指紋といった生体情報等によって行われることになる。ICチップに記録された情報は，冊子型の旅券に限らず，カード型，携帯電話等のさまざまな媒体に搭載することも可能である。

　今後，渡航文書の最も重要な機能である身分証明機能が，紙に記載されている物理的なものから，その記録媒体に依存しないデータそのものへと，その機能の中心が移行していくと考えられる。

コラム　パスポートの表象　　　　　　　　　　　　　（陳　天璽）

　パスポートというと，あなたは何を思い浮かべるだろうか。

　本書で盛んに議論されているパスポートは，おもに国際移動に使われる身分証明書を取り上げている。パスポートの研究を始めてかれこれ10年近くになるが，なんでもかんでもパスポートとつくものに敏感に反応するようになって発見したことは，本書のなかでふれている国際移動に必要な政府機関が発行するパスポート以外にも，実は，いろいろな場面でパスポートと称するものが出現し，さまざまな使い方がなされているということだ。パスポートがこんなにまで人々に親しまれ，しかも変容自在であることに，頼もしさを感じた。ここでは，そうしたパスポートのさまざまな表象に注目する。社会におけるパスポートの表象から，人々がパスポートに対して抱いているイメージを他の章とは違った視点から理解したい。

1. インフォーマルなパスポートがもつ機能
レジャー施設とパスポート

　遊園地や博物館，劇場などさまざまなレジャー施設において，メンバーズカードのような機能をもったものをパスポートと称し，発行しているのをよく目にする。たとえば，娯楽施設の「年間パスポート」や「ワンデーパスポート」，「ファミリーパスポート」など，メンバーシップを有することで特

典が享受でき，継続して使えば割安になる。ほかにも「学割パスポート」といったように，特定の層を割引の対象としているものもある。

　このようにレジャー施設で発行されているパスポートは，概して以下のような特徴がある。第一に，1年間や半年など有効期限が設定されていること，第二に，それを所持することによって，その施設のメンバーつまり常連客であることを証すること，また第三に，特典を受けられること，たとえば，割安になったり一定のポイントが累積されればなにか賞品がもらえるなどの優待が受けられるという仕組みになっている。

　博物館や美術館などもパスポートを設けていることがある。たとえば東京をはじめ，奈良，京都，九州など四つの国立博物館では，来館者に博物館に親しみをもってもらいリピーターとなってもらうことを狙いとしてパスポート制度を導入している。また，上野地区では，2015年に「UENO WELCOME PASSPORT」を1冊2000円で発売した。上野地区にある八つの文化施設に1回ずつ入場できるほか，パスポート型の冊子のなかに描かれたイラストをヒントに言葉を連想して当てるという江戸時代に流行したなぞなぞ「判じ絵」を模したスタンプラリーもついている。さらに，5施設以上回ると「立版古」が先着でプレゼントされるという企画も盛り込まれており，パスポートを来館者とのコミュニケーションツールとして活用している。また近年では『ランチパスポート』と称するグルメ本も流行しており，それを加盟店舗に持参すれば割引価格でランチメニューを注文できる。

　いずれもパスポートと称し，それを保持することでそのメンバーであることを示すほか，何度も使用することができ，かつ特別扱いを受けることによって特権保持者という意識をもたせる効果がある。それにより，発行者側はリピーター確保につなげている。レジャー施設でパスポートが果たす機能は，トーピーの『パスポートの発明』(Torpey 1999)にもあるように，政府がパスポートを発行することによって，民にアイデンティティを植えつけたことと同じ効果がある。確かに，人々はメンバーズカードを発行され特権を与えられると同時に帰属意識も植えつけられ，リピーターになっているようだ。

観光とパスポート

観光地では来街者にパスポートを発行しているところがある。パスポート

の機能を利用し，複数の観光ポイントにスタンプ台を設置したり，加盟店舗と協力し地域振興につなげている。来街者には観光しながらパスポートにスタンプを集めるという楽しみが加わり，また加盟店舗ではパスポートを提示することで特典を享受することができるなどの仕掛けを用意して利用を促進している。観光や旅行に欠かせない温泉施設でも「○○温泉観光パスポート」といったものを設けている。たとえば「富士山・富士五湖パスポート」の場合，近隣の鉄道やバスなどが一定期間乗り放題となり，提携施設の割引が享受できる。さらに観光後，そうしたパスポートは当該観光地へ行ったことの証となり記念冊子へと変貌する。

　観光との関連で一例を挙げると「京都きものパスポート」がある。これは京都各地の観光ポイントを紹介したかわいらしい冊子であるが，京都観光をする際に，着物を着てそのパスポートに記載された店や場所を訪問すると，特典が得られる仕組みになっている。パスポートが，観光客と地域を密接に結びつけ，また便利と楽しみをもたらす機能を有していることがわかる。

2. 生存する人以外に発行されるパスポート

　政府機関が発行するフォーマルなパスポート以外にも，観光地やレジャー施設など，私たちの日常生活のさまざまな場面でインフォーマルなパスポートが発行されていることがわかった。政府機関が発行しているパスポートであろうと，観光施設が発行しているものであろうと，一つ共通しているのは，「自らの意志で権利を享受するために使う人」に発行しているということだ。しかし，ここでは，そうした「意志」をもたない者にも発行されている特殊なパスポートを紹介する。

ペット用パスポート

　国々を越境する際に，パスポートが必要なのは人だけではなくなっている。近年ではペットを連れて国境を越える人が増え，ペットにパスポートが発行されている。ペット用パスポートはEUで発行されており，ペットの名前や写真，体重や身長，予防接種を受けた記録などが記されている。予防接種については基本的に獣医が記録することとなっている。ペット用パスポートは，EUを陸路で越境する際は提示を求められることはあまりないようだ

が，空路で越境する際に提示する必要があるそうだ（図4・1）。

運柩用パスポート

かつて，中国には「運柩護照」といって，柩に納められた遺体を運ぶためのパスポートがあった。「護照」とは，中国語でいわゆるパスポートを意味する。

世界各地にチャイナタウンがあることからも知られているように，華僑華人は海外に移住したのち，移住先に根を下ろし暮らしている。そんな華僑華人たちの間では，「落葉帰根」という言葉があり，海外に移住しても最終的には故郷に戻ることを希望していた人が多かった。そのため，海外に移住した華僑華人は故郷に錦を飾ることを目標に移住先で日々精進してきた。しかし，誰もがその夢を叶えられるわけではない。なかには，病気やケガ，事故や災害などにより移住先で命を落としてしまう人も少なくなかった。それでも「落葉帰根」の願いを果たそうと，かつて，死者の柩をいったん移住地に仮埋葬し，定期航路に合わせ柩を故郷に運んでいた（帆刈 2015）。神戸華僑歴史博物館に展示されている実物の史料から，神戸で亡くなった華僑の柩を故郷に送り返すため，中華民国駐神戸総領事より「運柩護照」が発行されていたことが確認できる。その史料からは，1940年代頃まで，実際に運柩用パスポートが発行されていたことがわかる。A4 ほどのサイズの紙の表裏にそれぞれ中文と英文で，柩に納められた人の名前，目的地，経由地，船の名称

図4・1　ペット用パスポート

図4・2　運柩護照

などが記載され，領事のサインや領事館の印鑑が記されている（図4・2）。

冥界用パスポート

運柩用パスポートは官製であったが，それとは別に中国には，あの世にいる死者がこの世との間を越境する際に使用すると考えられている「冥界護照」や「冥界通行証」とよばれる民製パスポートがある。

中国系社会では，伝統文化として旧暦の暦に合わせ年に数回祖先祭祀を行う。先祖の供養のため，子孫たちは家の祭壇や食卓に供物を並べ，ろうそくや香炉を灯し崇拝する。食卓には酒や御飯，食器が並べられ，先祖があの世からこの世にやってきて子孫たちと宴を共にすると考えられている。また，子孫たちは冥界で先祖たちが不自由しないよう，紙で作った紙幣，クレジットカード，服，食糧，生活用品などの模型を燃やしあの世に送る。このときに，先祖たちがあの世とこの世を行き来する際に支障がないようにと「冥界護照」やチケットなどを燃やして送ることもある。死者といえども，あの世とこの世の越境のためにパスポートが必要であると考えている人々の世界観が，こうした祭事品からも垣間見ることができる。

3. 映画で描かれているパスポート

パスポートやビザについてふれている映画の多くは，移民や難民，亡命者，旅人などが主人公として登場し，人々の越境に伴う自由や新天地の獲得が主題となっている。物語のなかで，パスポートやビザは人々の運命を左右する肝要なものとして描かれていることが多い。

「君の瞳に乾杯」という名ぜりふで知られる古典映画「カサブランカ」（1942年制作）は，第二次世界大戦の最中にある仏領モロッコを舞台にしたラブロマンス映画である。当時カサブランカは，ドイツの侵略によるヨーロッパの混乱情勢のなか，ナチスから逃れ中立国ポルトガルを経由しアメリカへ亡命しようとする人々が集まる都だった。主人公が経営する高級ナイトクラブは亡命者たちで賑わう酒場であり，裏ではパスポートやビザの取引も行われていた。映画では，当時の世界情勢に翻弄されさまざまな葛藤のなかパスポートの取引を行い，新天地を目指す人々の生き様が描かれている。

2015年に制作された「杉原千畝」は第二次世界大戦時にナチスに迫害さ

れたユダヤ人を救う外交官・杉原千畝の人生を描いた映画である（§5.4.2参照）。当時，リトアニア・カウナスで領事をしていた杉原千畝は，政府の意に反しユダヤ人に「命のビザ」を発行し6000人ほどの命を救った。小さな通行許可書がもつ威力の大きさ，そして政府と個人の対峙を感じずにはいられない内容となっている。

　第二次世界大戦を背景にしたもの以外でも，難民，移民そして旅人をテーマにした映画にパスポートが取り上げられることは多い。「堕天使のパスポート」（2002年制作）はロンドンで生活する移民の男女がパスポートと自由を手に入れるため，臓器売買など危険な行動に出るのを描いた映画である。また，「パリ空港の人々」（1993年制作）は，パスポートの入った鞄と靴を盗まれたために空港から出られなくなった男と，入国が認められない少年，そして国外追放により国籍を剥奪された女性など，それぞれの事情から足止めされシャルル・ドゴール空港内に住み着いている人々の悲喜劇を綴った滑稽なコメディ映画である。ボーダーレス時代に故郷を失った人々を見つめ，国籍やパスポートを問い直す視点が感じられる作品となっている。スティーブン・スピルバーグ監督トム・ハンクス主演で話題となった「ターミナル」（2004年制作）も，シャルル・ドゴール空港に十数年間住み続けた一人の男性からヒントを得て制作されたことで知られている。筆者は実際パリに赴き，空港に暮らしていたその男性にインタビューした。彼の行動は，パスポートに記されている身分と自分の帰属意識が一致しないこと，つまりアイデンティフィケーション（陳ほか編2012）とアイデンティティに離齬があることへの抵抗だった。自分はどの国にも属さない（属したくない），よって，国と国の狭間ととらえられる空港を自分の居場所としていた。

　「シリアの花嫁」（2004年制作）は，ゴラン高原に暮らすイスラム少数派・ドゥルーズの家族の結婚式の一日を実話に基づき描いた映画である。ゴラン高原はもともとシリア領であったが，1967年第三次中東戦争によってイスラエルの占領下となった。それに伴いゴラン高原に住む人々の多くは無国籍となった。新たに引かれた国境によって家族は分断され，行き来もできなくなった。映画で描かれている花嫁はドゥルーズの習慣にならい従兄と結婚するのだが，従兄がいるシリア側に嫁ぐと二度と家族のいるイスラエルの村に

は戻れなくなってしまう。そのためか，幸せなはずの結婚式にどこか切なさが伴う。しかも，結婚式の直前，イスラエル側でパスポートスタンプの取り扱いが変わったことにより，花嫁の越境が頓挫するというハプニングが起こる。国々に翻弄された末，花嫁が覚悟を決め，国境線をウエディングドレス姿で歩いて渡るラストシーンが印象的である。筆者は2012年にイスラエルを訪れた際，ロケ地となったゴラン高原を訪れ，花嫁の父のモデルとなった男性に会いインタビューすることができた。男性はいまも無国籍として暮らしており，イスラエル政府より発行された彼の身分証にある国籍欄には「Undetermined（未確定）」と記されている。シリア側に嫁いだ娘は，現在の制度の下では故郷の村に戻ることはできないという。一方，父は，家族訪問という特別なビザが発行されなければ，娘に会いに行くことはできない。この映画は，国境やパスポートを映し出すことを通して，国家や制度によって民族や家族がいかに引き裂かれているのかという現実を描き，私たちに国際社会の実態を再考する機会を与えている。

4. 社会におけるパスポートの表象

　映画で描かれるパスポートは，ほとんどが，国々を越境する際に必要となる身分証明の冊子をさしている。掌にのるほどの小さな冊子が，人の行動をコントロールし，命運を左右する力をもつものとして描かれている。パスポートについてふれている映画には，人の移動，国境，戦争，難民，家族，人権などさまざまなテーマが盛り込まれており，世界の一員としていかに生きるかを考えさせる示唆に富む内容が詰まっている。

　一方，私たちの生活のなかには，パスポートと称する多様な冊子が存在することも確認することができた。パスポートは，①人々に帰属意識（メンバーシップ）を与え，②権利，特権を有していると思わせ，③空間を共有し，その空間や境界を越境するときに証明書として提出する必要がある，というイメージがあることも明らかとなった。国境など公的機関のみならずインフォーマルな形でも，パスポートは私たちの暮らしのなかに浸透している。

第5章
パスポートをめぐる政治

　政治とは，人々のより善き生活のための営為である。しかしながら，複雑化した現代社会においては，どのような状態が「より善い」のか，必ずしも合意するのは容易ではない。本章では，パスポートが人々に影響を与える一方で，人々もまたパスポートを利用している，その相互関係の諸相についてみることを通じて，パスポートのより善きあり方について考えてみたい。

　本書でこれまでみてきたように，パスポート制度は他の制度と無関係に存在しているわけではなく，国籍や戸籍などの法的身分にかかわる諸制度にも，長・短期の滞在ならびに越境といった移動にも関係している。そうした多重の絡み合いゆえに，パスポート制度のより善き未来について考えようとすれば，現在，世界で起きているさまざまな問題についても知らずに済ますことはできなくなる。

　ところが，「ふつうの」日本人にとっては，国籍や戸籍も，難民・移民問題も，どこか遠く感じられる。しかしここで，それがどのくらい「ふつう」のことなのか考えてみよう。一生の間に国籍を変えることは，かつてほどには珍しいことではなくなってきている。一人が二つ以上の国籍とパスポートを保持するという状態も，それほど驚くことではなくなった。その一方で，移動に必要なパスポートやビザが合法的には得られず，あの手この手で移動する人たちは後を絶たない。そうした人たちを国や社会がどう扱ってきたのかを知り，その実態に目を向けることが，この世界のよりよき理解につながることを期待したい。

5.1 パスポートとアイデンティティ

アイデンティティとは何だろうか。通常は「自己同一性」といわれ，その人が「自分とは何者か」と問うことによって成立する「何か」といえる。この問いは通常は青年期に行われ，それを通じて自分が「社会内存在」，すなわち社会の中で生きていることに気づき，自分の立場や自分自身の生き方などがはっきりしてくるものだろう。ただしこのように説明すると，アイデンティティとはあたかも自分自身の心のうちで成立するもののように思えるかもしれない。しかしながら人間は「社会」の中で生きているのだから，家族や学校，すなわち親や友人との関係性の中で「自分」が生まれてくる。だから「自分は何者か」と問うことは，「自分」のことだけを分析しているのではなく，自然と自分が影響を受けているさまざまなもの，「他者」を見つける作業にもなっている。そしてこの「他者」には制度というものも含まれている。

パスポート，もう少し正確にいうと国籍やパスポートという制度は，一人ひとりの人間のアイデンティティを形成するのにとても大きな影響を与えている。それは国籍やパスポートを通じてみる社会や世界のあり方によって明らかになる。ではどんな風に人は国籍やパスポートから影響を受けているのか。ここでは「アイデンティティ」とパスポートならびに国籍（制度）との関係を探っていくことにする。

5.1.1 アイデンティティとアイデンティフィケーション

まずここでは自分自身を問い，見つけることを「アイデンティティ」としておこう。それに対して，「他者」から与えられている影響を「アイデンティフィケーション」としてとらえておく。すなわちアイデンティフィケーションとは「個人の識別，身分の証明，同一性の確認」であり，さらに国との関係でいえば「国民国家が個人の同定や識別をする技法，およびその実践」のことを指す（陳ほか編 2012，渡辺 2003）。「アイデンティフィケーション」が能動的に同一性を求めるものであるのに対し，「アイデンティティ」は受動的に同一性が与えられるものだといえるだろう。私たちは国籍を生まれな

がらにして与えられるものである。それは家族と似たようなもので，生まれたときは自分からは選ぶことができず，宿命を感じさせられるものである。だから自分で後天的に獲得する自意識とは別に，好むと好まざるとにかかわらず，与えられるものといえる。

　たとえば私たちが「自分は日本人である」と考えるとする。その場合，その根拠となるのは「血統」(＝両親が日本人である)や「文化」(＝日本語を話して，日本の地域に住んでいる)，そして「国籍」などが重要となってくる。そのうち，「文化」はどちらかといえば，自分が主体的に同一視するのに対して，「血統」「国籍」は「付与されたもの」といえる。また血統は，両親の出身がそれぞれ違うことがあるので，たとえば「フランス人」と「日本人」のダブルといった意識を獲得することがあるだろう。これに対し国籍は，血統よりももっと「アイデンティフィケーション」されるのであり，自己意識ではなく制度によって決められるものである。そのため，自分自身のアイデンティティと周囲のとらえ方や制度上の扱われ方は，必ずしも一致するわけではない。このことは言われればすぐに気づくが，日常生活で周囲にそういった境遇の人がいないと，なかなかイメージしにくい問題なのかもしれない。

5.1.2　ある華人の生活史

　私が調査で出会った人たちは，こうした「文化」「血統」「国籍」が簡単には一致しない人たちであった。調査当時(2002年)からは状況や考え方も変わっていると思うが，ある華人女性について紹介してみたい。その人は1972年に韓国のソウルで生まれた華人である。この場合華人とは「現在住んでいる国の国籍を取得した華僑」という意味である。調査時は日本の神奈川に在住しており，日本国籍を取得し，すでに結婚されていた。結婚する前の家族構成は父，母，妹1人であり，母方の祖父母は韓国で健在らしい。

　彼女のもとの国籍は「中国(台湾)」である。彼女が韓国で生まれたのには，やや複雑な状況がある。まず，彼女の祖父は中国山東省の出身であり，16歳の頃韓国に渡った。しかしながら1949年中華人民共和国が成立したため，本国へ帰ることができなくなった。祖父はそのまま韓国の中華民国大使

館に勤めることとなる。彼女の祖父は韓国人の女性と結婚し，彼女の父が韓国で生まれた。

　彼女の父は高校卒業まで，韓国にある中華学院に通っていたらしい。そして韓国人の女性と結婚し，彼女が誕生した。彼女の父は，当時韓国において「中国人差別がひどかった」という理由で，日本で働くことを考える。最初は観光ビザで入国し仕事先を見つけた。「中華材料を扱っている貿易会社」に採用され，招聘というかたちで1975年もしくは76年に来日したらしい。その後2～3年してから家族を呼び寄せ，横浜の中華街に住むことになった。

　彼女の記憶では，「小学校にあがる1年ぐらい前に日本にきた」という。韓国にいたときの想い出はあるが，「うろ覚え」らしい。家では，母親が韓国語しか話せなかったので，韓国語で会話していた。そのため，小学校（横浜中華学院）に通うことになったものの，中国語がまったくわからなかったという。中華学院に通ったのは，父親の方針であった。母親は学費の面から日本の学校に入れたかったらしい。しかし父親が「おまえたちは中国人だから，中国語ができないとだめだ。母国語ができないと恥ずかしいから」と主張したため，日本の学校には通わなかった。

　中学校2年の頃，日本の公立中学に転校することになる。当時，横浜中華学院と地元の朝鮮系の民族学校，日本の中学校は，三つどもえで仲が悪かったらしい。このような状況を，父親が見かねて転校させたという。当時父親が営んでいたラーメン店兼自宅は横浜中華街ではなくやや離れた場所にあったので，その地元の中学校に通った。本名（民族名）で通っていたためにいじめにあったという。その後，中学，高校を卒業，さらに浪人時代を経て，大学に入学する。大学での専攻は中国文学科の中国語科であった。中国語科を選んだのは，中国についての知識も，日本についての知識も中途半端で「常になんか足りない」と感じていたからであった。ただ大学に行ってもその悩みは解決されなかったようだ。大学卒業後は外務省関連の職に就き，2年ほど台湾で働いた。そこで今の夫と出会い，結婚する。現在夫は仕事のため台湾に住んでおり，彼女は3歳になる娘と2人で日本に住んで，友人の兄が経営する貿易関係の会社で働いている。

5.1.3 制度とアイデンティティ

　ざっと彼女の生い立ちを説明したが，非常に複雑だということがわかるだろう。彼女の父は韓国生まれ，韓国育ちであり，その母（祖母）も韓国人であるが，中国人としてのアイデンティティが強いようである。それを受け継いだ彼女も，日本に来て中華学院に通うことで，中国人としてのアイデンティティをもつようになっている。さらに日本の公立学校でいじめにあった経験を通じて，マジョリティではないという認識をもたされるのである。こういった成長期におけるアイデンティティのゆらぎは，エスニック・マイノリティにとってはさまざまな面で，心的な影響を受けることは間違いないだろう。彼女の話から生活環境における自己呈示の方法をまとめたのが，表5・1である。場面によっての使い分けや，自己意識の変化がよくわかる。もちろん日常生活においては表のようにはっきりと使い分けてきたのではないだろう。あくまで整理のための理念型としてとらえてほしい（佐々木 2015: 62-71）。

　ちなみに伝統的な自己形成に関する研究では，自己意識（I）と他者に提示する自己像（Me）とは別々にとらえることができ，その相互作用によって自己が形成されていくという。すなわち「他者の声を内在化」することで，自分自身を発見するのである（デューイ＝ミード 1995）。上記の表で「対他的」とされているのは，そうした「他者」に対する自己表出であり，それが今度は「対自」に影響してくる。他者に対し，一貫した自己提示ができなければ，自己意識が統一できず「アイデンティティ・クライシス」が起きる。すなわち対自と対他の矛盾が問題となるわけである。もちろん人は所属する集団，

表5・1　ある華人のエスニック（ナショナル）・アイデンティティの多様性

	対　他　的				対自的
	行政	近所	友人	家族	
幼少時代	中国（台湾）	韓国人	—	韓国・中国人	中国人・韓国人
小・中学校時代	中国（台湾）	中国人	中国人	中国人	中国人
帰化時	日　本	中国人	華僑・華人	中国人	中国人・華人
大学時代	日　本	中国人	華僑・華人	中国人	華人（混血）
現　在	日　本	中国人	華　人	中国人	華人（混血）

すなわち準拠集団によってそれぞれ見せる顔を使い分けている。家族には親や子としての顔，学校では学生や先生としての顔，職場では上司や部下の顔である。そのためアイデンティティの多様性という議論はそれほど珍しいことではないし，役割行為や役割演技といったことは古くから議論されている。

この事例での特徴はネーション（国民／民族）に関するアイデンティティの多様性という点である。多くの人は，一つの国家に所属する国民，すなわちナショナルな共同体の一員に自己を同一視する。これが○○人としてのアイデンティティとしてとらえられるのだろう。今回のケースの注目点の一つは，制度によるアイデンティフィケーションの変化である。すなわち表5・1の「行政」という項目にある。つまり手にしたパスポートに記載される国籍が，彼女を行政上の「○○人」として規定しており，行政によるアイデンティフィケーションを強く感じさせられるのは間違いない。その意味で国籍変更，「帰化」という経験は彼女にとって大きな出来事だったといえる。

5.1.4 国籍変更とアイデンティフィケーション

国籍変更，すなわち「帰化」について詳しくは別項で扱っているので（§6.3を参照），ここでは特にアインデンティティ，もしくはアインデンティフィケーションとの関連だけ述べておこう。

「帰化」に関する彼女の語りのなかでは，名前の強制的な変更（現在は民族名のままの帰化が認められている）があったので，父親は苦痛を感じていたという。特に父系直系の家系を重視していたため名前の変更は重大な問題であった。結局家族会議によって現在の名前に落ちついたという。当時，国が行政指導の名の下に「日本的な名前への変更（常用漢字にある文字を使用しなくてはならない）」を強いていたことは，国家として国民へのアイデンティフィケーションを行ううえで常套手段であったといえる。逆に個人の側からみればまさにアインデンティティの一部をはぎ取られる想いであったといえるだろう。現在帰化行政では日本的氏名への変更という行政指導は行われていないようであるが，常用漢字使用の規定はある。そのため，中国や韓国で用いられる（旧）漢字がそのまま使用できるとは限らない。この点は日本

で使用する漢字のシステム上の問題であるため，現時点では解決が難しいだろう。

そういった表記の問題として，パスポート名に関しても問題が生じることがある。たとえば日本国籍を取得した「金」さんは，本人は「キム（Kim）」と呼んでほしいのだが，日本では「きん（Kin）」さんと呼ばれることが多かった。そのためパスポートもキム（Kim）として登録したかったのだが，ローマ字表記だと Kimu になってしまった。本人は，u が入ると「韓国系ではなくなってしまう」と指摘する。このようにパスポート名でも微妙な問題が発生することがある。

国籍やパスポートというものは，個人を特定の国家に所属させ，国民としての意識をもたせる機能がある。またそれは国民国家誕生以来，「国家のインフラストラクチャー的権力」（マン 2002）を支える源泉として機能しているといえるだろう。「国家のインフラストラクチャー的権力」とは，「警察，税務署，兵舎，学校，保健所，社会保険局，役所の窓口，投票所，統計局など，日常的相互作用を通じて用いられるさまざまな制度（インフラストラクチャー）を介して作用する」ものである（佐藤 2014）。これらのさまざまな制度の対象範囲はまさしく国籍や，パスポートといったものに左右される。また「インフラストラクチャー的権力」は国民／構成員の側からの利用が可能であるように，国籍やパスポートも個人の側から道具としての利用も可能となっている。すなわち，国籍やパスポートはけっして一方通行的に「アイデンティティ」を押しつけるものではなく，同時に社会，そして個々人からの「アイデンティファイ」によって成立するものである。こうした双方向性が，制度そして国家，国民意識を支えているのである。

またこのような国籍，パスポートの利用は逆に人の多様な生き方を可能にすることもある。たとえば人が多様なアイデンティティをもつことは当然なことである。エスニック／ナショナルなアインデンティティも同様であり，出自によって二つ以上の国家や国民にルーツをもつ人も多く存在する。事例でいえば，積極的にさまざまな場面に応じて使い分けを行うこともできるだろう。場合によっては，パスポートを二つ以上もつ，複数国籍者も存在する。私たちは今や単一の国籍にとらわれない生き方を考える時代になってい

192 第Ⅱ部 パスポートを考える

るのである。

5.1.5 アイデンティティの政治性

アイデンティティとは非常に複雑で，必ずしも明確に同定できるものではない。それでも人は，自己の精神の安定や所属意識への希求など，さまざまな理由からアイデンティティを求める。そのときにたとえネーション（民族／国民）が「想像」上のものであったとしても，そこに一つの拠り所を求めることは否定できない。そのためネーションやエスニシティといったものはイデオロギー的なものであると同時に，ある種の実体を伴ったものにもなる。そしてまさしくその意識を実体として，より肌触りのあるものとして具現化する仕組みが国籍制度であり，具現化したものがパスポートという「モノ」なのである。そのため抽象的な概念であるナショナル／エスニックなアイデンティティは，「モノ」を通じて実体のあるものとして形を与えられていくのである。もちろんその存在は是非を問うものではなく，人が人として生きるために発明してきたものであり，現代人はその仕組みの中で生きている。そして同時に，複数のアイデンティティという実態は，複数の国籍やパスポートを保持するという現代の「実体」も表しているのである。

5.2 複数国籍，無国籍，無戸籍

5.2.1 個人と国家を法的につなげる国籍，戸籍

本節のテーマである複数国籍や無国籍，無戸籍について語る際，そもそも国籍，戸籍とは何であるのか，おさえておく必要があろう。なおここでは，おもに日本の事例を紹介する。国籍については，すでに§4.1でふれているため本節で詳しくは述べないが，国籍は「個人が特定の国家の構成員である資格」を意味し，「個人と特定の国とを結びつける法的な紐帯」と定義づけられている(江川ほか1989)。つまり，近代主権国家における国籍は，個人と国家を法的・政治的に結びつけ，個人を国家のメンバーたらしめる地位を決定づけた。オリンピックを例にあげることができるように，国家への忠誠心や愛国心という形でアイデンティティを呼び起こす源泉ともなる。国家は，

個人に対して国籍の保持を根拠として，さまざまな福祉や便宜を提供するとともに，他国の領域における外交上の保護を与える。一方，個人は国籍を通じて特定の国家の構成員という資格，特定の国民共同体の一員という資格を獲得する（平賀 1950）。また，国によっては，国籍を与えることで兵役や選挙権などの義務・権利を国民に付与している。

戸籍はどうか。法務省は，戸籍を「人の出生から死亡に至るまでの親族関係を登録公証するものであり，日本国民について編製され，日本国籍をも公証する唯一の制度」と説明している（法務省ウェブサイト　http://www.moj.go.jp/MINJI/koseki.html）。このように，日本において戸籍は，日本国籍の身分関係を登録・公証する原簿と位置づけられている。戸籍は夫婦と氏を同じくする未婚の子をワンセットにした核家族的な「家」単位で編制されている。「同一氏同一戸籍」が原則なので，同じ戸籍に載っている人は，みな同じ名字となっている。一つの戸籍には，その戸籍が置かれている場所を示す本籍地と，その戸籍を代表する筆頭者がある。法律婚した相手が外国籍の場合はその戸籍の構成員にはならず，身分事項欄に婚姻の事実のみが記載される。また，両親が法律婚をしていない場合の子ども（婚外子または非嫡出子）は原則的に母を筆頭者にした戸籍に入り，父親は空欄とされる。戸籍の個々の構成員については身分事項欄があり，出生，婚姻，離婚，養子縁組などの身分事項の移動を書くようになっている（大田ほか 1995: 15-16）。なお，戸籍制度を施行しているのは日本のほか中国，韓国，台湾などである。

以上にみられるように，国籍や戸籍は，国家システムにおける国民の法的な身分証明であることがわかる。

5.2.2　血統主義と生地主義

近代国家において，自国の領土内にある住民に対する国籍の与奪によって誰が「国民」で誰が「外国人」であるかという線引きは，国家主権によって決定される。各国は自国の事情に沿って国籍法を制定し，それらの法律をもとに人を画定している。

国籍は，帰化や届け出によって新たに取得したり失ったりすることもあるが，原則として，生まれたときに決定される。国籍の決定基準は，各国の法

律によって決められ，血統主義と生地主義とに大きく区別することができる（§4.1.2参照）。前者は，親の国籍によって子の国籍を決定している。日本，中国，朝鮮，韓国などのアジア諸国，そしてイタリア，デンマーク，オーストリアなどヨーロッパ諸国が採用している。一方，後者は，自国の領土内で生まれた子どもに自国籍を付与する。アメリカ合衆国，カナダ，オーストラリア，イギリスなど英米法系の国々，そしてブラジル，チリ，ペルー，アルゼンチンなど移民受入国が生地主義を採用している。なお，血統主義を原則としている国も，例外的に生地主義を採用したり，生地主義の国が部分的に血統主義を採用していることもある。

　どの国で生まれるか，どの親から生まれるかによって，人の国籍が変わってくるという仕組みになっている。容易に推測できるように，移動が頻繁化している現代，移民から生まれた子や移動先で生まれた子など，人々の国籍が多様化している。当然のことながら複数国籍となる人もいれば，無国籍となる人もいる。いずれについても，正確な人数を把握することは難しいが，無国籍者については現在1000万人ほどいるとみられている（UNHCR 2015）。

　本節では，国家の枠組みや法的システムに型通りに収まらない複数国籍，無国籍，無戸籍の人々について考える。

5.2.3　複数国籍

　複数国籍は多重国籍，重国籍ともいわれている。仕事や留学，移住の末，海外で子を出産している日本人は少なくない。一例としてアメリカ合衆国へ渡った日本人の事例をあげよう。日本国籍の親からアメリカで子が出生した場合，アメリカの国籍法は生地主義をとっているため，その子はアメリカ国籍を取得する。一方，日本の国籍法は血統主義をもとにしているため，その子は日本国籍も取得する。ただし，日本の法律に即し海外に生まれ日本以外の国籍を取得した場合は，出生から3カ月以内に現地の日本領事館へ出生届を提出し国籍留保の意思を示す必要がある。結果，その子は日本とアメリカの複数国籍となる。私がこれまでインタビューした事例のなかで，フィリピン国籍の父と日本国籍の母の間にカナダで生まれた子がいる。カナダはアメリカと同じく生地主義，そしてフィリピンは日本同様血統主義であるため，

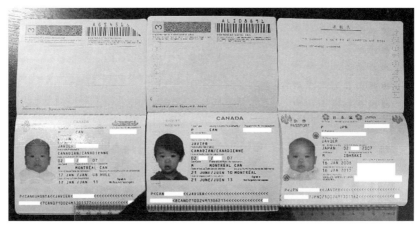

図5・1 複数国籍を有し，カナダと日本のパスポートをもつ子（筆者撮影）

その子は出生の時点で三つの国籍が付与された（図5・1）。

複数国籍の場合，兵役などの義務や外交的保護をどうするかという点で紛糾が生じる恐れがある。これを避けるため，1930年にハーグ国籍法抵触条約が結ばれた。これは，個人は一つの国籍のみをもつべきという考えに立脚している。日本もこの条約に署名し単一国籍を原則としている。よって，個人が複数の国籍を保持することを認めておらず，国籍選択制度が設けられている。20歳以前に複数国籍となった場合は22歳になるまでに，そして20歳以降に複数国籍となった人はそれから2年以内に，国籍の選択をしなければならないと決められている。日本のほか中国も複数国籍を認めていない。

他方，複数国籍を認めている国もある。たとえば，アメリカ，カナダ，台湾，フィリピン，メキシコ，フランスなどである。原則として複数国籍を認めないが例外として認める場合や条件つきで認める国など，さまざまな場合がある。ヨーロッパでは，無国籍の子どもの発生を防止するため，「すべて人は国籍を取得する権利がある」との観点から，国籍に関するヨーロッパ条約（1997年）において，出生や婚姻などで複数国籍となった場合は容認しなければならないという規定が盛り込まれた。また，ブラジルは自国民の国籍離脱を認めていないため，他国の国籍を取得すると自動的に複数国籍となる。

196 第Ⅱ部 パスポートを考える

しかし，複数国籍を認めている国でも，政府高官や議員などに就任する人が複数国籍である場合は問題視され，政府要職就任禁止が規定されていることがある。このように，複数国籍をもつ者は，複数の国の主権者となることへの矛盾があげられたり，スパイ行為をするのではないかと疑われやすい立場にある。しかし一方では，国籍を保有する国における福祉や権利など生活の安定や選択肢の多さ，複数のパスポートをもつがゆえに享受できる利便性など，さまざまな利点もある。

5.2.4 無戸籍と無国籍

複数国籍の人は複数の国家に自国民と認められ，法的権利などを保持しているのに対し，無国籍者は国籍を有しない人，つまり，いずれの国家にも国民と認められない人をさす。一方，無戸籍者は，戸籍を有しない人をさす。無国籍と無戸籍は，国家システムによってつくられた身分規定にそぐわず，法的に安定した居場所を有しないという点では同じであるが，日本国籍の有無を前提とするか否か若干の相違点を有している。以下では，無戸籍，無国籍の人々にみられるいくつかの類型と，その状態におかれた原因について整理する。

無戸籍

生まれた人は，誰でも出生届を役所に提出し戸籍を作成することになっているが，親が何らかの事情でその手続きを怠った場合に無戸籍は発生する。2012 年フジテレビで放送された連続ドラマ「息もできない夏」で無戸籍が取り上げられ話題となり，ここ数年，無戸籍者に関する報道も数多くみられ，法務省も調査に乗り出している。法務省の調べによると，2015 年 1 月現在，日本には 533 人(うち成人 84 人)の無戸籍者がいると報告されている。しかし無戸籍者を支援している NPO 団体によれば，実際は 1 万人以上に上るのではないかといわれている(秋山 2015)。

具体例として，まず社会や法制度に根づいた差別意識や不条理性への抵抗から戸籍登録をしていない人々があげられる。「離婚後 300 日問題」で知られる婚外子差別(毎日新聞社会部 2008)のように，日本国籍の両親から生まれた子であっても，戸籍制度の不備に抵抗し子の出生を届けなかった結果，無戸

籍となった子がいる。民法772条（1898年制定）第一条では「妻が婚姻中に妊娠した子は，夫の子と推定する」とあり，第二条では「婚姻の成立から200日を経過した後または婚姻の解消もしくは取り消しの日から300日以内に生まれた子は，婚姻中に妊娠したものと推定する」とある。こうした法的な制約から，出生届を提出すると遺伝上の父ではなく元夫の子として戸籍登録されるため，これを嫌って子の出生届を出さないことがある。このほかに，親が法的な手続きを行う能力がない，もしくは法的意識の低さから，子の出生届を提出せず無戸籍となる場合もある。さらに，移住や戦乱などが原因で無戸籍となった場合もある。戦前，海外に移住した日本人男性が移住先で婚姻し子をなした場合，子は日本国籍が付与された。しかし，戦乱のなか子の出生届を提出できなかったり，提出した書類が本国に報告されず戸籍に登録されないままとなった人がいる。たとえば中国やフィリピンの残留日本人がよく知られている。

　無戸籍の人々は，戸籍がないため身分の確認はできないが，あくまでも日本国籍を有すると推定される。よって，無戸籍を単純に無国籍とみなすことはできないが，無戸籍であるがゆえ身分確認が困難なために，無国籍状態という境遇に置かれている（坂本2008）。

無 国 籍

　無国籍者は，いずれの国にも国民と認められておらず，それゆえパスポートも有していない。無国籍となる原因には，国家の崩壊，領土の所有権の変動，国際結婚や移住による国籍法の抵触，行政手続きの不備などさまざまなものがあげられる。無国籍者については実に多くの事例があり，なかなか一つにまとめて説明することができない。ここではおもな事例をあげながら，無国籍状態となった原因を四つに分けて紹介したい。

　まず第一のグループとして，政治的な原因で発生した無国籍者である。インドシナやビルマの戦乱から逃れ日本に在留している難民から生まれた子どもたちは，親が政治的な理由により本国との接触を避け，出生届を本国政府に提出しておらず，日本の役所にのみ届け出をしている場合がある。日本の国籍法は血統主義をとっているため，その子は日本において「ベトナム国籍」や「ミャンマー国籍」などと登録される。しかし，親は本国に子の出生

届を出していないため，子の存在は把握されていない。つまり，日本が発行する在留カードなど身分証明書上に国籍が記されていても，その人は同国では確認できず国籍も付与されていない。いってみれば無国籍の状態におかれている。

　第二のグループとして，国際結婚（事実婚を含む）や移住が原因で生まれる無国籍児があげられる。現行法では，一方の親が日本国籍であれば，もう一方の親が外国籍であっても子は日本国籍を取得することができる。しかし親が法律婚をしていない場合，日本人の親が認知をすれば国籍が取得できるが，認知していないと子に日本国籍は付与されず，もう一方の親の本国にも届け出をしていないことから無国籍となっている子がいる。また，日本が父母両系血統主義になる1985年以前，親が法律婚をしているにもかかわらず子が無国籍となる事例が沖縄に多発した。彼らはアメラジアンとよばれた。アメリカの生地主義と日本の父系血統主義の両国籍法の衝突による産物であった。1985年以降，日本の国籍法が父母両系血統主義に改正されたためアメラジアンの無国籍児問題は解消されたが，前述のように婚外子に起因する無国籍児が依然として発生している。

　第三のグループとして，帰属や制度変更の結果生まれた無国籍がある。日本に何世代にもわたって在住している在日コリアンの場合，在留カード上，国籍・地域が朝鮮と登録されている人々がいる。朝鮮はあくまでも記号であり，朝鮮民主主義共和国の国民とは必ずしもみなされていない。このよう

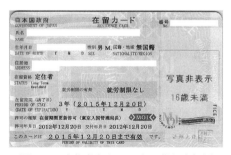

図5・2　定住者として日本に暮らす無国籍者の在留カード

に，当該国に登録されておらず，事実上も法的にも無国籍，無戸籍状態に置かれた人々がいる(陳2014および第3章コラム参照)。

　第四のグループとして，情報の不備，法手続きに関する知識不足から法的な手続きを怠った場合があげられる。日本に移住したのち，子の出生届を在留している日本の役所にのみ提出し，本国政府側に手続きをしないまま放置してしまっている場合などである。

　なお，無国籍者の場合，日本国籍を有すると推定される無戸籍者とは違い，あくまでも「外国人」として扱われている点を特筆する必要がある。そのため，日本の居住権である在留資格があるか否かが，生活の基盤や権益に大きな影響を及ぼす。誤解のないよう注意しなければならないのは，無国籍者がみな法的に登録されていない存在というわけではないことである。法的に登録され在留資格をもつ無国籍者と，在留資格をもたない無国籍者とでは，法的な立場，生活上受けられる権益は大きく違う。在留資格がないために，どこにも届け出がされず無戸籍者と同じように制限された生活を強いられている無国籍者がいる一方で，永住資格をもち自営業や専門職に就いて日常では不自由のない生活を送る無国籍者もいる(陳編2010，陳2011)。

　前述のように，無戸籍者と無国籍者とでは，日本国民と推定されているか否かで違いがあるものの，法的身分の証明がなかなか一筋縄ではいかないことによって，就学，結婚，就職，パスポート取得など，人生の節目節目において直面する多くの問題を共有している。無戸籍者，無国籍者は法的身分を証明することができないため，パスポートを取得することができず，海外渡航の大きな障壁となる。しかし，在留資格を有する無国籍者については，法務省が発行する再入国許可書を取得し，ビザの申請をすれば海外渡航が可能である。フランスなど「無国籍者の地位に関する条約」(1954年)を締約している国は，無国籍者用のトラベルドキュメントを発行している(図5・3)。なお，無戸籍者や無国籍者は，自らの出身国を証明する法的根拠がないため，アイデンティティ形成の際，不安感にさいなまれることがある。逆に，戦乱や国の統廃合により，望まない国籍を押しつけられ，自ら無国籍となることを希望する人もいる。かつてアインシュタインもドイツ国籍を自ら放棄し，無国籍となった時期があった。

図 5・3　左：無国籍者用トラベルドキュメント
　　　　右：無国籍者と海外渡航の際に使用する ID カード

5.2.5　国籍・戸籍というシステムの有効性

　人の移動が激しくなった現代，戸籍や国籍という制度ははたして人々の権利を守るシステムとしてどこまで機能しているのであろうか。本節でみた，複数国籍，無国籍，無戸籍の事例から，制度のひずみや不備があることがわかる。戸籍や国籍の有無によって，個人の権利が大きく左右される一方で，逆に個人的権益や目的のために国籍を変更，操作する例もみられる。現在の世界は国家を基本的な単位とし，国家のメンバーシップを国籍，戸籍によって規定しているが，移動や移民が頻繁化した現代，国籍，戸籍というシステムの有効性が問われている。

5.3　海外渡航の自由とパスポート

　世界人権宣言13条2項は，「すべて人は，自国その他いずれの国をも立ち去り，及び自国に帰る権利を有する」と述べ，また市民的及び政治的権利に関する国際規約12条2項は「すべての者は，いずれの国（自国を含む。）からも自由に離れることができる」として，3項において「〔この〕権利は，いかなる制限も受けない。ただし，その制限が，法律で定められ，国の安全，公の秩序，公衆の健康若しくは道徳又は他の者の権利及び自由を保護するために必要であり，かつ，この規約において認められる他の権利と両立するも

のである場合は，この限りでない」としている。このように，自由に海外旅行を行うこと＝海外渡航の自由は，現在，国際法上一般に広く基本的人権の一つであると承認されているといえる。

このような海外渡航の自由は，国際法上のみならず，日本国憲法においても保障されていると考えられている。日本国憲法22条は1項において「何人も，公共の福祉に反しない限り，居住，移転及び職業選択の自由を有する」とし，2項は「何人も，外国に移住し，又は国籍を離脱する自由を侵されない」と規定している。海外渡航という場合，広義には外国に住所を移す自由をさし，これは2項によって保障されるが，狭義の一時的な外国旅行については，同じく2項によるとする通説的な理解のほかに，1項の「移転の自由」によるとする立場，あるいは国内・国外を問わず「幸福追求権」あるいは「一般的自由」として13条に依拠するもの等，根拠条文について見解が分かれる（中村 1997: 109）。いずれにせよ，当該権利が憲法上保障される権利だということについては争いがない。

もちろん，このような権利が憲法上保障されているからといって，人々が無条件に日本を出国して海外へと渡ることができるわけでは，もちろんない。そこにはさまざまな制約が存在するわけであるが，法制度上おそらく最も重大な制約要因の一つとなりうるのが旅券＝パスポートである（以下では二つの用語を同義として互換的に用いる）。パスポートを持たなければ海外旅行に行けないことは当然の常識に属する話であるが，日本の出入国管理制度に関する限り，これは入管法すなわち出入国管理及び難民認定法（昭和26年10月4日政令第319号）の「第7章　日本人の出国及び帰国」において，第60条・61条の各規定が有効な旅券の所持と入国審査官による確認をおのおの出国と帰国の条件としているためである。この事実に代表されるように，形式的には行政府によって発行される一片の文書にすぎないパスポートの保持が，日本国から出国するに際して不可欠なものとなっており，その保有の有無それ自体が，実は個人の海外渡航の自由を大きく掣肘するという事態が存在している。

パスポートの意義や渡航に際してそれが果たす役割などは，本書のなかで，さまざまな学問分野からの多角的な視点で縦横に論じられている。それ

202 第Ⅱ部 パスポートを考える

ゆえ，パスポートの法的性質自体について詳細に論及することは，必ずしも
ここで求められている役割ではなかろう。そこで，さしあたりの説明として
は，憲法学ではそれが「海外に渡航する者と旅券保持者の同一性を公に証明
するために政府から発行される身分証明書であり，また外国政府に対して，
保持者が遅滞ないし妨害なしに旅行することを認め，必要な場合には合法的
な援助と保護を与えることを要請するいわば保護依頼書でもある」(芦部 2000:
582-583)，との引用にとどめる。それをふまえて，以下では日本において旅
券制度がどのような法的規整のもとに存在しており，それがいかなる形で憲
法上の権利である海外渡航の権利とかかわり合っているのかを検討すること
としたい。

5.3.1 パスポートをめぐる法制度

　パスポートについて規定する法律のなかで，最も重要なのなものは旅券法
(昭和 26 年 11 月 28 日法律第 267 号)である。同法第 1 条は，以下のように規定す
る。「この法律は，旅券の発給，効力その他旅券に関し必要な事項を定める
ことを目的とする」。このように，旅券法こそが，日本におけるパスポート
制度を第一次的に規律する法律となっている。次に，この法律が海外渡航の
自由を制限することとなるに際して，重要な役割を果たすことになる条文二
つのうち，重要な規定をここでみておこう。13 条および 19 条である。

　　第十三条　外務大臣又は領事官は，一般旅券の発給又は渡航先の追加を受け
　ようとする者が次の各号のいずれかに該当する場合には，一般旅券の発給又
　は渡航先の追加をしないことができる。
　　七　前各号に掲げる者を除くほか，外務大臣において，著しく，かつ，直
　接に日本国の利益又は公安を害する行為を行うおそれがあると認めるに足り
　る相当の理由がある者
　　2　外務大臣は，前項第七号の認定をしようとするときは，あらかじめ
　法務大臣と協議しなければならない。

　　第十九条　外務大臣又は領事官は，次に掲げる場合において，旅券を返納さ
　せる必要があると認めるときは，旅券の名義人に対して，期限を付けて，旅

券の返納を命ずることができる。

　四　旅券の名義人の生命，身体又は財産の保護のために渡航を中止させる必要があると認められる場合

　五　一般旅券の名義人の渡航先における滞在が当該渡航先における日本国民の一般的な信用又は利益を著しく害しているためその渡航を中止させて帰国させる必要があると認められる場合

　パスポートを持たなければ，海外渡航はおろか，その前提となる出国すらできないわけであるから，ここで条文を引用して紹介した二つの措置，すなわち「旅券発給拒否」および「旅券返納命令」という権限を外務大臣ないし法務大臣が行使することによって，憲法上保障された権利である海外渡航の自由を，国が制限することができる仕組みになっている。

5.3.2　海外渡航の自由への制約・今昔

旅券発給拒否の場合

　判例上，この分野でのリーディングケースとされているものが，帆足計事件として知られている事件である。この事件の概要は以下のとおりである。

　1952 年 4 月にモスクワで開催される国際経済会議への出席招聘を受けた原告ら(前参議院議員帆足計および現衆議院議員 1 名)は，それを渡航目的としてソ連行きの一般旅券発給の申請を同年 2 月にしたところ，外務大臣は旅券法 19 条 1 項 4 号の趣旨に鑑み旅券の発給を行わない旨を通知するとともに，加えて後の通知書で同 13 条 1 項 5 号(現 7 号)を根拠として旅行発給拒否処分を行った。時期はまさにサンフランシスコ講和条約への調印(1951 年 9 月 8 日)直後で，なおかつその発効による日本の独立回復(1952 年 4 月 28 日)直前の時期であり，ソ連や中国等を除いた片面講和について内外でかまびすしい議論が行われていた時期であるだけに，一定の政治的影響力をもつと目された原告らがソ連を訪問することを政府は望まなかったであろうことがうかがわれる。なお，この当時は現在のように「外務大臣が指定する地域以外のすべての地域を渡航先として記載した有効期間が 10 年の数次往復用の一般旅券」(旅券法 5 条 1 項)ではなく，渡航先を特定した 1 往復用の一次旅

券がほとんどであった。

　当該処分に対して，原告らはこれが憲法 22 条により保障された海外渡航の自由を剥奪するものであり，前記会議への参加は旅券法 13 条 1 項 5 号(現 7 号)に該当しないこと，また同 19 条 1 項 4 号は本件に適用できないことを主張して損害賠償および慰謝料を請求した。1 審，2 審とも原告らが敗訴した後，帆足のみが上告した。

　これに対して最高裁は憲法 22 条 2 項の「外国に移住する自由」には外国へ一時旅行する自由も含むものと解しつつ，この自由が無制限に許されるものではなく，公共の福祉のために合理的な制限に服することを認め，「占領治下我国の当面する国際情勢の下においては，原告等がモスコー国際経済会議に参加することは，著しくかつ直接に日本国の利益又は公安を害する虞れがあるものと判断して，旅券の発給を拒否した外務大臣の処分は，これを違法ということはできない旨判示した原判決の判断は当裁判所においてもこれを肯認することができる」などとして原告の請求を棄却した(最大判昭和 33・9・10 日民集 12 巻 13 号 1969 頁)。

旅券返納命令の場合

　最近になって，「イスラム国(ISIL)」に人質となった邦人 2 名が殺害された事態を受けて，シリア周辺への渡航を計画していたフリーのカメラマン(以下，原告)に対して旅券法 19 条 1 項 4 号の「旅券名義人の生命，身体又は財産の保護」を理由として外務大臣から旅券返納命令が出された事件が報道等で注目されている(朝日新聞 2015 年 2 月 10 日 3 頁東京本社，毎日新聞 2015 年 2 月 10 日東京朝刊 2 面等を参照)。2015 年 2 月 4 日付の地元(新潟県)紙により原告のクルド人支配地域への取材が報じられると，外務省海外邦人安全課は翌 2 月 5 日に電話で原告に接触し渡航中止を求めた。また，新潟県警からも同旨の電話があった。その後，同 7 日夜に自宅アパートを外務省職員が警察官を伴って訪問し，返納を迫ったことが報じられている(同上参照)。原告は旅券の返納の後，同年 3 月に改めてパスポートの発行を申請したところ，4 月 7 日付で有効期限が 2018 年 10 月 7 日までの 3 年半を有効期限とするものが発行されたが，内側のページに，英語で「この旅券はシリアとイラクを除いて有効」と書かれていたという(朝日新聞 2015 年 4 月 10 日朝刊 25 頁新潟全県)。

第5章 パスポートをめぐる政治　205

これらの事態を受けて、原告は国の措置は憲法違反などとして、上記返納命令とシリアとイラクへの渡航制限の取消を求める訴えを 2015 年 7 月 30 日東京地裁に提起した（毎日新聞 2015 年 7 月 31 日東京朝刊 27 頁総合面）。第一回の口頭弁論は 2015 年 10 月 14 日に開かれ、現在この裁判は係争中である。

若干の考察

　以上、二つの事例を簡単に紹介したが、これらの事例にみられるように、海外渡航の自由が憲法上の権利として保障されているにもかかわらず、政府（外務省）は旅券の発給ないし返納命令についての権限を梃子にして、これを容易に制限することが可能な状況となっている。とりわけ、リーディングケースである帆足計事件での判旨は旅券の発給を外務大臣の広範な政治的な裁量権に委ねているかのようにも読める。だが、その後のいくつかの判例は、これに一定の縛りをかけるよう試みているとも理解できる。たとえば、1969（昭和 44）年の最高裁判決は、旅券法 13 条 1 項 5 号（現 7 号）の規定に基づく旅券発給拒否事由には、「渡航後の行為により日本国の利益または公安を害するおそれのある者」のみならず「渡航自体により」そのおそれのある者も含まれるが、そのおそれがあると認めるに足りる相当の理由の有無は、裁判所が「申請者の地位、経歴、人がら、旅行の目的、渡航先である国の情勢、および外交方針、外務大臣の認定判断の過程、その他これに関するすべての事実をしんしゃくしたうえで」、すなわち、「主観的条件のほか、国際情勢その他客観的事実をも考慮して判断すべき」であると述べている（最判昭和 44・7・11 民集 23 巻 8 号 1470 頁）。また、旅券申請者に対して拒否処分を通知する際に要求される理由付記（旅券法 14 条）の程度が主として争われたその後の事件において、最高裁は、理由付記が「外務大臣の判断の慎重と公正妥当を担保してその恣意を抑制する」とともに、申請者の「不服申立てに便宜を与える趣旨に出たもの」であるので、付記の程度は「いかなる事実関係を認定して申請者が同号に該当すると判断したかを具体的に記載することを要する」旨判示している（最判昭和 60・1・22 民集 39 巻 1 号 1 頁）。

　東西冷戦の最中、占領管理下にあり、それゆえ出入国管理についても大幅な制限下にあった時代の影響を受けた最高裁判例が、今なおリーディングケースとして幅を利かせていることの是非はさておき、ここで紹介した最近

の事例はグローバリゼーションが喧伝される時代の出来事である。世界各地で発生するさまざまな出来事は，私たちの日々の暮らしに大なり小なりかかわっているのみならず，それらさまざまな事態に対して個人がどのようにかかわるのかは憲法が保障する個別の人権を超えて，人の生き様そのものにかかわる重大な事柄である。他方，今次の旅券返納命令の背景に垣間見えるのは，国際関係上の厄介ごとを抱えたくないという政府の姿勢である。問題となった事例が，海外渡航の自由という憲法上の権利の制限であるに留まらず，憲法 21 条の重要な系(コロラリー)である取材・報道の自由に対する重大な制限となっていることに鑑みれば，原告が当該地域に渡航することが，いかなる意味で危険であるのかを裁判において政府はきちんと論証することが求められるであろう。邦人の安全という抽象的な理念を振りかざして，このような重大な憲法上の権利に対する制約を正当化することは，先に引用した最高裁の判例に照らしても，到底許されることではない。

5.4 難 民

5.4.1 「難民」の定義とその数

日本では，「ネットカフェ難民」や「帰宅難民」といったように，困っている人のことを漠然と難民とよぶ傾向がある。しかし，難民の地位に関する条約(難民条約)にいう難民はより限定的である。難民条約とは，1951 年に国際連合(国連)で採択された多数国間条約であり，難民に保障される最低限の権利が規定されている。難民条約で定義されている「難民」(条約難民)とは，「人種や宗教，国籍もしくは特定の社会集団の構成員であること，または政治的意見を理由に，迫害を受けるおそれがあるという十分に理由のある恐怖を有するために，国籍国の外にいる者であって」，その国籍国の保護を受けることができないか，またはその保護を望まない者である(1 条 A(2))。2016 年 2 月現在，難民条約と 1967 年に採択された難民の地位に関する議定書(難民議定書)の一方または双方に加盟しているのは 148 カ国であり，日本は 1981 年に難民条約，翌年に難民議定書の締約国となった。

難民の国際的保護をおもな任務とする国連難民高等弁務官事務所

(UNHCR)では，条約難民に加えて，同じく保護を必要としながらも国内にとどまっている者(国内避難民)や，武力紛争で命の危険を感じて他国に避難したが，難民条約にいう迫害を受けるおそれのないような者も含めて，広義の難民としてその援助対象者としている。狭義の条約難民と広義の難民のいずれも，それまで住んでいた家や土地を離れて避難せざるをえず，本国との関係が断たれ保護を欠くために他国の保護を必要とする者といえる。

2014年末時点で，紛争や迫害から逃れ，移動を強いられた人の数は世界で5,950万人にも上っている(UNHCR 2015: 2)。この数は過去最多であり，かつ近年急増している。そのうち，難民が1,950万人，国内避難民が3,820万人，庇護申請者が180万人となっている。

5.4.2　難民条約以前の難民に与えられたパスポートとビザ

難民にとって，他国の領域に越境して避難することは，本国での迫害から身を守るために有効な手段である。各国は，自国まで逃れてきた者に対して，難民条約ができる以前から領域的庇護を与えてきた。

ナンセン・パスポート

難民条約以前に，国際社会がはじめて難民問題に対処したのは，第一次世界大戦後のことである。当時，難民が集団で自国を逃れる事態が増加した。ヨーロッパでは，ロシア革命後に国を追われた反革命勢力とその家族が難民として大量流入してくる事態に直面した。その数は150万人以上にのぼり，日本を含む極東地域にも94,000人が渡来した(本間 2001: 11)。社会主義は欧米諸国にとって打破すべきイデオロギーであったため，ロシア難民の受入れは，その批判を正当化する格好の材料であった。しかし，第一次世界大戦で疲弊しきっていたヨーロッパ諸国にとって，大量の難民受入れは大きな負担であった。そのため，ヨーロッパで受け入れられないロシア難民をアメリカなどに送り出す国際合意を得る必要があった。

そこで，国際連盟のもと，初代ロシア難民高等弁務官フリチョフ・ナンセンは，1922年にロシア難民に身分証明書を発給し，彼らのヨーロッパ諸国における生活の便宜を図るとともに，アメリカなどの第三国への移動を容易にした。これが「ナンセン・パスポート」とよばれるもので，国際協力によ

りはじめて難民に発行された身分証明書であった。

命のビザ —— 日本を通過したユダヤ系難民

第二次世界大戦初期，リトアニアのカウナス日本領事館領事代理であった杉原千畝が，ユダヤ系難民にビザを発給し多数の命を救ったことはよく知られている。1940 年 8 月，日本領事館に大勢のユダヤ人難民が通過ビザを求めて集まっていた。彼らの大部分は，独ソ両国によって分割されたポーランドから逃れ，独立を保っていたリトアニアにたどり着いた難民であった。しかし，ソ連によるリトアニアの併合が決まり，すぐにリトアニアを脱出しなければ避難経路が断たれてしまうとの緊迫事態となった。すでにフランスやオランダなどがナチス・ドイツの手に落ちていたため，ソ連から日本を通過して第三国に庇護を求める経路しか残されていなかった。これらの避難民につき，行き先国の入国手続きが済んでおり，かつ，所持金が十分な者でなければビザを発給してはならないという外務省の指示に背いて，杉原は人道的な立場からユダヤ系難民に日本の通過ビザを発行した。その数は発見されたビザ・リストに記載されている名前だけでも 2,139 人に上り，杉原ビザによって 1 万人前後のユダヤ人の命が救われたと推定されている（レビン 1998: 13-14）。

5.4.3 難民条約における保護 —— 越境の条件化，難民の身分証明書

難民条約では，難民の定義を国外に逃れた者に限定したため，越境は条約難民として認められるための必須条件となり，難民にとって越境できるかどうかは，庇護へつながる運命の分かれ道ともいえる重要性をもつようになった。難民条約には締約国によって保障されるべきさまざまな権利が規定されている。そのうち，特に難民の保護と越境，身分証明に関する規定について，以下において概観する。

不法入国・滞在の不罰原則

難民にとって，合法的に出国し，かつ，有効なパスポートやビザを所持するなど，渡航先国の入国条件を満たして越境することが困難であることは想像に難くない。つまり，難民は一刻の猶予もなく避難しなければならない状況に置かれることが多いため，出国前に迫害主体である本国にパスポートを申請すること，また，あらかじめ渡航先国から入国ビザを取得することを期

待するのは不合理である。難民のなかには正規のパスポートを所持する者もいるが，偽造パスポートを入手して，あるいは何ら渡航文書をももたずに越境せざるをえない者も少なくない。そこで，難民条約では，締約国に対して，不法入国または不法滞在を理由に難民に刑罰を科してはならないと規定されている(31条1項)。

ノン・ルフールマンの原則

難民保護における最も重要な概念の一つに，難民を迫害のおそれのある国に送還してはならないというノン・ルフールマンの原則(33条1項)があり，難民保護の礎石といわれている。いったん庇護国の領域内に入った難民を，その入国ないし滞在が合法的であれ非合法的であれ，迫害を受けるおそれのある国に追放・送還してはならないのである。

庇護国における移動の自由と身分証明書，難民旅行証明書

難民が庇護国において移動の自由を保障され，身分証明書や旅行証明書の発給を受けることは，避難生活を営むうえで重要である。まず，難民条約では，締約国内で合法的に滞在している難民に対して，ほかの一般外国人と同等の条件で，居住地の選択および移動の自由を保障している(26条)。日本の場合，難民を含めて在留資格を有する者であれば，日本国内における移動・居住の制限はない。次に，難民条約は締約国に対して，その領域内にいる難

図5・4　日本政府が発行した難民旅行証明書

民であって有効な旅行証明書を所持していない者に対して「身分証明書」を発給すること(27条)，また，合法的に滞在している難民に対して，他国に旅行するための「旅行証明書」を発給すること(28条1項)を義務づけている。前者の身分証明書については，難民にとって身分を証明する唯一の書類となる場合も多いため，難民が締約国にいるだけで，たとえ「不法」入国・滞在であっても，発給されなければならない。後者の難民旅行証明書は，本国から国民旅券の発給を受けられない難民にとって，他国への渡航に必要なパスポートとして重要である。難民旅行証明書の様式(図5・4)は，難民条約の附属書で規定されており，少なくとも2言語以上で作成され，そのうちの1言語は英語またはフランス語とされている(附属書1項)。難民条約の締約国は，難民旅行証明書を有効なものとして認めなければならない(附属書7項)。ちなみに，日本に合法的に滞在する難民は，難民旅行証明書のほかに，再入国許可書(§2.6.2および第3章コラム参照)の交付申請をすることもできる。

難民認定のハードル

　難民条約では，さまざまな難民の権利を規定して締約国に保障するよう求めているが，難民の定義に該当する者を認定するための手続きは定められていない。そこで，各国では，難民として保護すべき者を確定するために難民認定手続きを設けている。日本では，難民条約への加入にあたり，それまでの出入国管理令を「出入国管理及び難民認定法」に改正して難民認定手続きを制定した。

　難民条約の締約国の多くは，庇護申請者に難民該当性の立証責任があるとしている。しかし，難民の場合，その身分を証明する文書(パスポートや国民登録証など)や，迫害を受けるおそれを示す証拠(逮捕状や党員証など)を所持しながらの越境は困難でかつ危険を伴う。これらの証明書類をもてばもつほど，出国時や避難途中における身の危険が増すことになるからである。また，難民が本国の家族に連絡して書類を取り寄せるなどの努力を尽くしても，その主張を裏づける証拠の収集には限界がある。このような難民特有の立証の困難さから，難民認定において「疑わしきは申請者の利益に」として，「灰色の利益(benefit of the doubt)」とよばれる原則がある。これは，誤って難民の定義に該当しない者の在留を認めることよりも，誤って真の難

民を迫害のおそれのある国に送還する方がはるかに問題であるとの考えに基づくものである。

　ところが，日本では難民認定のハードルが高く，条約難民の認定率が著しく低い。法務省入国管理局によると，2015年において，3,898人の難民認定申請処理数のうち，条約難民として認定されたのは27人で，認定率0.007％である（ただし，条約難民とは認められなかった者のうち，79人が人道的配慮によって在留が認められた）。日本における難民認定にかかる問題は少なくないが，とりわけ証拠書類や証拠物の提示を重視することが不認定の一因であるといえる。難民不認定となり，在留資格も得られなければ，退去強制させられることになる。もし難民が不法入国・滞在者として退去強制させられれば，ノン・ルフールマンの原則に反して，難民の生命や自由を脅かす事態が生じかねない。

5.4.4　入国管理の厳格化と越境避難の困難化

　冷戦終結に伴い，難民保護の政治的利益を喪失した先進諸国は，相互に連携して，ビザ発給要件の賦課やパスポート・コントロール（入国審査）の強化，庇護申請者の収容など，入国管理の厳格化をはかることで難民流入の抑止・排除に乗り出した（阿部 2014: 46-50）。このような入国管理の厳格化は，難民の避難を阻むことにつながる。正規ルートで適法に越境をすることが著しく制限されるなか，難民は避難するために，ブローカーに多額の手数料を支払ったり，ゴムボートで海を越えたりするなどの危険な手段で移動せざるをえなくなるからである。避難の過程で，人身取引の被害に遭うこともある（橋本 2014: 250）。

　先進諸国による入国管理の強化と，難民の出国自体が困難であることもあいまって，多数の難民は国内にとどまっている。越境した難民についても，最も多く受け入れているのは，いずれの先進諸国でもなく，難民出身国の周辺諸国であり，いわゆる発展途上の国々である（表5・2）。2014年末時点で難民の約86％が開発途上国におり，難民全体の約4分の1が後発開発途上国リストの上位国に集中している（UNHCR 2015: 2）。

　日本人にとって，パスポートやビザは比較的容易に取得できる。海外旅行

212 第Ⅱ部 パスポートを考える

表5・2 2014年末における国内避難民・難民の人数とその受入れ （単位：万人）

順位	国内避難民		難民出身国		難民受入れ国[†]		先進諸国の難民受入れ数	
	国名	人数	国名	人数	国名	人数	国名	人数
1	シリア	763	シリア	387	トルコ	159	アメリカ	27
2	コロンビア	604	アフガニスタン	259	パキスタン	151	フランス	25
3	イラク	360	ソマリア	111	レバノン	115	ドイツ	22
4	コンゴ民主共和国	276	スーダン	66	イラン	98	カナダ	15
5	スーダン	219	南スーダン	62	エチオピア	66	スウェーデン	14

UNHCR (2015), Global Trends: Forced Displacement in 2014 をもとに筆者作成。
[†] 難民受入れ国：庇護申請者または難民の居住国。

や海外出張も珍しくなく，ビザなしで渡航できる国も多い。一方で，身の危険から逃れるために最も越境を必要としている難民にとっては，パスポートやビザなどの取得は難しい場合が多く，国境で足止めされることも少なくない。その対照的な状況には皮肉さえ感じられる。難民は，たとえ越境できたとしても，渡航先で不法滞在者として収容されることや，難民に該当するとの立証に失敗すれば送還されるおそれもある。世界的に国境を越えた移動が一般化するなかで，難民は厳格化する入国管理と難民認定の壁を前に，多くの困難に直面している。

5.5 移　民

　新しい居住地を求めて越境する移民の流れは，人類の歴史の一部を形成してきた。移動・通信技術の発達により，グローバル化が議論され始めた1980年代末よりもはるか前から，その動きは指摘される。「貧しく衰退しつつある国から豊かで安定した国への人々の移動は，斜面を流れ落ちる水と同じく必然的なできごとである」とは，自身がスリランカ出身の移民であったBBC（英国放送協会）キャスターのジョージ・アラガイアの言葉である（キーリー 2010: 37）。国連経済社会局（UNDESA）による統計では，全世界人口のうちで移民の割合は2〜3%を占めるという。2015年の世界人口を約73億人とすると（国連人口基金推計値），1億4,000万〜2億2,000万人，すなわち日

本の総人口以上の人々が移民として世界各地に存在することになる。

しかし多様な国々からの大規模な人の移動は，とりわけ受入国にとって経済・社会・文化・政治・安全保障などさまざまな側面での摩擦を生む。ナショナリズムが前提とする文化的同質性の神話は，近代国民国家において文化的帰属と政治的アイデンティティが強く結びつくことを求めるからだ (Castles and Davidson 2010)。誰を国の構成員とするかを決定する権限は，国家の主権として尊重されてきた。移民政策は，国家のアイデンティティに関わる基本的な問題と考えられてきたのである(小泉 2009: 44)。その政策の基礎となり，移民の受入の可否を決める手段としてこれまで利用されてきたのが，パスポートをはじめとする越境の法的管理制度である。

人の移動管理を可能とする行政機構の発達は，主権概念の形成と同時期に進んだ。国際的に通用するパスポートやビザの制度が普及すると，こうした書類は合法的な移動の必要条件となった。いいかえるなら，許可を受けていない(国際的な)移民は，国家が合法的な移動手段を独占した結果として，「違法な」移民とされるようになったのである(トービー 2008: 14-16)。とはいえ非正規に入国した移民にも，一定期間の居住などの要件を満たせば，正規の居住資格や就労権を与える場合がある。こうした措置(「ローリング・アムネスティ」)は，アメリカ合衆国やスペインなど多くの国々で実施されている(キーリー 2010: 45)。移民受入国の多くは，人口の高齢化や労働力不足等の問題を抱えており，経済状態によってはこれらの移民を歓迎しうる素地をもっているからだ。

5.5.1 ヨーロッパでの 2015 年移民危機

それでは，実際に移民はどのように移動し，どのような反応を生んでいるのか。近年注目を集めたのは，シリア紛争が 5 年目に入った 2015 年の夏，戦地を逃れて EU 諸国に流れ込んだ人の動きだろう。これはマスメディアによって「難民危機」，または「移民危機」，「難民・移民危機」などとよばれた。用語に混乱がみられたのは，ヨーロッパへ押し寄せた人の移動を，どうよぶのが適当か，迷わせるような状況の複合性が存在したためだろう。現代の人の移動は，危機からの避難とよりよい生活を求めた移動の選択など，多

様な実態が不可分に入り混じっている(錦田編 2016)。こうした広義の支援対象の人々を，国際移住機構(IOM)や国連難民高等弁務官事務所(UNHCR)は「混合移民(mixed migration)」という言葉でよんでいる。

　小さなゴムボートにすし詰めに乗り込んだ人々が地中海を渡り，危険を冒してヨーロッパを目指す様子は，国際的な関心を集めた。海難事故で命を落とす例が頻発し，渡航に成功した者の多くはトルコやイタリアの沿岸警備隊に途中で救助されている。こうした移動はシリア人以前に，「アラブの春」でリビアが内戦化した際にも急増していた。無事に海を渡れたとしても，バルカン半島を抜けて EU 加盟国をめざす道程は厳しい。中東から向かうと地理的に EU 諸国への入口に位置するハンガリーとスロベニアは，シリアから殺到する非正規移民の移動を食い止めるため国境にフェンスを築いた。

　これらの国々が入国管理に躍起になるのは，EU 諸国の間で結ばれた二つの合意の存在があるからである。一つ目のシェンゲン協定(1985 年)は，域外から来た外国人の短期滞在について，「最初の入域の日から(2013 年以降は合計で)6 カ月のうち最大 3 カ月の間」はビザ免除で短期滞在を認めている(§1.1.1)。移民はこの規定を利用して，EU 諸国に一度入ってしまえば一定期間，合法に滞在する権利を得ることができる。二つ目のダブリン合意(1990 年)は，そうして入域した移民に対して，最初に滞在し庇護申請が受理された国が責任を取ることを定めた。そのため彼らがシェンゲン領域内で他の国へ移動したとしても，移動先の国で滞在許可を得られなければ，最初にたどり着いた国に送り返すことができる。最終的な受入の責任を負わされないように，また EU 諸国にとってリスクになる人物の入域を水際で食い止めるため，シェンゲン領域の周辺部に位置する国々では非正規移民の流入を回避するための対策が強化されることになる。

　これらの背景から実際に起きたことは，中東・北アフリカに近い EU 諸国の間での，移入民の押し付け合いであった。2015 年 9 月，ハンガリーが国境フェンスで人の流入を実力で阻止すると，人の流れは隣国のクロアチアに向かった。1 週間で 35,000 人余りの人が流れ込むと，対応しきれなくなったクロアチア政府はバスで彼らをハンガリーに送り，ハンガリーはそのまま列車で人々をオーストリア国境に運び始めた。オーストリアに到着した人数

は4日間で32,000人を超えた(朝日新聞 2015年9月24日)。移民の受け入れを
希望しない国々の間で,人のたらいまわしが大規模に行われたのだ。

5.5.2 移民／難民とパスポート

　歓迎されないと知りつつも,疲弊する道を移民が危険を冒して移動する背
景には,移動に際する法的地位の問題がある。中東・北アフリカから移民を
試みる人々の多くは,有効なパスポートやビザをもたない。そのため正規の
移動手段をとることができず,密航を試みることになる。シリア難民も同様
であった。シリアから隣国のヨルダン,レバノンへの移動には,アラブ諸国間
の協定によりそもそもパスポートやビザを必要としない。戦火を逃れて着の
身着のままで逃れて来た難民が,第三の居住地としてヨーロッパを目指そう
としたとき,これらの法的文書の存在は初めて障壁として立ちふさがるのだ。

　内戦開始前の2007年にシリアで実施された世論調査では,シリア人のう
ち国外で6カ月以上の居住経験があったのは回答者の20.3%,国外での生
活・就労を望むのは37.8%であった(青山編 2011: 96-98)。比較材料として,
日本のパスポート保有率が24%前後(2014年12月31日現在の有効旅券数
30,839,171(外務省領事局旅券課 2015: 10)を,2014年10月1日現在の全国人口推計値
127,083,000人で割った数値(http://www.stat.go.jp/data/jinsui/2014np/index.htm, 2016
年1月25日最終閲覧))であることを考え合わせると,シリア人の2割近くがパ
スポートを所持していたとしても疑問ではない。そうしたなか,戦闘の激化
を受けて,2015年10月初め時点で国外に逃れていたシリア難民は,
UNHCRによると全体で405万人に上った。これはシリアの全人口約2240
万人の約18%を占める(立山 2015)。

　これらの数字は,国外移住を試みた人々の大半が,パスポートを所持して
いたことを論理的可能性として示す。しかし実際にEU諸国を目指した人々
へのインタビューの記録からは,それとは異なる実相が浮かび上がる。多く
の人々は正規のビザやパスポートをもたず,移動仲介業者が支給する偽造文
書で越境を試みていた。偽造されるパスポートは大半がEU諸国のものであ
る。偽造文書が途中で発覚し,移民に失敗して出発地の国に送り返されるこ
とも多い。パスポートは渡航が終了すると同時に破棄されるか,回収されて

次の渡航希望者に使われることになる。

5.5.3 移民をめぐるメソ構造

　非合法，または合法すれすれの手段を用いた人の移動を助けるビジネスは，昨今では一大市場を形成している。移動を促す背景要因には世界経済の格差などのマクロ構造が，移民自身が利用するネットワークには親族関係などのミクロ構造が存在する。その中間に位置して，人の移動を促す各種代理店や斡旋業者などの移民産業は「メソ構造」とよばれる(カースルズ・ミラー 2011: 37)。これらの産業界はしばしば闇市場とつながっている。移住希望者は移動仲介業者に数千ドルのお金を支払い，偽造パスポートを手に入れ，移動の手引きを受ける。支払額は彼らの収入からすれば莫大な金額に当たるが，移動の過程でそのお金を騙し取られて放置されたり，待機中に建物に軟禁されたりするなど人権侵害状況にさらされることも多い。移動経路は海路や陸路だけでなく，空路も使われる。その際は特に身分証確認が厳密に行われるため，これらの業者により提供される偽造パスポートが大きな役目を果たす。

　移民のなかには，先に移住した親族を頼って同じ場所へ移動し合流する，連鎖移住(chain migration)で移動する者も多い。移住先の国で国籍を得た者が，法的に家族集合権を行使できる場合があるからだ。その場合の移動は完全に合法なものとなるため，道中のリスクも少なく安定的な居住を確保できる。だが現在，大半の国では父母や子どもなど1親等の呼び寄せは認めても，兄弟姉妹や祖父母など，2親等の呼び寄せは法的な権利として認められていない。そのため，近親族がいない場合に戦略的に移民するための手段となるのは，有国籍者との結婚である。とりわけ中東アラブ社会では，同じ出身地や同族内での婚姻を好む傾向があるため，こうした選択がとられやすい。移住先で生活が安定した独身のアラブ人は，結婚相手を探して以前住んでいた場所へ一時的に帰省する。その噂を聞いて集まった周辺住民や遠縁の親族などのなかから結婚相手が選ばれ，配偶者として移民する，というパターンだ。こうした例はよくみられるが，多くは偽装結婚ではなく，その後も婚姻関係が普通に継続している。

5.5.4 歓迎される移民 歓迎されない移民

　以上で述べた非正規移民や，それに付随した移民に対して，正規移民として移住の許可を申請する人々も，もちろん存在する。身の危険や貧困から逃れるのではなく，高税率の自国での課税を回避して，節税のためにセカンド・パスポートを求めるような人々もそこに含まれる。正規移民の場合には，現有のパスポートが身分証明書として重要な意味をもつ。手続きとしては多くの場合，各国の「移民・旅券課」等の担当窓口に，事前にパスポートを送付してビザを取得することになるからだ。アメリカでは移民ビザと非移民ビザで，申請書類や方法が異なる。また，国籍は得られないが永住権のみが取得できるグリーンカードの存在感が大きい。移民予定先の国への一定額の投資により永住権が得られるプログラムが，シンガポールやアメリカなど経済先進国では施行されている。日本では入国管理局が，出入国および在留資格の管理を行う。

　正規の手続きによって合法なパスポートを得ることは，取得者のその後の移民を容易にさせる。シェンゲン協定を結んだ EU 諸国のみならず，二国間のビザ免除協定が多く結ばれた国のパスポートをもてば，移動の自由が広く保障されるからだ。イギリス，スウェーデン，フィンランドのパスポートの保有者は，世界最多の 173 カ国に事前のビザ取得なしで渡航することができる。日本は 170 カ国で，カナダなどと並び 4 位である。これに対してアフガニスタンのパスポート保有者は，同じ条件で 28 カ国にしか行くことができない (Linn 2014)。これらビザ取得の要件が厳しい国の人々が，渡航の自由を認める「強いパスポート」をセカンド・パスポートとして得ることは，大きな価値をもつ。とりわけ紛争地では，不安定な情勢が生活に与える危機から逃れるうえでも，移動手段としてのパスポートの果たす役割は大きい (Nishikida and Hamanaka 2013)。

　入ってくる移民に対して，受入国側は彼らが与える自国への影響を考慮して対応を迫られる。合法パスポートをもち，租税回避などが目的の富裕層のように，移民の受け入れが受入国の社会的・経済的利益につながると考えられるならば問題は小さい。だが実際には大半がこれとは対照的な背景の人々であり，受入国では負担とみなされる場合が多い。移民が目指すのは基本的

に，経済的に発展した国々である。前述の，ハンガリーやクロアチアから
シェンゲン領域に入る人々も，その多くは最終到達目的地としてドイツを希
望していた。就労を求める人口流入は，経済状態が好況なときの企業側から
は歓迎されるが，低所得労働者層からみれば仕事を奪う労働市場でのライバ
ルとなる。

　2015 年に過熱した移民／難民危機について，その経済的影響についての
評価は大きく分かれた。欧州委員会のピエール・モスコビシ委員（経済担当）
は，移民流入が 2015〜17 年の間は EU 圏の緩やかな回復を支え，EU 経済
の成長に寄与するだろうと語り，2017 年までに GDP を 0.2〜0.3％押し上
げる効果がある見通しだと述べた（AFP 2015 年 11 月 5 日）。これに対して，
ノーベル経済学賞を 2015 年に受賞したプリンストン大学のアンガス・
ディートン教授は，中東からの難民の急増によって欧州経済の見通しは悪化
しているとの見解を示した（ブルームバーグ 2015 年 12 月 8 日）。

　経済だけでなく，安全保障上も，移民に紛れ込んで紛争地から過激派武装
勢力が入国するリスクは否定できない。2015 年 11 月 13 日に起きたパリ市
内での同時多発テロ事件に，庇護申請者が関与していたことは，ヨーロッパ
における中東系移民への見方を一変させた。人道的に守るべき対象から，危
険なテロリストへのイメージの転換は，移民受け入れを表明した各国政府や
リベラルな支援運動参加者の期待を裏切る形になった。だが実際には，事件
をきっかけに大半の移民自身に何か変化が生じたわけではない。過激主義の
思想をもつのは移民のうちごく一部に限られ，むしろ大勢の人の移動に紛れ
る形で潜入している。難民キャンプに武装勢力が紛れ込む問題は，古くから
指摘されており，支援物資が届かず途中で奪われるなど難民自身に及ぶ被害
も指摘されてきた。

　受入国側からみれば，移民は自国の経済や社会福祉，安全保障に対する外
来の脅威であり負担とも考えられる。それに反発する排斥運動も従来から存
在してきた。彼らを受け入れるか否かは受入国の国や社会の形を問い直す課
題でもある。どのような理念に基づき共同体を形成していくのか。その成員
資格を象徴し管理する手段としてパスポートが果たす役割は，今後も大きい
といえるだろう。

第**6**章
人とパスポートの関係

　本書では，古今東西，どんなパスポートがあるのか，そして，それはどんな機能をもっているのかを，時間という縦軸と世界という横軸からみてきた。結局，重要なのは，パスポートがもつ個々人の証明という機能である。

　一体全体パスポートと私たち人間は，どんな関係にあるのであろうか。

　国家が個々人に対し発行し，その人の身分を証明するという機能を有するパスポートは，そこに記載された国籍によって個人のアイデンティティを形づくることがある。また，パスポートが自分に発行されるか否か，もしくは，どんなパスポートが発行されるのか，さらには，その冊子に自分の国籍がいかに記載されるのかによって，個人のアイデンティティは敏感に揺れ動く。

　一方では，アイデンティティとは一線を画し，むしろ，機能と権利，さらには方便を手に入れるために，必要とするパスポートが取れる国籍への変更を淡々と実行する人もいる。

　本章第1節では日系移民が詠んだ歌を通し彼らがパスポートにどんな思い入れをもっていたのか，第2節では中国帰国者を事例に，身分証明書が彼らのアイデンティティ形成に与えた影響，第3節では帰化者や複数国籍者が国籍の取捨選択の際，パスポートとアイデンティティの同一性を求めるより，むしろエスニシティと切り離して考えるようになっていること，第4節では，スポーツ選手と国籍の関係について検討し，最後のコラムでは，個人の実体験を通して，人とパスポートとの関係を繊細かつ丁寧に解き明かしていく。

220　第Ⅱ部　パスポートを考える

6.1 日本人移民とパスポート

6.1.1　パスポートと移民の歴史

　パスポートとはそもそも港を通過する際の通行証である。いまでは旅券と訳されるが，かつては御免之印章などと称していた。幕末，日本は欧米5カ国と修好通商条約を結び，人々は海外渡航の際，パスポートを携行するようになった。日本人移民も同様であり，本節はそれにどのような思い入れを込めたかに焦点を当てるが，その前段としてパスポートの歴史にも簡単にふれておきたい。

　1866（慶応2）年に幕府の日本外国事務局が発行したものには「向後御免之印章可相渡候」と書かれている。そこには「途中何レ之國ニテも無故障通好セしめ危急之節者相當之保護有之候様其國官吏江頼入候」とあり，たんに通行の便を図ってもらうだけでなく，緊急時の保護も求めている。そして写真の代わりに人相書がつき，幕末の亀吉の場合，「身丈　高キ方　眼　小キ方　鼻　高キ方　口　常体　面　丸ク疱瘡有　両腕ニ草花之彫物有」と描写されている（§2.4.1も参照されたい）。

　ハワイ官約移民が始まった1885（明治18）年のパスポートには日本皇帝陛下外務卿の名前で「右布哇国江赴クニ付通路故障ナク旅行セシメ且必要ノ保護扶助ヲ與ハラレン事ヲソノ筋ノ諸官ニ希望ス」とあり，明治初期のものと内容的には一致している。それどころか，現在の旅券でも日本国外務大臣名で「日本国民である本旅券の所持人を通路故障なく旅行させ，かつ，同人に必要な保護扶助を与えられるよう，関係の諸官に要請する」とあるから，同じ趣旨が連綿と続いていることがわかる。

　ただし，沖縄からの移民に対しては日本のパスポートが公布されない時期があったことに言及しておきたい。というのも，戦後，アメリカの占領下におかれ，1972年に本土復帰を果たすまでは琉球政府が置かれていた関係で，パスポートも日本政府発行のものではなかったのである（§2.4.4参照）。

　ボリビアにあるオキナワ植民地への入植者の一人（resident of Ryukyus）は琉球列島米国民政府（US Civil Administration of the Ryukyu Islands）発行の身分証明書（Certificate of Identity）がパスポートの役割を果たしていたことを

指摘した。そして「沖縄を一歩出たら日本人として面倒みてくれるだろう」
と言われてきたし,「アメリカ軍に対していやな感情をもっていたんですが,
ここではすべてアメリカのほうで面倒みてくれました」と証言している
(JICA横浜海外移住資料館の証言映像より)。

　ちなみに,琉球政府発行の身分証明書の文言は「右の者は琉球居住者で
あって,([カッコ内は係官が手書きで挿入]永住のため必要諸国経由ボリヴィア
国へ)赴くから通路故障なく旅行させ且つ必要な保護扶助を與えられるよう,
その筋の諸官に要請する。民政副長官の命に依り」とあり,特殊な事情がう
かがえる。

6.1.2　移住地の「万葉集」にみるパスポート

　まず取り上げるのは大岡信『北米万葉集』(集英社新書,1999)である。戦前
アメリカ合衆国とカナダにわたった移民が詠んだ歌をまとめたものである。
戦時中の強制収容をはさんで,戦前と戦後の歌を取り上げてみる。

　パスポート(旅券)に直接言及する歌は次の一首のみである。移民官による
厳しい入国審査を取り上げ,実弾を込めたピストルに託して詠んでいる。

　　　ピストルに実弾こめし移民官旅券調べ仮借するなし
　　　　　　　　　　　　　　　　　　　矢崎天洋(加州毎日新聞　昭和13年)

　1940(昭和15)年5月26日,在留外国人指紋登録法案が合衆国上院で採択
された。市民権のない日本人は渡米年月,年齢,現住所,職業などを申告
し,指紋登録を義務づけられた。屈辱的な措置だったが,反対行動はみられ
ず,事務的な手続きとして受け取られた(大岡1999: 149)。

　　　とつくにの民とし指紋押すここち国辱めらる思ひにてありき
　　　　　　　　　　　　　　　　　　　臼井千曲(新世界朝日新聞　昭和15年)
　　　あめりかの法のまにまに外人の我れの指よごされて指紋とられぬ
　　　　　　　　　　　　　　　　　　　塚本星見草(加州毎日新聞　昭和15年)
　　　指紋登録順を待ちつつわが指の節くれ立ちし老を嘆かう

222　第Ⅱ部　パスポートを考える

　　　　　　　　　　　　　塚本星見草(加州毎日新聞　昭和 15 年)

　市民権あらねば我も登録の列に加わる松葉杖つきて

　　　　　　　　　　　　　藤倉北總(加州毎日新聞　昭和 15 年)

　生地主義をとるアメリカの市民権は，日系二世には与えられた。市民権が
あれば住宅や土地が購入できたので，子の名義で家を買う一世が増えた。他
方，二世の教育に関しては，市民権剥奪の口実を与えるべきではないとし，
善良なる米国市民として教育すべしとの主張がなされた。それに対し，日本
語学校の必要性を説く議論も存在した。

　　市民権ある子もちておちつくか家買ふはらからふえゆくといふ

　　　　　　　　　　　　　　　長澤勇子(加州毎日新聞　昭和 12 年)

　　名のみなる市民権なり日本人は日本の言葉知らで何せむ

　　　　　　　　　　　　　　　山田瑠美(加州毎日新聞　昭和 13 年)

戦後，一世にも市民権が与えられるようになる。

　　苦闘の道辿りて移民のその一生終らむ時し市民権与えらる
　　　　　　　　　　　　ひとよ
　　　　　　　　　　中川末子(シヤトル短歌会　歌集『レニアの雪』より)

　　自覚して来つれ帰化証にサインするペンの秀先かすかにふるふ
　　　　　　　　　　　　　　　　　　　　はさき
　　　　　　　　　　岩月静恵(シヤトル短歌会　歌集『レニアの雪』より)

　　墳墓の地カナダときめて宣誓紙に署名するわが手はふるへたり

　　　　　　　　　　中野雨情(中野雨情　歌集『宣誓』より)

最後の歌は 1964(昭和 39)年の宮中歌会始の入選歌である。

　ブラジルにも『コロニア万葉集』と銘打った短歌集が存在する。サンパウ
ロのコロニア万葉集刊行委員会が 1981 年に編纂したものである。1978 年の
移民 70 年祭が終わってから応募，抽出，選定がなされたが，この年に開館
したブラジル日本移民史料館の創設に際し，散逸していた資料の集積がなさ

れたことも呼び水となった。収録作者数は延べ1378人(戦前269人，戦後1109人)，収録作品数6634首である。戦前編と戦後編に大きく分けられ，双方に登場する歌人も少なくない。旅券(パスポート)，国籍，帰化，選挙権をキーワードに抽出してみると，以下のような歌が存在する。

〈旅券(パスポート)〉

すでに朧となりし記憶をたどりつつ旅券紛失届けに理由をしるす

岩波菊治(1951年)

旅券取る書類整う帰化をして訪う日本は外国にして

唐沢弘直(1977年)

訪日も叶わぬままに色褪せし若き写真の吾がパスポート

八巻たけ子(1973年)

祖国より我を咎める声を聞く帰化せんと旅券を取り出せるとき

八巻耕土(1965年)

〈国　籍〉

倒産の後永けれど祖父の日に帰す力なし国籍喪失

清谷勝馬(1966年)

二重国籍の長男の死亡届書く我の署名に捺す認印の朱

富岡清治(年代不明)

旅遠く行かば心は鎮まらむ国籍喪失ににしかなしみも

中井益代(1979年)

〈帰　化〉

宣誓の胸に置く手に伝いつつ裡なる挽歌祖国喪失　—帰化申請—

水本すみ子(1978年)

帰化人とう馴染めなき名にこだわりて歩みゆく町は異邦のごとし

水本すみ子(1978年)

わが裡に脱けゆくもののある如し帰化宣誓書に署名を終えて

森重扶美(1963年)

224　第Ⅱ部　パスポートを考える

「祖国」とう語感も今は切実に帰化証明書を手提げに仕舞う

森重扶美(1963 年)

〈選 挙 権〉

選挙権なき我なれど大統領候補者の閲歴は心に止む

矢坂行男(1956 年)

選挙権なき外国人の一人にて政治批判などする声もたぬ

米沢幹夫(1977 年)

　ブラジルの一世は戦時中，敵性国人としての扱いを受けた。戦後，在外同胞は勝ち負け問題に巻き込まれたが，1950 年代になるとコロニアとよばれるようになった日系人社会は落ち着きを取り戻し，一世の多くも定住の意志を固めていった。その決断の背景としては，すでに生活の基盤がブラジルにあること，また二世がブラジル人として成長し各分野で活躍し始めていたことなどがあげられる。望郷・過去のよすがとしての旅券(パスポート)が脳裏をよぎり，国籍(祖国)喪失＝帰化のジレンマに伴う心情が短歌には好んで詠み込まれた。二重国籍や選挙権のジレンマについても取り上げられている。

　『コロニア万葉集』に掲載された短歌を読むと，それは移民が自ら置かれた状況を理解し表現する手段として大きな意味をもち，心の慰めであると同時に情感の発露でもあったことが了解される。

6.2　中国帰国者と身分証明

　中国帰国者とは日中国交が締結された 1972 年以降に，日本に永住・定住した中国残留日本人(以下は残留日本人)とその家族をさしている。一方，残留日本人とは戦前・戦中に中国大陸(特に「満洲国」)に渡った日本人のうち，戦後も長い間中国での残留を強いられた人々である。正確な統計データはないが，日本には約 10 万人の中国帰国者が生活している。本節はとりわけ中国帰国者の移動と身分証明の関係を明らかにしつつ，当事者のライフストーリーを手がかりにそのアイデンティティについて考察する。なおここではア

イデンティティを本質的なものではなく，社会的／政治的に構築されたアイデンティティ・カテゴリーの結果だと考えられる「表出」によってパフォーマティヴに構築されたものとしてとらえる（バトラー 1999）。

　人々が自国に帰る権利や国籍をもつ権利は世界人権宣言 13 条と 15 条によって宣言されているが，国籍付与の権利はおのおのの国民国家に委ねられている。残留日本人はまさしくこうした国民国家の権力，特に戦後日本国の再編過程において，「日本国民」から排除／包摂され，翻弄されてきた人たちである。この史的展開における彼らの身分証明は，その移動と社会活動を規制していた。日本に帰った 70 年代以後も，その身分は純粋な「日本人」ではなく，残留日本人というカテゴリーが付与されたのである。こうしたカテゴリーの付与は残留日本人の救済運動とそのイメージ形成だけではなく，当事者のアイデンティティ形成にも影響を与えている。

6.2.1　中国帰国者の移動と身分証明

　中国帰国者の特質は，近代化を目指す日本の海外膨張とその縮小の過程に起源し，戦後の日本や中国という国民国家の境界によって包摂／排除されたことにある。その移動は①満州移民期（1930 年代〜45 年 8 月），②中国居留民期（45 年 9 月〜58 年），③中国残留期（59 年〜），④日本への永住・定住期（72 年〜），⑤ディアスポラ的な移動期（2000 年〜）に分けられる。

　第 1 期から第 3 期までの移動は個人の意志よりも，国民国家の政策と国際情勢に大きく左右されていた。周知のとおり，残留日本人の多くは 1930 年代の国策によって「満洲国」に送出された日本人の家族である。しかし戦後の引揚事業のなかで，彼らは法・社会的に排除・忘却されていった。日本に「再」包摂されるようになったのは第 4 期以降である。民間団体の運動やマスメディアの力によって日本政府が動かされ，残留日本人政策が改善されたのに伴って，日本に永住・定住する中国帰国者は 90 年代半ば頃までに激増した。第 5 期になると，日本だけではなく，活躍と安住の場を他の国と場所に求めて移住し，日中間の移動を繰り返す中国帰国者が多く現れた。このように中国帰国者の移動はダイナミックに展開されてきたが，その身分や移動に必要な身分証明は時期によって異なっていた。

第1期では，日本が「満洲国」に絶大な影響力をもっていたので，日本人の渡航手続きは簡略化され，パスポートは不要であった。しかし戦後になると，日本に永住・定住するのに，渡航証明書と入国ビザの申請や，日本国籍と戸籍保持の証明が求められた。特に第2期には，中国残留日本人の「日本人」身分が剥奪されたり，支援対象から排除されたりし，その越境的移動が制限された。なかでも1959年の「未帰還者特別措置法」によって一方的に「戦時死亡宣告」されたことや，「自己意思残留」認定されたことが看過できない法的処理であった。一方，中国での残留を強いられた残留日本人は，中国国籍に帰化するか，外国人僑民（日僑）として登録された。しかし帰化とはいっても，幼少の残留孤児に至っては自己の意志ではなく，養父母によって登録されたケースがほとんどである。

しかし第4期になっても，残留日本人の移動はいぜんとして，日本国籍・戸籍有無の確認を通じて管理されていた。日本に永住帰国するには，日本人であることを証明しなければならなかった。この政策は1980年代半ば以降の身元引受人制度の実施などによって改善されていくが，この過程で注目すべきなのは残留日本人という法的・社会的カテゴリーが付与され，そのカテゴリーを通じてアイデンティティが構築されたことである。

残留日本人というカテゴリーを通じて構築されたのは，「日本人」としての「戦争被害者」と「棄民」といった支配的な物語や，当事者の「犠牲者的な物語」である（南 2016）。こうした犠牲物語は公的な場，特に司法と行政の場，なかでも国籍取得の場で顕著に表れている。国籍取得運動は1980年代に始まり，肉親未判明孤児の永住帰国問題と，肉親が判明しても永住帰国できない残留日本人の問題を解決するために，民間団体が推進した活動である。この運動で日本戸籍を作成し，永住帰国した人は千人以上に達しているという。しかし幼少時代「近所の子供にいじめられた記憶がない」という理由だけで，国籍が認められなかった事例（竹川 2002: 303）から明らかなように，国籍取得といった公的な場においては当事者に対して，犠牲者的な物語のみが求められている。そのアイデンティティは結果として表出されたものでしかないが，以下は奥山イク子のライフストーリーを題材に，さらに考察を深めたい。

6.2.2　ライフストーリーにみる身分証明とアイデンティティ

　奥山イク子は 1933 年，奥山市太郎の三女として山形県で生まれた。42 年 3 月，両親らと一緒に満洲に渡り，三江省依蘭県の開拓団に入植した。敗戦の年には，父が軍隊に召集されていたため，母親だけで子どもたちを連れて，日本への帰還を目指した。その道程でイク子が中国人の家庭に入り，その後残留した。78 年に肉親が判明し，82 年に山形に一時帰国した。そして 90 年に永住帰国してからは京都市に定着している。

　イク子の日本戸籍は肉親が判明し，戦時死亡宣告の取り消しによって回復したが，永住帰国後は法務局から日本国籍の喪失を宣告され，国籍喪失届けの提出を指導された。不服に思ったイク子は翌年，国籍存在確認請求裁判を提訴した。なぜなら「祖国日本」に戻れば「"外国人" "日本人" "小鬼子" 等と見なされていた中国と違って，大きな声で "私は日本人だ" と叫べると思っていたが，現実は違っていた」ことや，「日本に帰ってみると（一方的に）日本国籍を失ったと言われ」たからである。こうした語りはまさしく，80 年代以後によくみられた残留日本人の典型的な物語である。だがそれはたんに日本人アイデンティティの表出ではない。イク子が自分を「地球外の外人（地球以外の人間）」と称したように，疎外感や居場所のなさからくる存在論的不安の現れでもある。しかしそこで求められたのは犠牲者的な物語だけであった。

　イク子は訴状で自分の存在は「あの戦争」がもたらした悲劇であると主張し，弁護士も法務局の対応を「当時の中国における種々の情勢，歴史的背景や個々の事情などを一切配慮することのない形式的な見解であり，中国残留日本人孤児として悲惨な体験を持つ原告に対してあまりに冷たく且つむごい仕打ち」だと批判したように，訴訟での物語は自然と悲劇の物語に集中していく。そこで語られたのは，イク子が「童养媳」（将来息子の嫁にするために女の子を幼いときから引き取って育てる旧中国の風習）として売られ，労働させられたことや，職場での差別体験であった。

　　1946 年 3 月，養父母が私をハルビン江北農村の龍という家に童养媳として売った。龍家には一年ほど住んでいたが，多くの辛酸をなめた。当

時の私はまだ13歳だったが，大人同様に働かせられた。打たれて，全身の痛みに耐えられなくて，自殺を考えたことも何度かあった。

文化大革命のとき，私は日本政府が残した日本のスパイだと言われて，1967年から1970年までの三年間批判され続けた。終戦直後の私はまだわずか12歳で，何もわからず，告白することも何もなかった。しかし群衆は日本帝国主義に対する恨みからか，私の言葉を聞こうとしなかった。闘争大会ではただ「小鬼子はおとなしく告白しろ」と叫ぶだけであった。そのときから，私は監督対象にされ，一番きつい仕事をさせられた。このような状態は国交正常化まで続いた。

この裁判は1992年12月にイク子の勝訴をもって幕を閉じた。イク子の日本国籍は希望どおりに回復されたが，その間の答弁から，残留日本人をめぐる法処理の暴力性が浮かび上がった。

イク子が国籍を喪失したのは旧国籍法18条（日本人カ外国人ノ妻ト為リ夫ノ国籍ヲ取得シタルトキハ日本ノ国籍ヲ失フ）の適用により，中国人との婚姻関係が1948年に成立したとみなされたからである。だから特殊な事情があっても，この法の適用が覆されるわけではないという。しかし48年の中国では，日本人女性は婚姻関係ではなく，申請によってのみ中国国籍を取得できることになっていた。法廷内で日本政府はこうした法律の存在にまったく言及しなかったことから明らかなように，従来の法解釈は恣意的なものであった。また法廷内で婚姻生活のプライバシーに関することも詰問され，暴力が上塗りされていった。

こうした法的処理の暴力性は，当事者の家族の絆にも及んだ。イク子は「前は私は母を憎んでいた。私を売って。それから私をさがしもしない」（西村 2009: 161）と語っていた。しかしこの訴訟を通じて，母親も仕方なく，自分の死亡宣告に同意したことを知った。

「イクちゃん，あんたのおっかあはね，何回も県から呼ばれたり，役場から呼ばれたりして，帰ってきたらね，すごく泣いてた」って。なんで

ていえばね。帰ってくると,「イク子は亡くなったんだ〜って。死んで
しまったんだ〜」って泣いてたって。(西村 2009: 162)

「母親を憎んでいた」とイク子がかつての気持ちを語ったように,従来の
語りは家族レベルにとどまっていた。だが訴訟運動を通じて,法的処理のこ
とや「残留」を強いられた歴史(言説)を知り,それに規定されながら,残留
日本人としてのアイデンティティを語るようになった。しかしそれは単なる
一方的な受容ではなく,政治的／社会的な不合理に抗いつつ,新たな自己の
生成可能性をはらんでいる。

国籍を回復してから,イク子は京都在住の中国帰国者のために,地域での
日本語教室の運営と交流活動の促進,医療通訳事業に積極的にかかわってき
た。2003 年以降の国家賠償訴訟の京都原告団団長を務め,訴訟が終わった
後も NPO 法人「中国帰国者京都の会」の理事長として活躍している。

イク子が目指したのは,残留日本人の老後生活の保障や歴史の継承,中国
帰国者の居場所の確保,社会における自己の存在意義の確立である。こうし
て目標を設定したのは,かつて自分が感じた「地球外の外人」といった居場
所のなさや,中国でも日本でも社会の周縁に追いやられた経験に基づく。こ
れらの活動を通じて,イク子は新たな社会的位置づけを獲得していった。そ
の際,日本人と残留日本人だけではなく,中国的なアイデンティティも資源
として活用されている。たとえば,イク子は中国帰国者を組織して,地域の
祭りや国際フェスティバルに餃子・肉まんの店を出したり,社会貢献につな
げようと障害者に肉まんの作り方を伝授している。社会福祉法人京都ワーク
ハウス経営の「まんまん堂」が販売する肉まんはその一例である。

こうしてイク子は異なる場において,政治的カテゴリーに沿って自己を物
語ったり,中国的な文化資本の持ち主として自己を表出したりしている。こ
の流動的なアイデンティティ表出は,中国帰国者が「日本人であること」を
問われたり,「日本人になること」を要求されたり,あるいは「中国人であ
る」とみなされたり,そういったさまざまな場を生き抜く戦術として編み出
されたものである。それはイク子と中国帰国者だけではなく,現代のような
流動性の高い社会を生きる人々に通底するリアリティなのかもしれない。

おわりに

　以上のように，中国帰国者の移動とアイデンティティがその身分証明，特に残留日本人というカテゴリーに規定されていることを明らかにした。「日本人」という身分証明が中国帰国者の行動を規定しているのは事実である。しかしそれに抗おうとして日本人であることを強調し，日本人になろうとすることは日本人ではないことへの気づきであり，差異化の始まりでもある。こう考えると，中国帰国者にとってのアイデンティティはもはや何らかの同一性ではなく，自己実現や「存在論的安心感」の確立を目指した終わりなき過程である。残留日本人というアイデンティティは弁証法的に再生産されていくが，中国帰国者理解や新たな社会構想に向けて，その抑圧された周縁的な空間が闘争の場であり，ラディカルな開放可能性と新たな文化の生成可能性をもつ場でもあることに，いま一度目を向けるべきであろう。

6.3 　帰化・国籍取得

　人々にとっての「国籍」とは一体何を意味するのか，その定義がグローバル化とともに変わりつつある。元来「国籍」はその人の生まれた国を示すだけでなく，その人のエスニシティの原点をも表すものであった。もちろん，今日においても「国籍」は人々の民族的アイデンティティを表顕するものではあるが，一部においてその意味合いは変移し始めている。

　日本では重国籍は認めていないが，欧州において重国籍が認められている国々では，複数の国籍を有する人は少なくない。重国籍の人になぜ重国籍のままでいるのかを尋ねると，彼らの多くから「便利だから」という回答が返ってくる。なかには複数のパスポートを交付されている人もおり，一見するとコレクションのようでもある。しかし，どんなに数多くのパスポートを有していたとしても，人々は自身のエスニシティとしてのルーツと，重複している国籍を，けっして混同してはいない。この点だけは，どの人に話を聞いても共通している点である。つまり，民族的なアイデンティティと国籍とは切り離して考える人が増えてきているということである。

　では，なぜ民族的アイデンティティと国籍は同一視されなくなってきたの

だろうか。その理由の一つとして，グローバル化が大きな影響を与えていると考えられる。グローバル化は冷戦の終焉とともに加速し始めた現象であるが，冷戦時と大きく異なるのは，人の往来に関する自由度が格段に上がったことである。自由主義と社会主義の間に築かれていた壁は取り壊され，長らく人の往来が途絶えていた国境にも再び人々が行き交うようになり，その現象が顕著になるにつれて，各国間の往来のハードルは低くなっていった。それを如実に表しているのが各国間の渡航ビザ要件の緩和である。こうした潮流のなかで人々の渡航の目的も一時滞在から長期滞在，定住から永住へと長期化する傾向がみられるようになってきている。渡航当初は，留学や企業派遣といった一定期間の滞在を予定していても，滞在先で定職を得たり，家族を築いたりする機会に恵まれ，やがてその地に根を張る人々も少なくない。そうなると，もともと「外国」であった定住先は，やがて生活の基盤を有する「安住の地」へと変化する。そして，その地での定住が長くなればなるほど，人々にとっての民族的ルーツと国籍は別々の意味をもち始めるのである。つまり，越境する人々にとって，「国籍」とは自身の民族的ルーツやアイデンティティを示すものとしての比重よりも，生活を営む地での身分保障としての意味合いが強くなってきていると考えられるのではないだろうか。

　国際法によると，「国籍」とは個人が特定の国家に属し，「先天的取得」(出生)，あるいは「後天的取得」(帰化)によって取得するものであり，その国の一構成員(国民)であるという資格と身分を法的に示すものである(杉原ほか2015: 211-214)。人々がある国に一定期間以上定住し，その社会において生活基盤を有し，その一構成員としての義務を果たしているのであれば，その国の一構成員としての資格と身分を必要とし始めるのは，けっして不自然なことではない。国によっては「国籍」とは別に「市民権」といった組織の一構成員としての資格と身分を与える場合もあるが，そうした制度がない国に長期滞在をする人々がその国の一構成員となるためには，国籍を取得する以外に方法はない。そうした背景からも，今後ますます民族的エスニシティを示す「国籍」にこだわることなく，安住の地である国の一構成員となるための「国籍」を取得する人が増加するものと考えられる。

6.3.1 「帰化」とは何か

　一般的に「帰化」と「国籍取得」は同義と解釈されることが多いが，日本においては，両者が意味するところは法令上大きく異なる。日本国民の国民たる要件を定める「国籍法」によると，「帰化」は日本国民でない者，つまり「外国人」が法務大臣の許可を得て日本の国籍を取得することをいう(国籍法4条)。一方，「国籍取得」は，認知された子の国籍を取得する場合と国籍保留届の未提出により喪失した日本国籍を再取得する場合の二つに限定される。前者の場合，国籍を取得しようとする当該者は，父または母が認知した子でかつ20歳未満であることが前提となる。当該者を認知した父あるいは母が当該者の出生時に日本国民であった場合，あるいは現に日本国民である場合，または死亡時に日本国民であった場合にのみ日本国籍を取得することが可能である(国籍法3条)。後者は，国外で出生した20歳未満の日本国民で，出生時に国外の国籍を取得していて，日本国籍の保留届を未提出のまま日本国籍を喪失した者が，日本国籍の再取得を希望する場合，日本国内に住所を有するときは，日本国籍を取得することができることをさす(国籍法17条)。「国籍取得」の場合は，「帰化」と異なり，前述の要件を満たしていれば，法務大臣の許可なしに届出のみで日本国籍を取得することができる。なお，第3条の届出の際，虚偽の届出を行った場合には1年以下の懲役または20万円以下の罰金に処せられる(国籍法20条)。

　このように日本では，日本国籍をもたない外国人が，本人の希望申請により新たに日本国籍を取得することを「帰化」という。「帰化」という言葉は『後漢書』の「内帰欽化」に由来しているとされ，夷狄の人々が中国皇帝の徳化に「帰属し，欽び化す」ことを意味していた。日本では『日本書紀』での使用にさかのぼる(上田 2013: 10-11)。

　現在，日本での帰化における一般的な条件は国籍法第5条によって定められており，その内容は大きく分けて次の六つとなる。

　①住所条件(国籍法5条1項1号)：帰化を申請する時点において，継続して日本国内の適法な住所に5年以上居住していること。

　②能力条件(国籍法5条1項2号)：年齢が20歳以上であり，かつ，本国の法律においても成人の年齢に達していること。

③素行条件(国籍法5条1項3号)：素行が善良であること。具体的には，納税の義務を怠っていないか，犯罪歴や交通違反歴などの法令違反がないかなどを通して，社会に迷惑を掛けていないことで善良性を証明する。

④生計条件(国籍法5条1項4号)：日本で生活をするにあたって，十分に生計を維持できる収入があること。この項に関しては，申請者本人だけでなく，日本に居住する家族や親族の収入をもって安定した生活を送ることができる保証があれば，条件を満たすことが可能である。

⑤重国籍防止条件(国籍法5条1項5号)：帰化申請者は，国籍を有しないか，あるいは，帰化によって国籍を喪失しなければならい。ただし，例外として，本人意思によって国籍を喪失することができない場合は，この条件を備えていなくても帰化を許可されることがある(国籍法5条2項)。

⑥憲法順守条件(国籍法5条1項6号)：日本国憲法の下で成立している政府を暴力等で破壊することを企てたり，そのことを主張したり，あるいは，その目的で団体を結成，または，そうした団体に加わったりする者は，帰化の許可の対象とならない。

こうした条件は，あくまでも最低条件であり，帰化の際には申請書類を提出するまでに複数回にわたる面談を繰り返し，申請者の出身国，現国籍，個人的事情によって条件を追加されることもある。

日本における帰化申請に課せられる条件は，一般の外国人が申請する場合と，日本との地縁や血縁をもつ外国人や日本に対して特別な功労があった外国人が申請する場合とでは異なってくる。「国籍法」においては，前者に対しては通常の申請条件を課しており，後者の二つに対しては通常の申請条件を一部緩和した措置を取る用意があることが謳われている(国籍法6, 7, 8条)。帰化申請の代理業務を行っている業者間では，これらの条件を基にして，申請方法を「普通(一般)帰化」，「特別(簡易)帰化」，「大帰化」の三つに分類して業務を行っているところが多いようである。

6.3.2　帰化を申請する人々の想い

では，人々はどんな理由で「帰化」を申請するのだろうか。実際に帰化申請を行った，もしくは行おうとしている外国人の事情を掘り下げていくと，

234　第Ⅱ部　パスポートを考える

実にさまざまな背景がみえてくる。(各事例の記載内容:性別・インタビュー時の年齢・出身国・申請状況・配偶者(国籍)・子の有無)

事例1:男性・40歳・台湾・許可済・妻(日本)・子(1人)

　帰化申請を決意したのは4年前。日本企業に一級建築士として長年勤務しているが,外国籍のままでは今後の人事考課に影響があると感じていた。また,妻も子どもも日本国籍であり,家族が別々の国籍を有していることに対して,将来的に子どもの理解が得られるかどうかを不安に感じたため,帰化申請を決意した。

事例2:女性・46歳・フィリピン・許可済・無(離婚:日本)・子(2人)

　日本人の夫と結婚して来日したが,その後夫とは価値観が合わず離婚。子ども2人が日本国籍であり,かつ日本生まれ,日本育ちであることから,子どもの養育と将来を考え,日本での永住を決意して帰化した。

事例3:女性・27歳・中国・申請検討中・夫(中国)・子なし

　中国で大学を卒業してすぐに来日し,もうすぐ4年になる。夫も本人も日本企業に就職しており,できればこのまま日本に永住をしたいと考えている。また,仕事をするうえで,中国の国籍とパスポートはいろいろな面で制約が大きいと感じることが多い。日本在住が5年を超えると帰化申請できるため,現在夫と前向きに検討している。

事例4:男性・48歳・韓国・申請検討中・妻(日本)・子なし

　学生のころに来日して以来,日本の大ファンになった。大学卒業後は韓国の国内企業に勤務したが,日本で語学学校の起業を目指し,再来日を果たす。現在,韓国語学校を経営しており,11年目になる。現在の生活基盤は,韓国よりも圧倒的に日本の方が比重は大きい。このまま日本に根を下ろして事業を拡大していくことを考えているが,外国人としてよりも仲間の一人として日本社会に還元したいとの想いから帰化を検討している。

　このように,日本国籍に帰化,もしくは帰化申請の検討をしている外国人たちの事情や想いは個々人の事例によって異なってくる。概して,家族や仕事といった生活基盤がすでに日本社会に定着している場合が多いが,事例3

のように制約が多い出身国の国籍やパスポートよりも，自由度が高く，国際的にも信頼性がある日本の国籍とパスポートを保有したいと考える場合もある。こうしてみていくと，「国籍」はもはや個人の民族的アイデンティティの象徴だけでなく，社会生活を営むうえでの身分保障ツールの一つとしてとらえられていることがわかる。

6.3.3 日本における帰化の現状

　日本に長期滞在する外国人は年々増加傾向にあるが，意外にも日本における帰化申請者数はここ20年間増えていない。最も申請者数が多かった1998（平成10）年の17,486人に比べると，直近の2014（平成26）年はその約65%の11,337人に減少している。申請者数が減っている一方で，不許可者数は増加傾向にある。1996（平成8）年には不許可者は100人未満で申請者数のわずか0.6%であったが，2014（平成26）年では5倍以上の509人にものぼり，申請者数の4.5%を占める。図6・1を見ると，許可者数が申請者数を上回っている年があるが，これは特別永住者に対する書類緩和の措置が行われたり，申請に時間を要したものが申請の翌年に許可されたり，といった事例が数に影響しているものと考えられる。いずれにしても，近年の帰化申請の許

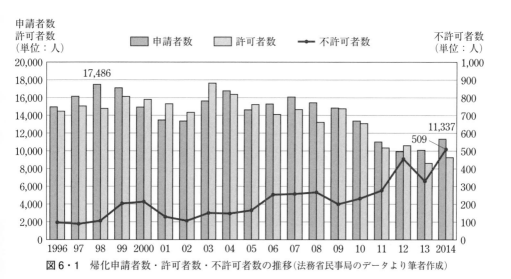

図6・1　帰化申請者数・許可者数・不許可者数の推移（法務省民事局のデータより筆者作成）

236 第Ⅱ部　パスポートを考える

可は厳しくなる傾向にあるようだ。

　日本は目下，各国とのEPA（経済連携協定）交渉を進めており，今後もさまざまな産業分野において外国人が雇用される機会が増えていくことが予想される。リーマンショック以降，帰化の申請者数も許可者数も減少傾向にあったが，2014（平成26）年には再び増加し始めていることが図6・1からも読み取れる。2020年に開催されるオリンピックの影響も加わり，人的交流が今後も増加傾向にあることから，帰化申請者数も比例して増えることが想定される。そうなると，帰化申請を試みる人々の目的はより多様化し，「国籍」の定義も越境する人々のライフスタイルによって変化を遂げていくのではないだろうか。

6.4 アスリートにみる国籍選択の背景
── トンガ人の事例を中心に

代表と成員資格

　昨今プロ，アマ問わず多様な出自をもつ人が，日本代表の選手となることが多くなってきた。グローバル化が進めば当然の流れではあるものの，それでも一見して彼らがマルチ・エスニックな存在であることがわかる状況は，これまでの日本スポーツ界においてはあまりなかったものである。では，彼らの国籍，すなわち成員資格は「日本」だけなのだろうか。他の章でもみてきたが，そのなかに重国籍者はいないのか。また，代表になるために帰化をした人はいないのか。相撲，サッカー，ラグビー，陸上などさまざまな競技におけるアスリートと国籍の現代的状況は，多様な出自，国籍，アイデンティティ，ナショナル・プライドの関係を考えるうえで格好の素材となる。本項では，そうした状況を日本におけるラグビー選手の事情からみていくこととしたい。

6.4.1　ラグビーブームと問われる選手の国籍

　2015年秋以降，日本はラグビーブームに沸いた。そのきっかけは，同年秋にイングランドで行われたラグビー・ワールドカップで，日本代表が優勝

第6章　人とパスポートの関係　　237

候補の一角であった南アフリカ代表相手に「世紀の大金星」をあげたことにある。南アフリカ代表は，1995 年には自国で行われたワールドカップにおいて，当時のマンデラ大統領の応援を得て優勝を果たしたこともある強豪で，その物語はハリウッドで映画化されるなど世界的に知られた存在である。そうしたチームに，1991 年のワールドカップ以来，2 度の引き分けを挟みながら勝利のなかった日本代表が勝ったことは国内外の注目を集めた。

　そして，その翌日，同試合で日本代表があげた 34 点のうち 24 点を叩き出し，一躍「時の人」となった五郎丸歩が Twitter にて「ラグビーが注目されてる今だからこそ日本代表にいる外国人選手にもスポットを。彼らは母国の代表より日本を選び日本のために戦っている最高の仲間だ。国籍は違うが日本を背負っている。これがラグビーだ。」と発言した。

　イングランド大会における日本代表の構成をみると，31 人中 10 人が海外出身で，うち 5 人は帰化をしており，ほかはニュージーランド 3 名，トンガ 1 名，フィリピン 1 名とそれぞれ異なる国籍を有していた。これは日本だけに限った傾向ではなく，イングランド大会の参加チームで海外出身選手を含まないのはアルゼンチンのみであった。そうした状況は，国籍取得が出場要件であるオリンピックやサッカー・ワールドカップなどと比べると，特異に映る。

　たとえばサッカーの場合，大きな大会や予選の直前になると，他の国籍を有する選手の帰化に注目が集まる。1997 年のワールドカップのアジア予選の期間中に呂比須ワグナーがブラジルから帰化した際には，それまで彼はチームの練習にも参加していなかったにもかかわらず，帰化から 15 日後の公式戦に先発出場している。団体競技であることを考えれば異例ともいえる対応であるが，出場資格と国籍の関係を象徴的に表す事例といえる。

　一方で，ラグビーにおいて重視されるのは，国籍ではなく，どのラグビー協会に所属しているかである。代表チームでプレーをするには，①当該国の国籍を有すること，②当該国が出生地であること，③両親，祖父母のうち 1 人が当該国出身であること，④当該国で 3 年以上継続して居住歴があること，という要件のいずれかを満たすことが条件となっている。

　そうした状況をふまえて，日本国内のラグビー事情に目を移すと，意外に

238 第Ⅱ部 パスポートを考える

映るのが選手の帰化が目立つことである。代表選手も上記のように帰化選手が多く，2015-2016 シーズンのトップリーグ（日本の国内 1 部リーグ）には 16 チームが参加しているが，NTT コミュニケーションズ・シャイニングアークス以外のチームには帰化選手が所属している（『ラグビーマガジン』2015 年 10 月号別冊付録。以下の数値もそれに準拠）。本来，彼らはあえて代表チームに入るために帰化をする必要はなく，日本協会内でプレーする際に国籍の変更は求めていない。そこに「なぜ多くの選手が帰化するのか」との疑問が生じる。

　また，トップリーグの帰化選手のなかで最も多いのがトンガからの帰化者で，16 名に及ぶ。ニュージーランドからの帰化者も 14 名いるが，トンガの人口は約 10 万人で，ニュージーランドが約 440 万人ということや，日本の海外出身選手の母国の多くは重国籍を認めていることから，トンガの帰化者の集中ぶりがわかる。加えて，同国人選手と日本への帰化にはいくつかの特性や背景がみられるため，本節においては，来日トンガ人のパイオニアであり，現在も日本で指導者として暮らすノフォムリ・タウモエフォラウ氏の日本における経歴を追いながら，トンガ人ラグビー選手と国籍に関する状況を検討する。

6.4.2　初代トンガ人ラグビー留学生の来日の経緯

　1970 年代後半，商業簿記が専門の中野敏雄大東文化大学経済学部教授は，ソロバンに関心が強かったトンガ国王ツポウ 4 世と親交を深め，そのなかでトンガ人ラグビー選手の留学が決定した。受け入れ先の大東文化大学でラグビー部の監督も務めていた中野は，ラグビーがトンガの国技であることをふまえ，ホームシックを避けるため留学生をラグビー部に入部させることを提案し，国王の了承を得た。そこで，オークランド大学医学部入学資格を所有していたホポイ・タイオネと，当時すでにトンガ代表のラグビー選手として活躍していたノフォムリの 2 名が，留学生として日本に派遣されることとなったのである。

　彼ら 2 人は，日本に関する予備知識がほとんどないまま来日し，周囲の日本人ともコミュニケーションが十分にとれなかったものの，ラグビーや寮生活を通じてしだいに日本社会のなかで活躍の場を見つけていく。ノフォムリ

はすでに国際レベルの選手であったが，ホポイにはラグビー経験はなかった。しかし，中野の後を受けて監督に就任した鏡保幸らの指導もあって，ホポイは在学中に日本代表に選ばれるほどの成長をみせた。また，ノフォムリも時をほぼ同じくして日本代表に選出されている。ノフォムリは日本代表で初めて，他国で代表を経験した選手でもあった。その決定が下りるまで，ノフォムリ自身「自分は他国の代表経験があるから選ばれることはない」と考えていたものの，その経験は後輩に引き継がれていく。

　しかし，現在では他国での代表経験のある選手の扱いが変化したことは注記しなければならない。2000 年以降，一度他国の代表でプレーした選手は，たとえ当該地域のラグビー協会で長く活動したとしても，同代表に加わることはできなくなった。しかし，2014 年，IRB（国際ラグビー評議会，現在のワールドラグビー）は，「①当該国の国籍取得，②前代表としての最終戦から 18 カ月以上経過，③ 7 人制（セブンス）でワールドシリーズ 4 大会以上またはオリンピック予選で半分以上プレーする，という 3 要件を満たせば新たな代表でプレーが可能」と規定を変更した。

6.4.3　日本居住者としてのトンガ人ラグビー選手

　大東文化大学卒業後，ノフォムリとホポイは鏡監督の出身チームであった三洋電機に就職した。日本に留学した当初から，大学を卒業した後，両名はソロバン指導者としてトンガに帰国することとなっていたが，日本がすでにソロバンの時代ではないとの認識や，後に結婚する交際相手の存在などから日本に留まる道を模索し，鏡が仲介をするに至ったのである。

　また，大東文化大学は彼らの後を受けて，シナリ・ラトゥとワテソニ・ナモアという留学生を新たに迎え，1986 年度には全国大学選手権を制し，トンガ人の活躍度が全国に知られるようになった。そして，1987 年にはニュージーランドとオーストラリアで第 1 回ワールドカップが開催され，ノフォムリとラトゥは日本代表として大会に参加している。

　その後，ホポイが引退するのと入れ替わりに，ラトゥとナモアは三洋電機に就職する。当時の規定では，外国人選手は会社業務について 2 年目から 2 名まで出場できるとされていたものの，日本に 7 年以上居住していた選手は

日本人扱いとされたことで，3名は三洋電機ラグビー部の主力として活動していく。ただ，日本に留学した時点で24歳だったノフォムリは，1992年に34歳で引退することとなった。

　当時，ラグビーはアマチュア競技であり，ノフォムリは三洋電機の社業に専念していたが，1997年，彼の人生は大きく転換する。埼玉工業大学深谷高校（現・正智深谷高校）のラグビー部にトンガ人留学生を迎え入れる際に，彼は仲介を手伝い，体格の良かった彼の妹の息子ホラニ龍コリニアシがスカウトされたのである。当初，ホラニの母は息子の留学に反対していたが，本人の意思と，ノフォムリの説得もあって，ホラニは同校に入学することとなった。もともと，勉強熱心な家に生まれたホラニはトンガにいた頃はラグビーのプレー経験はなかったが，早朝からの猛練習の成果もあり，実力はトップレベルへと成長していく。そして，彼と同期入学のフォラウ愛世を擁した同校は1999年全国高校大会で準優勝，2000年大会でベスト4という好成績を残した（最終学年ではホラニはキャプテンを務めた）。

　彼らには強豪大学へ進学する道もあったが，ノフォムリはトンガ人留学生の目的はラグビーではなく，勉強であるべきと考えており，系列校である埼玉工業大学への進学は既定路線であった。当時の埼玉工業大学ラグビー部は関東大学リーグの3部に所属しており，ラグビーでの成功を第一に考えたならば最良とはいえない選択であったことから，学業の重要性をかつて自らも留学生であったノフォムリが重視していたことが見て取れる。

　トンガ人が学業を優先した背景には，日本のラグビー界が大学を中心に発展してきた構造も関係している。日本では，トップレベルの選手は長年「高校→大学→社会人リーグ」という進路をとってきた。そのため，日本にラグビー留学する場合，自らが望めば高い教育を受けながら，選手としても成長することが可能となる。それは他国のトップレベルの選手が地域に根差したスポーツクラブにおいて実力を伸ばし，代表選手となっていく構造との大きな違いである（小林・佐々木 2016: 98-99）。加えて，アマチュアリズムを重視していたラグビー界では，社会人選手は職をもつ必要があったため，日本にラグビー留学をして成功することは同時に，高等教育の取得はもちろん，実業団を保持できる大企業への正社員としての雇用も意味していた。

そして，人口約10万人のトンガは国内に大学がなく，大学で学ぶということは同時に海外に出ることでもある。加えて，約20万人のトンガ人が海外で就労し，トンガの家族に送金している構造が定着していることを考えれば，大学教育を受けたうえ，大手企業に就労できる日本へのラグビー留学は非常に望ましい形態であった。

ただ，1990年代半ば，世界および日本のラグビー界は大きな変化を迎える。ラグビーにおいて，公的にプロが認められ，トップレベルの選手の移動が活発になったのである。かつて海外出身選手が日本でプレーしようとする場合，社業も行わなくてはならないことから，高い日本語能力や職業上の専門性をもたなければラグビー選手として企業チームに所属することはできなかった。そのため，1990年代前半までは，日本の大学を卒業したトンガ人留学生か，海外の弁護士資格を有していたり，ラグビーも盛んなオックスフォード大学やケンブリッジ大学卒業生などが，外国人選手としてプレーしていたのである。

しかし1990年代後半からは，海外から現役の代表選手や名選手が次々にプロとして日本でプレーするようになった。そして，外国人の7年間の居住規定がなくなり，出場可能な海外出身者は2名までと定められたため，日本の大学を卒業した留学生たちは海外のトップ選手と同じ条件で出場枠を争うことになったのである。

6.4.4　ラグビー選手の帰化の動機

21世紀に入り，トンガからのラグビー留学生たちは，各校が強化を進めるなかで高校や大学への留学の機会は増えながらも，大学卒業後，日本のトップレベルでラグビーをしていく道は狭まってしまった。そこで，社会人（トップリーグ）選手としての雇用や，安定したプレー環境を望む選手の帰化が増えることとなったのである。

中国人卓球選手を中心に帰化の状況を検証した澁谷司は，帰化の動機を①スポーツ留学経験，②若年期の家族との来日，③外国人枠を嫌ったこと，④中国国内での激しい競争を避けること，⑤日本人との結婚という五つに類型化している(澁谷 2013: 214-215)。トンガ人ラグビー選手の場合，代表選出に国

籍を問わないラグビーの特性から国内での競争を避けるための帰化は想定されず，複数の要因が影響し合っている。特に，高校や大学で学ぶなかで起きた変化が大きな位置を占める。第一に，選手としての成長があげられる。ホポイやホラニは日本に来てラグビーを始めており，他の選手の場合でも，高校や大学ではいまだ身体的にはトップレベルに至っておらず，日本でのプレー経験が彼らを大きく成長させたことは，結果的に日本への愛着や信頼を高めた。第二の変化としては，日本語や文化を学ぶなかで，学校や会社あるいはプライベートで多くの日本人と知り合い，結婚をした選手も少なくないことがあげられる。

　また，ラグビー留学を行った選手たちは，単純に外国人枠のために帰化を選択するわけではない。埼玉工業大学を卒業したホラニは2006年に三洋電機に入社するが，翌年，娘の誕生を機に帰化している。彼の経験を考えれば，上記の動機が複雑に関係していることが理解できよう。

　そして，トンガ人留学経験者の多くが口にする言葉として，「チームに対する恩返し」というものがある。自らが帰化をすることで，チームの外国人枠を増やし，強化の機会を与えるという意味で用いられるが，ここに日本におけるラグビー選手の帰化の特徴が見て取れる。彼らは帰化に際して，代表入りではなく，自分や所属するチームとの関係に比重を置いており，所属チームや日本ラグビー界に対して強い感謝の念をもっている。

　また，彼らが帰化を選択する動機としてパスポート自体の効果も考えられるが，日本国籍を取得する理由が就業上，あるいは人生設計に焦点が置かれているため，その点はあまり重視されていない（小林・佐々木 2016: 104-105）。トンガへの帰省や海外遠征の際の利便性について多少の評価はあるが，帰化選手が長子である場合，トンガでは国籍を放棄してしまうと相続する土地などが国に接収されてしまうために，トンガ国籍を有しながら，日本に帰化を行う場合もある。つまり，トンガ人にとっての日本への帰化は付随する検討事項やリスクが少なくない決断なのである。

スポーツと国籍を考える

　さてここではラグビーの事例だけをみてきたが，海外出身のアスリートが国籍を取得することには，さまざまな葛藤や困難が生じていることがわかっ

た。そして，サッカーや野球，相撲や卓球といった他の競技と，ラグビーは
違った問題があることも理解できた。しかし，おそらくどのような競技にお
いても共通していえることは，所属しているチームや国の代表になること
は，アスリート自身にとってのプライドや，日本あるいはその競技界に対す
る思いの表れだということである。そしてそれは成員資格(国籍)という問題
だけでなく，全人格的で人生全般に関わるものだといえる。すなわち，成員
資格そして，IDカードやパスポートは権利‐義務関係の象徴だけでなく，日
本や出身国の人々からの敬意や信頼を得る装置であり，自己実現の装置とい
う側面ももつといえるであろう。

コラム **あなたはだれ？**── **パスポートが覆う，そのむこうの景色**

（グェン ティ・ホン ハウ）

パスポートが覆う景色

　私にとって，海外はパスポートなしで行くものだった。自分の国籍の所在
がわからないから，どの国にもパスポートを申請することができなかったの
だ。

　ベトナム難民の両親の元，私は日本で生まれ育った。両親は，非合法的に
船でベトナムを脱出したため，ベトナム政府とのつながりを断ち切られてい
た。その親から日本で生まれた私は，当然ベトナム政府からはベトナム国民
としては認識されない。また日本は血統主義のため，親が日本国籍でなけれ
ば，日本で生まれても国籍を与えない。ベトナム国籍を継承することもでき
ず，生まれ育った日本の国籍も与えられず，私はどこにいっても外国人。国
籍の所在は不明のまま，生まれてからの28年間，二つの国の間の網目から
こぼれ落ちていたのだった。

　そんな私にとってパスポートは，日本のものはもちろん，ベトナムなんて
もってのほか，どうしたって手に入れることのできないものだった。にもか
かわらず，海外には，たくさんではないが，これまで何度か行く機会を得
た。そんなときはパスポートの代わりに，日本の出入国管理局でもらう「再
入国許可書」を携え，そこに日本の法務省が発行する再入国許可と，行きた
い国の大使館が出すビザを貼ってもらう。それがあれば，行きたい国に入国

することと，日本にまた戻ることが，できるはずだった。

ベトナムに行くのは比較的簡単だ。日本に生活するベトナム難民は少なく見積もっても1万人以上はいる。この人数が，同じように再入国許可書にベトナムのビザをもらうという方法で，日本からベトナムに入国するのだから，ベトナムでは再入国許可書はわりと認識されていたのだと思う。私もこの方法でたびたびベトナムを訪れたし，特に大きな問題が起こることはなかった。

大変なのは，ベトナム以外の国に行くときだ。数日の観光旅行でさえ，書類集めに奔走し，ビザが下りるまでに3カ月以上はかかる。それでも許可が下りない時もあった。さらに大変なのは日本を出国した後，その国に到着し，入国審査（パスポートコントロール）を受けるときだ。再入国許可書を提示するが，相手はなかなか納得してくれない。当然だ。パスポートの提示を求められているのに，パスポートではないものを出すのだから。

「パスポートはないの？」

審査官のこの質問にYESと答えた瞬間，当たり前に自分の周りを流れていた世界は，突然姿を変える。相手の笑顔は消え，疑いの眼差しが私を突き刺す。私はたくさんの旅行者の列から外され，尋問を受ける。

「なぜここにいるのか？」「なんのためにここにきたのか？」

「あなたは誰？」

必死に英語で答えるが，どんどん不安になり，自分の言葉に自信がなくなってくる。私はここにいるのに，私は私なのに，それを証明し，保証するものがない。徐々に，地面が波立ち始め，自分の足元が揺らぎ出す。不確かな世界が顔をのぞかせる。パスポートが，証明書がないとはこういうことなのだ。パスポートは，つねに「自分が何者なのか」それが不確かである世界の，揺らぐ景色を覆い隠している。パスポートがないということは，その揺らぐ世界に身をおき，向き合わなければならないということだ。

パスポート，それは手に入らないもの

幼い頃，自分は国籍があると思っていた。いやむしろ「国籍」という制度をちゃんと理解していなかった。なんとなく「日本人ではないから，ベトナム人らしい」と思っていたくらいで，幼い私には，出自やエスニックや言語

と，国籍という制度が，ズレうるなんて考えも及ばないことだった。

　私が初めて日本を出て海外に行ったのは，家族とベトナムに行った15歳のときだ。空港で両親に渡された茶色い手帳を，私はパスポートだと信じて疑わなかった。家族のみんなが同じ茶色い手帳を携えていたし，それで問題なく日本を出て，ベトナムに入れたのだ。

　自分や自分の家族の状況がほかの人と少し違うと気づいたのは，16歳のとき。スタディツアーに参加して，同世代の日本人の若者とフィリピンに行くことになった。ほかの人は日本のパスポートがあればフィリピンに入国できるのだが，私はフィリピンのビザを申請する必要があった。ビザを申請するためには，残高証明書や難民理由書，学生証，旅行日程など書類を集め，すべて英語に翻訳しなければならない。フィリピン大使館に何度も通い，面接も受けた。ビザを取得するこのプロセスは16歳の私にとっては大きな負担だった。なぜ，私だけ？　きっとベトナム人だからだろうと思っていた。ビザが下りて，成田空港から出発するとき，みんなは紺色の日本のパスポートを持っていた。私は茶色い手帳を持っていた。それでもまだ，自分の持っているものはベトナムのパスポートなのだと思っていた。

　それがパスポートではないと認識したのは，フィリピンから帰った後だ。ベトナムで生まれ，8歳で日本に来た友人に海外に行く方法を聞くと，その子は緑色のベトナムのパスポートを持っていて，海外に行くときもビザは必要ないという。このときやっと，自分が，日本の友人とも，ベトナムの友人とも違うということを理解したのだった。

　とはいえ「再入国許可書」と「パスポート」は何が違うのか。最初のページの条文を見るとよくわかる。パスポートには「日本国民である本旅券の所持人を通路故障なく旅行させ，かつ，同人に必要な保護扶助を与えられるよう，関係の諸官に要請する」とある。日本という国家が後ろ盾になり，日本の国民であることが証明され，さらに海外で万が一何かがあっても保護されるということが，国同士の関係によって保障されるということが書かれている。なんとも心強い。一方，再入国許可書には「この許可書は，所持人の再入国許可のために交付するものであり，所持人の国籍を証するものではなく，また，その国籍に何ら影響を及ぼすものではない」と書いてある。これ

はあくまで日本にもう一度入れる許可であって，国籍を証明するものでもなければ，もちろん海外で万が一何かが起きても保障はしませんというメッセージにも読み取れる。なんとも心細いものだ。

　国籍の証明，国家による保護という意味をもつパスポートは，10代の私にとって到底手に入らないもの，憧れの対象だった。私はほかの人と違って，それを持つことができない。何をしたわけでもなく，生まれ落ちて気づけばそういう状況だったのだ。

　私はこの状況を肯定しようと努力した。その努力は逆に自分を屈折させもしたし，新しい世界に連れ出してくれもした。国家という後ろ盾なんかなくたって，自分はこれまで生きてきたじゃないか。自分の存在は，パスポートや国の後ろ盾のあるなしで肯定も否定もされない。ないものを望むのではなく，あるものを大事にすればいい。パスポートが手に入らない，国籍がない，国家という後ろ盾がないという状況を肯定する努力は，少しずつ私のなかで，ある種の生き方，生きる指針のようなものに変わっていった。

　さらなる転機が訪れたのは，大学院生のときだ。友人たちが調査や学会発表で海外を飛び回っているのをよそに，容易に海外に行けない私はひとり悶々としていた。いいじゃないか，そんな大それたことしなくたって。そう自分に言い聞かせていたが，やはり友人たちの動向は気になった。

　一方で，国籍やパスポートにまつわる自分の状況を人前で話すことも増えていた。国籍をとることがどれほど大変か，パスポートがないために海外に行くのがどれほど大変か，どれほどたくさんの書類を集めなければいけないか，特にベトナムの書類を申請することがいかに難しいか，とにかく自分の状況の大変さを説明する。でも，どれも自分が主体となって，本気で挑戦したことはなかった。家族や周りの人が大変そうなのを見て，足がすくみ，重たい腰を上げられなかったというのが本当のところだったのかもしれない。国籍がないという生き方を自分は自分の意思で選びとっている，そう思う反面，大変なのを言い訳に，自分は挑戦する前に諦めて，逃げているのではないか。そんな思いがいつも頭をかすめていった。

　考えるのが嫌になり，一度，試しに一人で法務局国籍係を訪れたことがある。パスポートをとるには，まず日本国籍をとらなければいけない。しか

し，現れた担当者は私の状況を理解できなかったようで，結局「まだ学生で経済要件を満たしていない」ことを理由に，私は国籍取得の準備段階にも進むことができなかった。国籍法の条項を引き合いに食らいついても，「今日のところはここでお引き取りください」と門前払い。私は諦めて法務局を後にし，気づけば涙が流れていた。

悔しかった。自分は本気を出せば，挑戦すれば，国籍を取れるとどこかで思っていた。できるけど，あえてとらないだけ。そう思っていたから，強がることができた。でも，私はどうがんばっても，今のままではこの壁を越えることができないんだ。その現実を思うと悔しかった。自分の境遇を肯定し，この生き方を肯定してから，私は初めて自分の境遇を恨み，誰を責めていいかもわからず，ただ悲しかった。

世界が揺らぎ，足元が波立つ

今の状況でしかできないことをやってみよう。この状況だから見えるもの，知れることがあるはずだ。そのために，もう一度ベトナム以外の国に行ってみよう。あれからそう思い直したのは，季節が変わる頃。私は研究旅行という公式の理由を携えて，自分の研究に関連していたドイツに行こうと決めた。そして，4カ月ほどかけてヨーロッパに入るためのシェンゲンビザを申請し，手に入れた。幸いドイツは大丈夫だったが，ヨーロッパのなかでも再入国許可書では入れない国が多いことも初めて知った。すべてが初めて。とにかく小さな壁にぶつかりながら，前に進むしかなかった。

そして出発の日。日本を出るときには特に問題は起こらなかった。着陸し，ドイツに入るためにオランダでトランジットする。ヨーロッパで最初に到着した国で入国審査（パスポートコントロール）を受けなくてはならない。再入国許可書を提示する。大丈夫，シェンゲンビザもちゃんと貼ってある。「パスポートは」と聞かれ，「これが私の旅券です」と答える。

「これパスポートじゃないわね。じゃあパスポートはないの？」

この質問に「YES」と答えた瞬間，突然，世界は姿を変えた。相手の笑顔は消え，疑いの目が私を突き刺した。私は国境警備隊のような背の高い男に連れられ，別の場所に移動させられた。なぜパスポートがないのか，どうやってここまできたのか，なぜベトナムのパスポートを持っていないのか，

なぜ日本のパスポートを持っていないのか，いったいどこの国民なのか，英語でまくしたてられ，必死に私は答えた。親がベトナム難民であること，日本で生まれ育ったこと，日本の国籍制度のこと。ビザの申請のときに集めた書類を一枚一枚見せる。在学証明，外国人登録書，残高証明，ドイツの研究機関の招待状…。私はこういうものだ，怪しいものではない。必死に説明した。しかし，どの証明書もパスポートのような効力はなかった。

「あなたは誰なのか」「なぜここにいるのか」

その質問に，ちゃんと答えることができない。眩暈とともに世界が揺らぎ，私の足元が波立ち始めた。乗るはずの飛行機はもう行ってしまった。私はこのまま拘束されることを覚悟した。そこでの30分は，気が遠くなるほど長い時間に思われた。私が見たかったもの，知りたかったことはこんなものだったのか。きっと大変であることは行く前にも予想していたが，実際に起こってみると本当に怖かった。想像以上に恐ろしかった。なんてことをしてしまったのだ。挑戦なんてするんじゃなかった。もうたくさん。そんな気持ちでいっぱいだった。

しかし，奥の部屋から戻ってきた国境警備隊のような男の言葉に私は耳を疑った。彼は "You are lucky" といったのだ。パスポートコントロールのゲートの横の柵が開けられ，私はなぜか向こう側に渡ることができたのだった。なにが起きたのか今でもわからない。最後にその男は私に「結局，あなたの国はどこなの」と聞いた。疲れ切っていた私はただ「わからない」と答えた。わからない。長い間，何度も考えてきたけど，どうしたって私はその質問には答えられなかった。答えられる人なんてどこにもいないのだ。

パスポートを手に入れ，あの景色は消えた

それから数カ月経って，私は就職した。両親から「3人で一緒に日本の国籍をとらないか」と相談されたのもこの頃だ。「これを最後のチャンスにするから。これでダメだったらお父さんとお母さんは諦めるよ」。その言葉に私は奮い立った。本当は自分が仕事をするうえで，パスポートがないことへの不安が，少しはあった。そのせいで自分の仕事や将来が限定されてしまうのではないか。会社に迷惑をかけるのではないか。両親の言葉に応えたいという気持ちも大きかったが，自分の不便さを理由に国籍をとるのはなんだか

悔しかったから，帰化する理由がほかにできたことに，正直ホッとしていた
かもしれない。私が就職したこともあり，帰化申請は順調に進んだ。1年ほ
どして，私は日本国籍を取得し，日本国民になった。

　今私は，頻繁に海外に行く仕事をしている。2015年8月，30年の人生で
初めてパスポートを持ってタイに行った。当然かもしれないが，空港でも何
も起こらない。風景も変わらない。世界も揺らがない。私がオランダの空港
で見た景色は消えてしまっていた。代わりに，ほかの人がいつも見ている当
たり前の景色が流れていった。パスポートは不確かな世界に蓋をしてくれた
のだ。それでいい，それがいいのだ。

　私はパスポートを持ってタイの入国審査を受けながら，オランダでこの
ゲートをくぐれずに途方にくれていた自分を思い出した。あんな思いはもう
二度としたくない。だけど，その状況を悲嘆し，自分の存在の心許なさに揺
らいでいたあのときですら，自分の奥底に「それでも私がここにいるという
ことは誰にも否定できない」という小さな火がくすぶっていたことも，思い
出した。揺らいでいく景色のなかで，ただそれだけが，あのときの私を確か
に支えていたのだ。国籍をとり，パスポートを手に入れた今だって，国なん
て不確かなものに見える。そんな国と国との約束なんてもっと不確かなもの
だ。この流動していく不確かな制度のなかを，波に乗るように，うまく進ん
でいけばいい。あの小さな火は今も私のなかにある。それでいい，それさえ
あれば，それだけでいいのだ。

座談会　パスポート学の射程

陳　天璽・大西広之・小森宏美・佐々木てる

本書の出版までの経緯

　小森　本書は，『パスポート学』というこれまでにないタイトルの本となりましたが，この耳慣れない「学問」について，ここでは編者4人が，それぞれの立場から自由に発言することを通じて，終章に代えたいと思っています。まずは，そもそも，なぜこのような本を企画したのかということについて，少し遡って思い出してみませんか。

　陳　本書執筆者を中心とする研究会を始めたのは 2006 年ごろのことでした。私自身，かつて無国籍の状態にあり，空港のパスポートコントロールで止められたり，どの国にも入れなかったりという経験がありました。その状態をある種客観視できるようになり，当時所属していた国立民族学博物館（以下，民博）の共同研究会のテーマとして取り上げてみようと考えたのがそもそものきっかけです。従来，人類学では，アイデンティティは別にして，国籍や人の移動をあまり対象としていませんでした。一般に，人類学では一つの調査地（村など）で参与観察を行うことが主流でしたから。一方，人の移動はますます盛んになってきている現実がある。そこで，移動する人々に着目し「国籍とパスポート」というテーマで研究会を組織しました。

　このテーマは人類学にとどまらず，学際的に行うべきと考え，法学，歴史学，社会学，政治学，民俗学，そして日本の入国管理の実務経験者など，多彩な顔ぶれの研究会となったことが本書の構成からもおわかりいただけると思います。

　佐々木　現場を知っている実務家が入ったのは大きかったですね。

　陳　民博でやるので「物から見よう，実物から見よう」「物を集めて比較してみよう」というのが特徴の一つになりました。いま一つ重視したのが「当事者の語り」です。

　小森　「物」と「当事者の語り」に着目した結果，一方通行ではない「ア

イデンティフィケーション」という概念が出てきました。国籍については国家側の話が主になりがちですが，使っている本人たちの使い方の妙というような，使っている人の実体験こそ興味深いように思いました。

陳　当事者の方からみると，「法律ってこんなふうに操作されているんだ」というのが見えてきましたね。

小森　法律と現実の間のずれについて議論し，『越境とアイデンティフィケーション――国籍・パスポート・ID カード』(新曜社，2012 年)を上梓することができたのは，大きな成果でした。

佐々木　理論的な面では，国籍の機能や，その決められ方，それらが国民国家の成立とともにどう変容したかに関するロジャース・ブルーベイカーの研究も一つの出発点でした。それと同時に私たちの主眼はより移動の方にあったと思います。そうするとミシェル・フーコーやジョン・トーピーの管理監視という議論にもつながってくる。見田宗介のことばを借りれば「自由な意志そのものを通して」，国家が「ひとりの人間を，その好みの型の人間に仕立てあげ，成形してしまうメカニズム」(見田 2008)の分析といえますね。移動の管理監視の問題は近代社会における根本の問題に行き着く。なぜなら，ID を含めた近代的個人や主体こそが管理の前提にあるからです。またトーピーの『パスポートの発明』(2008)のなかで面白かったのは，フーコーが意識に目を向けているのに対し，トーピーは具体的にどう「物」が使われているかに関心があることですね。

小森　その点でトーピーは私たちの研究関心に近いけれども，決定的な違いは，私たちの研究会では国籍やパスポートに完全には拘束されない，ときにはそれらをうまく利用する，使う側への視線にあると思います。

佐々木　そうですね。ただ，私たちの研究会を前後半に分けると，前半は「物」へのこだわりが薄かったという気持ちもあります。その分後半は，各地の博物館や外交史料館で現物をずいぶん見ましたね。本書は，まさしく「物」に焦点を合わせているので，初心に戻っているのではないでしょうか。『越境とアイデンティフィケーション』では伝え切れなかった，パスポートや ID カードの「物」としての面白さも，今回は存分に盛り込まれています。

パスポートの役割

小森 そもそもパスポートの役割とは何でしょうか。移動の際に使われることは間違いないとして，なぜ，それで移動できるのか。

陳 国を越える移動の際，身分証明としてパスポートが使われていますが，パスポートだけではなく他の身分証明書が使われることもあります。

大西 国境地域に生活する人々が頻繁に国境を越える場所では，個人を特定するために身分証明書を用いる方法がつねに採用されるわけではなく，面識がある個人間によって行われる本人確認，いわゆる「顔パス」が行われることもあります。

陳 本書にあるマレーシアとタイの国境の事例（§1.5.5）もそうですね。

大西 パスポートは，それを所有する人の氏名や国籍を証明することはできますが，ある国に長期滞在するとなると，居住関係，言い換えればどれくらいの期間ある場所にいたのかを証明する必要があり，パスポートでそれを証明することは困難です。

陳 無国籍の場合，実は，国籍がないことの証明が難しいという現実があります。また便宜上，身分証明書にどこかの国の国籍が記載されていても，それが実効性のない場合もある。たとえば，日本が発行する身分証明書で「ミャンマー国籍」と扱われていても，外国に行った際それを証明できず，通用しないことがあります。

大西 日本の法律や行政実務では，重国籍者を含め日本国籍をもっていれば「日本人」であり，国籍の有無ではなく，日本人以外はすべて「外国人」として取り扱われる。無国籍者もここに含まれます。日本においては，入国時などに提示されたパスポートにより決定された国籍によって外国人を取り扱うこととされています。

陳 行政的に便宜上発行された証明書で「自分は〇〇国籍なんだ」というアイデンティティが形成されるのに，実はその国籍は有効ではなく，自分で身元を証明しなさいと言われることも少なくありません。

小森 本書のハウさんのケース（第6章コラム）もそうですね。

陳 ハウさんのエッセイは「不条理に扱われてきた現実を私は忘れないでいたい」，「日本国籍になってもそのころの経験を忘れないでいたい」という

思いがこもっています。他方で，パスポートという視点からみると国籍がもつ意味合いが変わることも事実です。便利なものを手に入れれば目的が達成できるので，それに合うように国籍を変えようという考え方もあります。

小森　便利さを優先するならば，国籍もパスポートも複数もっていてもいいですよね。アイデンティティとは別の問題になります。この研究会ではそのずれが浮かび上がりました。

佐々木　個人がパスポートを積極的にどう使うかという問題ですね。上からのアイデンティフィケーションに対抗して自分がどう国籍を変えるのか。もっている多様性を制度のなかでどう表現できるか。上からの規定と，現実の場面での利用の相互作用が，この研究会を通じて非常によくみえてきました。

陳　その一方で，こだわりをもっている人もいます。失ってしまったものをもっていたいという気持ちかもしれません。失った祖国，自分のあるべき姿だったものを，取り戻したい，保持したいという気持ちです。丁章さんのケース（第3章コラム）がそうでしょう。後から気づかされた自分の帰属の一部，それがなくなると自分を証明するものがなくなる，だからこそこだわっていたい。そういう人たちもいます。

佐々木　国民としての意識やナショナルなイメージを具現化する制度が国籍制度であって，それが物として目の前に現れてくるのがパスポートだから，それをもつことが安心感につながる。国籍やエスニシティは見えませんが，パスポートがあるとそれを確認できる。たとえば自分が「日本人」だという感覚を証明するためには，それを具現化し，具体化してくれるパスポートがあるとすごく便利なわけです。

パスポート学とは？

小森　自分自身を支える物として，自分のアイデンティティが見える物としてパスポートをもつ人もいるということですが，一方で日本人の多くはそれを意識していないのではないでしょうか。

大西　よく日本のパスポートの通用性は世界でトップレベルだといいます。これは，日本が査証免除協定を結んでいる国だけでなく，このような協定にかかわらず，日本のパスポートをもっている場合，一方的に査証（ビザ）

を免除する国が多いことなどに由来します。そのため，日本のパスポートをもっていると各国を移動するときに苦労しない。不便を感じなければ，パスポートのありがたみは意識されないのではないでしょうか。

　小森　少し前に，国にパスポートを没収されたという事例があり，少しずつ一般の関心は高まっていると思いますが，それでも日本の日常の風景のなかでパスポートが当たり前のものとしてあり，国籍もまたあることが当然で，問題になる場面はそれほど多くはない気がします。そうしたなかでこの研究をやる意味をどう考えますか。

　佐々木　今，なぜパスポートかというと，近年非常に活発になってきている移動，越境，グローバリゼーションなどを見据えたときに必ず出てくるからです。想像力をもっと豊かにしてほしいという希望はあります。

　陳　移動の困難を経験したり，重国籍をもっていて国籍選択を迫られたりしている人もいます。これからそういう人はますます増えてくると思うので，このパスポート学がいい手引きになると思います。

　小森　パスポートを見ると，そういった自分の知らなかった現実がイメージしやすくなりますね。

　陳　パスポートという小さな冊子で，国家と個人の両面を見ることができます。特にそこから人生が見える，ライフヒストリーがある。グローバル化するなかでの重国籍や無国籍の増加などにみられるように，国と人の対峙が凝縮されている。そこを紐解くのがパスポート学なのではないでしょうか。

　佐々木　私たちのパスポート学の重要性は，そこに近代国家の仕組みが見えてくることでしょう。グローバル化のなかで移動が活発になると，生地主義と血統主義のどちらの国籍制度を採用するのかが，これまで以上に大きな問題となる。どこの国民でもなくなるという矛盾や隙間が生じてくる。そうした状況がこういう学問が成立する背景としてあると思います。

　小森　国籍制度は歴史のなかで変化しています。パスポートを通じて世の中の変化が見えますね。

　佐々木　ただ，そうした小難しい話とは別に，単純に，鉄道オタクみたいなものでパスポート自体の面白さを指摘しておきたいですね。萌え要素というか。収集し，見るだけでも面白い。パスポートの形も変化しているし，各

国のデザインにも個性がある。

ローカルな移動の管理

佐々木 移動は国内でもありますね。国内旅券，移動の管理監視，マイナンバー制度などについてはどうですか。

陳 中国では農村と都市部の間の移動が管理されています。農村の人が都市部に行って働くのが難しい。子どもを連れていけない。移動においてローカルという視点も重要です。

大西 ローカルな移動の管理はさまざまです。旧ソ連時代からロシアに引き継がれた国内旅券の制度のほか，中国の戸籍制度など，各国において国民管理のための登録制度があり，これらの身分証明書を比較，検討することも必要です。

小森 ローカルとグローバルのせめぎあいという側面は見えますか。

陳 最近，マレーシアで無国籍児を登録し，国籍を与えるべきという議論がされています。これは政治や経済と関係しています。外国人労働力が高騰し，国内にすでにある労働力を正規に雇用することによって賃金を抑え，また社会問題を未然に防ごうという発想があります。中国も 2015 年に一人っ子政策を廃止しました。これまで登録されてこなかった無戸籍児に戸籍を与える動きが出ています。

佐々木 日本でアムネスティ，すなわち在留資格付与や正規化を行う議論はあるのでしょうか。

大西 外国の制度を研究している程度で，実施するのは難しいのではないかと思います。実際に日本は，専門的な技術，技能，知識を必要としないいわゆる単純労働者の受け入れについては，十分慎重に対応することを基本方針としており，技能実習制度をはじめ非常に複雑な在留資格制度となってしまっています。このような制度を運用する行政の立場からみても，もう少しわかりやすい制度であるべきだと思います。

佐々木 私は青森で調査しているのですが，八戸などには中国やベトナムから研修生が来ています。人口減少対策，労働力としてです。そういう人たちは集住しているので地域住民との接触がなく，姿が見えない。

陳 香港ではフィリピン人メイドの永住権が大きな問題になっています。

香港の基本法では「合法的に入境した外国人が7年住み続ければ永住権を与える」と明記しているが，フィリピン人メイドには別の立法で制限しました。フィリピン人メイドは両親が忙しい子どもにとっては，ご飯をつくってくれ，ケアをしてくれる大切な存在で，社会にとってなくてはならない存在だが，権利は制限するという姿勢です。

佐々木　パスポートからは少し離れますが，自分たちのことを自分たちでどう決めるかというローカルな文脈での盛り上がりに期待するところはあります。地方自治体での移民の受け入れがもっと増えるといいと思います。自治体ごとに付与できる権利が違ってもよいのではないでしょうか。

大西　国家戦略特区制度に基づき，大阪市などでは，これまでに就労資格では入国が認められていなかった，炊事，洗濯，掃除といった家事労働を行う外国人に対し，個別に活動内容と活動区域を指定して，在留を認めることになりました。

パスポート学の想像力

陳　国連が無国籍をなくすためのキャンペーンを2014年に始めました。無国籍は「よくない」というのは，管理する側の見方であるといえます。

大西　無国籍者は，国家から権利を与えられず無権利状態である一方，どの国家にも義務を負っていないため，国民を管理する立場からは，扱いにくい存在であるといえるのでしょう。

陳　これだけ重国籍や無国籍者が生まれ，国籍法の齟齬が明らかとなっているなか，国籍はもはや時代遅れという発想にはならないのでしょうか。権利・義務関係をとり結ぶ対象が国ではなくて，地域やあるいは地球全体になるということも考えうるのではないでしょうか。そうすると国籍に対する意識も変わるかもしれません。

大西　国籍の概念を取り払うとしたら，特定の国や地域に入国し，居住する権利をどのように担保するかという問題を解決する必要があるのではないでしょうか。

陳　国籍は権利であるとともに義務でもある。それゆえ，そんなの欲しくないという人がいることも見逃すべきではありません。

小森　確かに権利・義務関係は双方向です。その点で，パスポートにも記

載がありますが，国民ならば保護される権利があることについてどう考えますか。

陳　必ずしも守ってくれる国ばかりではありません。むしろ，パスポートの更新や再発行のために大使館員に多額な「税金」を要求され当惑している人々もいます。

佐々木　国籍と経済格差は切り離せない問題です。国家間の格差が激しすぎるので簡単に移動されたら困るという事情があります。ある国の国籍や居住権がプレミア化するのは，その国に行けば安全安心に働けると思われているからです。グローバル経済をちゃんと見ていく必要があります。パスポートは政治だけの話だけではない。

大西　そういったこともパスポート学の射程に入ってくるでしょう。移動する人々にとっては，現実的に国籍よりも世界のどこかに在留する権利，すなわち，どこに住んでどこで生きていくかということの方が重要になる。パスポート学というのはそういう側面にも注目していくべきだと思います。

小森　確かに，ここではパスポート学というふうに銘打ってはいますが，扱っているのはもう少し広い問題ですね。一方で，監視という側面についてはどうですか。

佐々木　管理監視はいろんな意味でもう進んでいることだけれど，生体認証，チップの埋め込みみたいな話になるのか。パスポートの今後ですが，人自体が物と化す，その人自体がパスポートになるという方向です。

大西　身体に IC チップを埋め込み，管理するというのは極端ですが，生体認証の技術向上で個人を特定できるシステムは，指紋，静脈や虹彩など身体の一部により可能になっています。出生時に生体的特徴を国がデータとして登録しておくと，国民は国境のゲートを通過することで管理され，パスポートなどの物理的な ID はいらなくなります。

佐々木　すごく嫌な感じがするけれど，そうした管理監視システムは福祉制度や安全保障と一体化しています。テロ防止もその一環でしょう。それと，技術革新が進むことで地域統合が図れるかもしれないが，そうすると地域の「国家」化が進むだけになるかもしれません。

小森　地域間でボーダーが引かれるのですね。

大西 中国は一国二制度により香港とマカオに特別行政区を設け，境界を管理しており，それぞれ本土とは別の居住権を設定したことで，一つの国家のなかで，複数のパスポートを発行することになりました。

小森 今，移行期にあるのではないかと思います。人がパスポートを一つのツールとして便宜的に使って，生きやすさを追求することができなくはない。でも，現在のコントロールのきかない移民の流れをみていると，それが変わる可能性は否定できません。EU 域内に新たな壁がつくられつつあるのか。どうせ管理できないならオープンにするという発想はないのでしょうか。移動する人々の行動が制度を変える可能性もあるのでは。

大西 管理する側の意志に反して制度を変えざるをえなくなる可能性があるということですね。

陳 偽造パスポートなどが使われると管理監視がさらに厳しくなりますよね。

小森 森千香子さんが『国境政策のパラドクス』(2014)で書いていますが，管理監視や人の流入を押しとどめる方が，そのまま入国を認めてしまうよりコストが大きいということも議論できるのではないでしょうか。本書では，管理監視されているだけではない実態の一端が明らかにされていますよね。

佐々木 一人ひとりの想像力の範囲を超えている事例はたくさんありますね。

小森 フーコーを出すまでもなく，規範が内面化されているのですね。パスポートを持って旅行に行くのが当たり前。でも，逆に，それがなくても旅行できるのが当たり前にならないのでしょうか。歴史的にみればそういう時代もありましたが。

佐々木 パスポート学の行き着く可能性として，パスポートのない世界も構想できるでしょう。究極のグローバル化，ある種の思考実験として。

陳 国籍のない時代はどうですか。

佐々木 究極の管理システムが構築される可能性もある。移動も含め全部一発で捕捉できるような。パスポート学は，自由とは何かという話につながることがわかります。

陳 自由には責任が伴います。たとえば，社会の原則を守る，他者にルー

ル付けされずに，自分で守るということでしょうか。

佐々木 エーリッヒ・フロムではないが，好きにやれといわれると，自由がありすぎて何をやっていいかわからなくなる。でもあまりにもいきすぎると「生活世界の植民地化」(ユルゲン・ハーバマス)になる。まさしく「鉄の檻」(マックス・ウェーバー)という監獄ですね。

小森 監獄が当たり前のこととして受け入れられると怖いですね。パスポート学にはそういうものに対する警告という面もあります。

佐々木 実は私たちの生きている世界はウェーバーの時代よりもっと監獄化しているかもしれない。それ以外を知らないから，あたかも自由であるかのようにふるまっているのかもしれない。そうであるならば，逆にシステムを変えることで，もう少し生きやすくなる可能性もある。

陳 そもそも，国籍とパスポートの人類学の共同研究をやろうと思ったのは，そういう発想からでした。国家のない，その先の世界のあり方をみんなで考えられたらと。現状分析だけでなく，未来を先読みしたいのです。

大西 国家は，新しく生まれたり，なくなったりします。そのためボーダーも新たにつくられたり，その位置が移動したり，消滅したりします。

陳 国籍も国家も当たり前ではないという発想が必要です。

小森 冷戦の終焉前後に国家の相対化や退場といっていた，あの発想とは違う意味での国家の変容について，もう少し考えてみてもいいのではないでしょうか。今ここまで状況が混乱して，日本や欧米社会では当たり前だと思われていたことが通用しない人や事象が次々と現れています。どういうものか，まだ想像がつかないけれど，そういう常識を超えた現在，そして未来の姿を自由に考えていく，一つの切り口としてのパスポート学があるともいえるでしょう。

参 考 文 献

Arkib Negara Malaysia 679. K880/1910, 627/1912, 271. K424/1912, 435. K445/1915, 369. K602/1916.

Bader-Zaar, B. 2003, "Foreigners and the Law in Nineteenth-Century Austria: Juridical Concepts and Legal Rights in the Light of the Development of Citizenship," in: Fahrmeier, A. *et al.* eds., *Migration Control in the North Atlantic World: The Evolution of State Practices in Europe and the United States from the French Revolution to the Inter-War Period*, Oxford: Berghahn, p. 138‒152

Brochmann, G. 1999, "Redrawing Lines of Control: The Norwegian Welfare State Dilemma," in: Brochmann, G. *et al.* eds., *Mechanisms of Immigration Control: A Comparative Analysis of European Regulation Policies*, Oxford: Berg, p. 203‒32

Caestecker, F. 2000, *Alien Policy in Belgium, 1840‒1940: The Creation of Guest Workers, Refugees and Illegal Aliens*, Oxford: Berghahn

Carnell, F. G. 1952, "Malayan Citizenship Legislation," The International and Comparative Law Quarterly, 1(4), p. 507

Castles, S. and A. Davidson 2010, *Citizenship and Migration: Globalisation and the Politics of Belonging*, London: MacMillan

Chimni, B. S. 2003, "Status of Refugees in India: Strategic Ambiguity," in: Samaddar, R. ed., *Refugees and the State. Practices of Asylum and Care in India, 1947‒2000.* p. 443‒471, Sage Publication

Choedup, Namgyal 2015, "From Tibetan Refugees to Transmigrants: Negotiating Cultural Continuity and Economic Mobility through Migration," PhD Thesis, Washington University in St. Louis

Diplock, K. 1946, "Passports and Protection in International Law," Transactions of the Grotius Society, 32, p. 42

Fahrmeier, A. 2000, *Citizens and Aliens: Foreigners and the Law in Britain and the German States, 1789‒1870*, Oxford: Berghahn

Hakli, J. 2015, "The Border in the Pocket: The Passport as a Boundary Object," in: Szary,

Hirschman, C. 1987, "The Meaning and Measurement of Ethnicity in Malaysia: An Analysis of Census Classifications," *The Journal of Asian Studies*, 46(3), p. 555‒582

Kharat, R. 2003, "Gainers of Stalemate: The Tibetans in India," in: Samaddar, R. ed., *Refugees and The State: Practices of Asylum and Care in India*, 1947‒2000, p. 281‒320, Sage Publication

Lee, S. K. 2012, "Scattered but Connected: Karen Refugees' Networking in and beyond the Thailand-Burma Borderland," Asian and Pacific Migration Journal, 21(2), p. 263‒285

Lees, L. H. 2009, "Being British in Malaya, 1890‒1940," *Journal of British Studies*, 48(1), p. 79‒80

Linn, R. 2014, *How Powerful is your Passport?* Good, June 20, 2014. (https://www.good.

262　参考文献

is/infographics/how-powerful-is-your-passport　2016 年 1 月 28 日最終閲覧)

Lohr, E. 2012, *Russian Citizenship; From the Empire to Soviet Union*, Harvard University Press

Lucassen, L. 1997, "Eternal Vagrants? State Formation, Migration, and Travelling Groups in Western-Europe, 1350-1914," in: Lucassen, J. *et al.* eds., *Migration, Migration History: Old Paradigms and New Perspectives*, p. 225-252

McConnell, F. 2011, "A State Within a State? Exploring Relations Between the Indian State and The Tibetan Community and Government-in-Exile," *Contemporary South Asia*, Vol. 19, No. 3, p. 297-313

Nishikida, A. and S. Hamanaka 2013, "Palestinian Migration under the Occupation: Influence of Israeli democracy and Stratified citizenship" Sociology Study, Vol. 3, No. 4, David Publishing Company, pp. 247-260

Noiriel, G. 1996, *The French Melting Pot: Immigration, Citizenship, and National Identity*, Minneapolis: University of Minnesota Press

Paavle, I. 2010, "The Evolution, Regulation and Implementation of the Soviet Internal Passport System in the Estonian SSR, Part I; Mechanism of the Internal Passport System" [http://www.mnemosyne.ee/wordpress/wp-content/uploads/2011/05/Indrek_Paavle_-_ Passport_System.pdf]

Parolin, G. P. 2009, *Citizenship in the Arab World: Kin, Religion and Nation-State (IMISCOE Reports)*, Amsterdam University Press

Pearson, R. and K. Kusakabe 2012, *Thailand's Hidden Workforce: Burmese Migrant Women Factory Workers*, London & New York: Zed Books

Planning Commission, Central Tibetan Administration. Demographic Survey of Tibetans in Exile 2009. Planning Commission: Dharamsala 2010.

Sadiq, Kamal 2008, *Paper Citizens: How Illegal Immigrants Acquire Citizenship in Developing Countries*, Oxford University Press

Roemer, S. 2008, *The Tibetan Government-in Exile. Politics at Large*, Rutledge

Torpey, J. 1999, *The Invention of the Passport: Surveillance, Citizenship and the State*, Cambridge University Press

UNHCR 2015, UNHCR Global Trends: Forced Displacement in 2014.

Wade, E. C. S. 1948, "British Nationality Act. 1948," *Journal of Comparative Legislation and International Law*, 30(3), p. 67-75

White, P. 2009, "Reducing *de facto* Statelessness in Nepal," *Forced Migration Review*, 32, p. 28-29

青山弘之(編)2011「中東における政治変動と政治的ステレオタイプの変化に関する研究論集」2011 年 5 月 19 日(平成 20 年度文部科学省「人文学及び社会科学における共同研究拠点の整備の推進事業」委託費による「イスラーム地域研究」にかかわる共同研究)

秋山千佳 2015『戸籍のない日本人』双葉新書

芦部信喜 2000『憲法学Ⅲ　人権各論(1)』増補版, 有斐閣

阿部浩己 2014『国際人権を生きる』信山社

五十嵐富夫 1979「旅行, 紛争・海難」赤松俊秀ほか(編)『日本古文書学講座 7. 近世編

Ⅱ』雄山閣出版

石井照久・伊沢孝平 1964『法律学全集 30 海商法・航空法』有斐閣

伊藤久子 1996「国内旅行のパスポート」『世界漫遊家たちのニッポン──日記と旅行記とガイドブック』横浜開港資料館，p.21-26

伊藤久子 2001「明治時代の外国人内地旅行問題──内地旅行違反をめぐって」『横浜開港資料館紀要』第 19 号，p.37-59

上田正昭 2013『渡来の古代史──国のかたちをつくったのは誰か』角川学芸出版

江川英文・山田鐐一・早田芳郎 1989『国籍法』新版，有斐閣

江川英文・山田鐐一・早田芳郎 1997『法律学全集 59-Ⅱ 国籍法』(第 3 版)有斐閣

大岡信 1999『北米万葉集──日系人たちの望郷の歌』集英社新書

大田季子・谷合佳代子・養父知美 1995『戸籍・国籍と子どもの人権』明石書店

外務省領事局旅券課 2015『旅券統計』

柿崎一郎 2000『タイ経済と鉄道── 1835〜1935 年』日本経済評論社

カースルズ，S・M. J. ミラー 2011『国際移民の時代』第 4 版，関根政美・関根薫訳，名古屋大学出版会

片岡樹 2013「先住民か不法入国労働者か？──タイ山地民をめぐる議論が映し出す新たなタイ社会像」『東南アジア研究』50 巻 2 号，p.239-272

金森敦子 2002『江戸庶民の旅──旅のかたち・関所と女』平凡社新書

キーリー，ブライアン 2010『よくわかる国際移民──グローバル化の人間的側面』OECD 編，濱田久美子訳，明石書店

久保山亮 2009「人の国際移動をめぐる国家主権概念と多国間主義の再検討──欧州諸国の移民政策の『欧州化』1974 年-2006 年」，日本比較政治学会編『国際移動の比較政治学』ミネルヴァ書房，p.115-169

小池淳一 2004「偽文書と民俗──民俗書誌論再説」久野俊彦・時枝務編『偽文書学入門』柏書房

小池康仁 2015『琉球列島の「密貿易」と境界線── 1949-51』森話社

小泉順一 2009『グローバリゼーションと国際強制移動』勁草書房

小林真生・佐々木てる 2016「日本代表として闘う──日本国籍を取得した外国人ラグビー選手たち」駒井洋監修，佐々木てる編著『マルチ・エスニック・ジャパニーズ──○○系日本人の変革力』明石書店

コロニア万葉集刊行委員会(編纂・刊行)1981『コロニア万葉集』トッパンプレス印刷出版

近藤敦 2016『人権法』日本評論社

坂中英徳・齋藤利男 2007『出入国管理及び難民認定法逐条解説(改訂第三版)』日本加除出版

坂本昭雄・三好晋 1999『新国際航空法』有信堂高文社

坂本洋子 2008『法に退けられる子どもたち』岩波書店

佐々木てる 2012「パスポート以前のパスポート──国内旅券と近代的「管理」システム」陳天璽ほか(編)『越境とアイデンティフィケーション』新曜社

佐々木てる 2015「外国人・移民の国民編入──在日コリアンの社会移動から考える」『21 世紀東アジア社会学』第 7 号 2015 年 5 月号，日中社会学会

佐藤成基 2014『国家の社会学』青弓社

264　参考文献

澁谷司 2013「中国人アスリートの日本への帰化――卓球選手を中心に」『拓殖大学《華僑研究》』第 2 号

杉原高嶺・水上千之・臼杵知史・吉井淳・加藤信行・高田映 2015『現代国際法講義　第 5 版』有斐閣

竹川英幸 2002『捨てられた。生き延びた。負けてたまるか――戦争孤児の肉親捜し四半世紀のあゆみ』碧天舎

立山良司 2015「なぜシリア難民はヨーロッパを目指すのか――中東の「プッシュ要因」から探る」Synodos, 2015 年 10 月 14 日掲載（http://synodos.jp/international/15332　2016 年 1 月 25 日最終閲覧）

チポラ，カルロ・M 1988『ペストと都市国家――ルネサンスの公衆衛生と医師』日野秀逸訳，平凡社

陳天璽（編）2010『忘れられた人々――日本の「無国籍」者』明石書店

陳天璽 2011『無国籍』新潮文庫

陳天璽・小森宏美・佐々木てる・近藤敦（編）2012『越境とアイデンティフィケーション』新曜社

陳天璽 2012「国家と個人をつなぐモノの真相――「無国籍」者のパスポート・身分証をみつめて　祖国に帰れない「無国籍」者――丁氏のケース」陳天璽・小森宏美・佐々木てる・近藤敦（編）『越境とアイデンティフィケーション』新曜社

陳天璽 2014「無国籍状態の人から国籍・戸籍を再考する」『比較日本文化研究』第 17 号 29-47 頁

デューイ，J.=ミード，G. H. 1995『精神・自我・社会』河村望訳，人間の科学社

トーピー，ジョン・C. 2008『パスポートの発明――監視・シティズンシップ・国家』藤川隆男訳，法政大学出版局

中村睦男 1997「第 22 条〔居住・移転・職業選択の自由，外国移住・国籍離脱の自由〕」樋口陽一・中村睦男・佐藤幸治・浦部法穂『注解法律学全集②　憲法　Ⅱ〔第 21 条～第 40 条〕』青林書院

成川彩 2015『日本生まれの「無国籍」の私　再入国許可書がパスポート代わり』朝日新聞 2015 年 4 月 29 日大阪版朝刊

錦田愛子 2010『ディアスポラのパレスチナ人――「故郷」とナショナル・アイデンティティ』有信堂高文社

錦田愛子（編）2016『移民/難民のシティズンシップ』有信堂高文社

西村千津 2009「みんなで幸せになろうよ」中国帰国者支援・交流センター（編）『二つの国の狭間で――中国残留邦人聞き書き集　第 3 集』

野村一彦 1959『船員法概説』成山堂書店

橋本直子 2014「混在移動――人身取引と庇護の連関性」墓田桂・杉木明子・池田丈佑・小澤藍（編）『難民・強制移動研究のフロンティア』現代人文社

バトラー，ジュディス 1999『ジェンダー・トラブル』竹村和子訳，青土社

春田哲吉 1994『パスポートとビザの知識　新版』有斐閣

久野俊彦 2004「〈由来〉〈由緒〉と偽文書」久野俊彦・時枝務編『偽文書学入門』柏書房

平賀健太 1950『国籍法』上巻，帝国判例法規出版

フーコー，ミシェル 1975=1977『監獄の誕生――監視と処罰』新潮社

法務省 1996『在留外国人統計』

法務省入国管理局出入国管理法令研究会(編)1995『出入国管理法講義』日本加除出版

法務総合研究所(編)2013『出入国管理及び難民認定法Ⅰ(出入国審査・在留審査)(第九版)』法務総合研究所

帆刈浩之 2015『越境する身体の社会史——華僑ネットワークにおける慈善と医療』風響社

本間浩 2001「日本の難民制度——国際法の立場から」難民問題研究フォーラム(編)『難民と人権——新世紀の視座』現代人文社

毎日新聞社会部 2008『離婚後 300 日問題——無国籍児を救え!』明石書店

マン,マイケル 2002『ソーシャルパワー——社会的な〈力〉の世界歴史Ⅰ』森本醇・君塚直隆訳,NTT 出版

見田宗介 2008『まなざしの地獄』河出書房新社

三谷純子 2015「事実上の長期化無国籍難民にとっての,もう 1 つの解決法としての留学——インドの亡命チベット人社会から来日した留学生の事例」『難民研究ジャーナル』第 5 号

南誠 2016『中国帰国者をめぐる包摂と排除の歴史社会学——境界文化の生成とそのポリティクス』明石書店

南野奈津子 2015「移民と日本の社会福祉制度」吉成勝男・野呂芳明・水上徹男(編著)『市民が提案するこれからの移民政策—— NPO 法人 APFS の活動と世界の動向から』現代人文社

宮良作 2008『国境の島与那国島誌—その近代を掘る』あけぼの出版

宮良作『自叙伝(未刊)』

民事法務協会・民事法務研究所戸籍法務研究会(編)2001『新版実務戸籍法』民事法務協会

森千香子/エレン・ルバイ(編)2014『国境政策のパラドクス』勁草書房

森田せつ子 2000「母子健康手帳—今昔—」『健康文化』26 号

柳下宙子 1998「戦前期の旅券の変遷」『外交史料館報』第 12 号 31-59 頁

山神進 1982『難民条約と出入国管理行政』日本加除出版

山上博信 2009「Bonin Islander にとっての Japan ——小笠原諸島復帰 40 周年を記念して」『民博通信』124 号 6 頁

山上博信 2012「特別地域とわが国本土の間の旅行判例に見られる密航事件」陳天璽・小森宏美・佐々木てる・近藤敦編『越境とアイデンティフィケーション——国籍・パスポート・ID カード』

山口真弘 1993『航空法規解説 全訂版』航空振興財団(初出は 1976)

山田美和 2014「タイにおける移民労働者受け入れ政策の現状と課題——メコン地域の中心として」山田美和編『東アジアにおける移民労働者の法制度——送出国と受入国の共通基盤の構築に向けて』アジア経済研究所

旅券法研究会(編)1999『逐条解説旅券法』大蔵省印刷局

レビン,ヒレル 1998『千畝——一万人の命を救った外交官 杉原千畝の謎』諏訪澄・篠輝久訳,清水書院

渡辺公三 2003『司法的同一性の誕生——市民社会における個体識別と登録』言叢社

索　引

欧　文

BDTC パスポート　58
BN(O)パスポート　59, 173
CIQ　171
CUKCs(連合王国及び植民地市民)　57
CUKCs パスポート　57
ECOWAS パスポート　44
EU 市民権　162
EU のパスポート　4
e パスポート　35
GHQ(連合国軍最高司令官総司令部)　113
HKSAR パスポート　60
IC(アイデンティティ・サーティフィケート)　85
ICAO(国際民間航空機関)　17, 177
IC カード式身分証明書　177
IC チップ　15, 35, 144, 177
IOM(国際移住機構)　214
KFOR(コソボ国際安全保障部隊)　29
NEXUS カード　36
RFID チップ　31
SAR パスポート　60, 173
SCAPIN(連合軍最高司令部訓令)　113, 116
SRJ(ユーゴスラビア連邦共和国)　27
UNHCR(国連難民高等弁務官事務所)　207, 214
UNMIK(国連コソボ暫定行政ミッション)　29
USCAR(琉球列島米国民政府)　122, 220

あ　行

アイデンティティ　186
アイデンティティ・クライシス　189
アイデンティティ・サーティフィケート(IC)　85
アイデンティフィケーション　172, 186, 190
アフリカ人移民　41
奄美　115
アムステルダム条約　6
アメラジアン　198

アメリカ合衆国のパスポート　31
アラブ諸国での国籍取得　47
アルジェリア　47
アルゼンチン　20
アルバニア系住民　29
安政五か国条約　104
アンデス共同体　38
アンデレ事件　164
イエメン　48
イエローカード(予防接種証明書)　119
イエロー・パスポート　85
イギリス海外市民　10, 11
イギリス海外領市民　10, 174
イギリス国籍法　11
イギリス国民(海外)　10, 11, 59
イギリス市民　10, 11
イギリス植民地　72
イギリス臣民　10, 12, 33, 73
イギリス属領市民　11, 58, 59
イギリスのパスポート　8
イギリス保護民　10, 12, 73
イスラエルの ID カード　50
一望監視装置(パノプティコン)　5
一般旅券　123
移動の自由　167
移動民　4
イボ民族　43
移民　112, 212, 220
移民危機　213
移民産業　216
移民専用旅券　110
移民労働者　62
イラク　48
インド　79, 85
インフォーマルなパスポート　178
インフラストラクチャー　191
ウガンダ　43
ウクライナ　25
馬手形　98
運枢用パスポート　181
運転経歴証明書　130

268　索　引

永住市民権　162
衛生通行証　99
英領マラヤ　72
エクアドル　38
エジプト　47, 48
エストニア　23
エスニシティ　230
越境の管理　75
エルサレム　50
「黄金ビザ」制度　21
往来手形　95
小笠原　115
沖縄　115, 119, 220
オランアスリ　72
オールドカマー　144
女手形　97

か　行

海外渡航の自由　201, 203-206
外交旅券　123
「外国人」　141, 199, 232
外国人居留地　104
外国人選手　239
外国人湯治免状　107
外国人登録証明書(外国人登録証)　132, 142
外国人登録制度　142
外国人登録法　138, 143
外国人登録令　151
外国人内地旅行免状　105
外国人入京免状　106
外国人旅券　175
外国人労働者　69
外国籍住民の渡航許可証　64
海上保安官　150
改正入管法　144
家族関係登録制度　132
カナダのパスポート　33
亀吉　109, 220
仮上陸許可書　141
韓国のパスポート　52
鑑札　105
監視装置　5
元年者　112
カンボジア　69
官約移民　112
帰化　81, 91, 163, 190, 232
帰化申請　235

ギクユ人　41
偽装結婚　45
北朝鮮のパスポート　53
偽文書　101
客室乗務員　149
旧ソ連のパスポート　21
旧約聖書の通行許可証　166
旧ユーゴスラビアのパスポート　27
教科書密航事件　118
行政分離　115
居住主義　163
緊急旅券　123
グアム移民　112
供御人　101
クリオジョ　40
グリーンカード　44
グリーンブック　88
クロアチア　27
血統主義　47, 79, 135, 163, 194
ケニア　41, 43
検疫　171
憲法順守条件　233
航空法　149
公用旅券　123
国際移住機構(IOM)　214
国際機関　175
国際結婚　164, 198
国際航空乗員証明書等　149
国際人権規約　136
国際民間航空機関(ICAO)　17, 177
国際連合通行証(レッセ・パッセ)　160, 175
国籍　154, 162, 173, 186, 192, 230
国籍取得　163, 232
国籍情報を付加した運転免許証　130
国籍証明書　132
国籍申請　134
国籍選択制度　165, 195
国籍剥奪禁止原則　164
国籍法　163, 232
国籍唯一の原則　164
国籍留保制度　165
国籍を証明できないパスポート　175
国民旅券　123, 173
国連コソボ暫定行政ミッション(UNMIK)　29
国連難民高等弁務官事務所(UNHCR)　207, 214

索　引　269

個人番号カード(マイナンバーカード)　133,
　146, 177
戸籍　131, 193
戸籍制度　132
コソボ国際安全保障部隊(KFOR)　29
コソボ問題　29
国家のインフラストラクチャー的権力　191
国家主権原則　163
コロニア　224
コロンビア　20, 38
婚外子　165
混合移民　214

さ 行

在日コリアン　151, 198
在日中国公館　176
在日朝鮮人帰還事業　56
再入国許可　133, 152
再入国許可書　54, 126, 150, 176, 210, 243
在留外国人　142
在留カード　132, 141, 144, 177
在留管理制度　132
在留資格　136, 144, 199
在留資格取得許可申請　135
サウジアラビア　48
査証(ビザもみよ)　125
査証相互免除　174
差別禁止原則　163
サントメ・プリンシペ　20
残留日本人　224
自衛官　150
シェンゲン・アキ　6
シェンゲン協定　6, 170, 214
シェンゲン・ビザ　41
シカゴ条約　149
自動化ゲート　177
児童憲章　139
児童の権利に関する条約(子どもの権利条約)
　136
児童福祉法　136, 138
児童身分証明書　176
市民権　231
指紋押捺の廃止　143
シャム　72
シャン人　65
十月革命　168

重国籍(複数国籍もみよ)　39, 78, 165, 173,
　194, 230
重国籍防止原則　164
重国籍防止条件　233
住所条件　232
住民基本台帳　132
住民基本台帳制度　133
住民基本台帳法　146
就労制限　144
出国の自由の制限　160
出産ツーリズム　78
出自　140
出生証明書　134
出生地主義 → 生地主義
出生届　132, 134
出生届受理証明書　134
出入国管理　171
出入国管理及び難民認定法 → 入管法
出入国審査　171
乗員手帳　147
賞状型のパスポート　108
条約難民　206
植民地　20, 72
シリア　48, 49
シリア難民　215
シリア紛争　213
シリアへの渡航禁止　162
シンガポール　78
人頭税　74
杉原千畝　170, 208
ストルイピン　167
スペインのパスポート　18
スポーツと国籍　242
隅田川浪五郎　108
スロベニア　27
生活保護法　137
税関　171
生計条件　233
生体認証技術　15
生地主義　73, 79, 163, 194
占領期のパスポート　113
政令で定める地域の旅券　160
世界人権宣言　136, 200, 225
セカンド・パスポート　217
赤十字国際委員会　175
関所　94
関所手形　96

270　索　引

セルビア　27, 29
船員手帳　147
僧侶パスポート　64
素行条件　233
ソビエト社会主義共和国連邦(ソ連)　22
ソ連のパスポート　21

た　行

タイ　68, 72
　——のパスポート　62
大英帝国　13
大帰化　233
台湾(中華民国)　60
台湾旅券(護照)　174
多重国籍　194
脱北者　56
ダブリン合意　214
ダライ・ラマ14世　85
タンザニア　43
地域パスポート　43, 44
チトー　27
チベット人　85
チャンネル諸島　9
中華人民共和国・香港特別行政区パスポート
　(HKSARパスポート)　60
中華民国(台湾)　60
中国残留日本人　224
中長期在留者　142
中東諸国のIDカード　49
チュニジア　47
牒　101
超過滞在　144
朝鮮籍　55, 150
通行手形　94
「強いパスポート」　217
出稼ぎ外国人　62
手帳型のパスポート　111
鉄砲手形　98
ドイツのパスポート　7
道中手形　95
特別永住者　141
特別永住者証明書　132, 145
特別(簡易)帰化　233
特別地域　116
渡航許可証　64
渡航禁止　162

渡航書　124
渡航証明書　29, 125
渡航制限　161
渡航文書　147, 172, 175, 176
トランスニストリア　21
トンガ人ラグビー選手　238

な　行

ナイジェリア　43
内地旅行免状　105
ナショナル・オリジン　164
ナショナル・パスポート　123, 173
ナンセン・パスポート　168, 207
難民　155, 160, 171, 175, 197, 206
難民危機　213
難民申請者　171
難民認定　211
難民の地位に関する議定書(難民議定書)
　206
難民の地位に関する条約(難民条約)　124,
　206, 208
難民旅行証明書　124, 160, 175, 210
二月革命　168
西アフリカ諸国経済共同体(ECOWAS)　44
西半球渡航イニシアチブ　33, 36
二重国籍 → 重国籍，複数国籍
日英通商航海条約　107
日米紳士協約　110
日系人　39
日系二世　222
日本国籍の証明資料　131
日本国籍の喪失　227
日本国旅券　123
日本人移民　220
日本の主権が停止された地域　116
日本のパスポート　93
ニミッツ布告　117
入管特例法　145
入管法　124, 141, 144, 147, 150, 160, 172, 201,
　210
入国管理局　172
入国管理局電子届出システム　145
入国管理の強化　211
入国・在留審査要領(入在要領)　147, 148
入国審査(パスポートコントロール)　6, 244
ニューカマー　144
ニューカレドニア　18

索　引　271

妊産婦手帳　137
認知　165
ネパールのパスポート　79, 83
能力条件　232
ノン・ルフールマンの原則　209

は　行

バイオメトリクスデータ（生体情報）　143
バイオメトリック・パスポート　15, 17
ハーグ国籍法抵触条約　195
パスポート　160, 165
　――の語源　160
　――の二重保有　48
　――の廃止　167, 169
　――の標準化　163
　――の歴史　166
　アメリカ合衆国の――　31
　イギリスの――　8
　インフォーマルな――　178
　韓国の――　52
　北朝鮮の――　53
　近代的な――　166
　ケニアの――　41
　国籍を証明できない――　175
　賞状型の――　108
　スペインの――　18
　占領期の――　113
　ソ連の――　21
　タイの――　62
　ドイツの――　7
　ナイジェリアの――　41
　日本の――　93
　ネパールの――　79, 83
　フランスの――　14
　ペルーの――　36
　ポルトガルの――　18
　香港の――　57, 57
　マレーシアの――　72
　ミャンマーの暫定――　68
　メッカ巡礼――　64
　ヨルダンの――　48
　ヨーロッパの――　4
パスポートカード　33
パスポートコントロール（入国審査）　6, 244
　――の緩和　169
パスポートに関する国際会議　34
パスポート連合　6

パノプティコン（一望監視装置）　5
バルト三国　23
パレスチナ自治区　49
パレスチナ自治政府　174
パレスチナ人用の旅券　51
パレスチナ難民　48
　――の ID カード　50
ハワイ移民　112, 220
東アフリカ共同体　43
ビザ（査証）　20, 32, 36, 41, 52, 63, 69, 76, 88,
　　119, 125, 127, 170, 199, 207, 208, 211, 217
ビザ制限指数　20, 32
ビザ免除協定　49, 217
ビザ免除滞在　20, 214
非正規移民　214
非正規滞在　136
百姓手形　98
複数国籍（重国籍もみよ）　164, 171, 194
複数国籍防止原則　164
父系血統主義　163
フジモリ，アルベルト　38, 40
普通（一般）帰化　233
不法滞在　69, 209
不法労働者　69
父母両系血統主義　163
ブラジル　20, 195
ブラジル移民　113, 222
フランス革命　14, 166
フランスのパスポート　14
ブルンジ　43
プロイセンのパスポート条例　5
兵役義務　74, 170
ベオグラード　30
ペット用パスポート　180
ベトナム難民　243
ベネズエラ　38
ペルーのパスポート　36
帆足計　160, 203
亡命　23, 56, 85, 168, 182
亡命チベット人　85, 89-91
母子保健法　136, 139
母子手帳　137
ボスニア・ヘルツェゴビナ　27
ポツダム宣言　115
北方領土　126
ボリビア　20, 38
ポルトガルのパスポート　18

ホログラフィー　35
ホログラム　144
香港 ID カード　62
香港特別行政区　173
香港のパスポート　57
香港・マカオ同胞回郷証　60
香港身分証明証(CI)　58
本人確認　100, 130, 172

ま　行

マイナンバーカード → 個人番号カード
マオイスト　79
マカオ特別行政区　173
マケドニア　27
マデシ　79
マラヤ　72
マラヤ連邦国籍法　77
マレーシアのパスポート　72
マレー半島　72
万景峰号　56
満州移民　225
密航　118
密貿易　118
みなし再入国　54, 133, 152
南スーダン　43
身分証明書　130, 160, 172
身元保証人　35
ミャンマー　62
　——の暫定パスポート　68
ミャンマー人労働者　68
ミロシェビッチ　29
民族的アイデンティティ　230
民族的出自　164
無国籍　23, 55, 62, 80, 135, 150, 175, 176, 183,
　196, 197
無国籍者の地位に関する条約　199
無国籍防止原則　164
無戸籍　196
冥界用パスポート　182
メキシコ　20
メッカ巡礼パスポート　64
モルドバ　21, 23
モロッコ　20, 47

モンテネグロ　27

や　行

ユーゴスラビア　27
ユーゴスラビア連邦共和国(SRJ)　27
ユダヤ人　170
　——の追放　168
ユダヤ人難民　208
予防接種証明書(イエローカード)　119
ヨルダン　48, 49
ヨーロッパ国籍条約　164

ら　行

ラオス　69
ラグビー選手の帰化　238
ラトビア　23
リトアニア　23
リビア　48
琉球　119-121
琉球列島米国民政府(USCAR)　122, 220
旅券(パスポートもみよ)　123, 160
「旅券」という名称　110
旅券に関する国際会議　111
旅券発給拒否　160, 203
旅券返納命令　162, 203, 204
旅券法　160, 202
旅行証　176
旅行証明書　175
綸旨　101
ルーマニア　25
ルワンダ　43
レッセ・パッセ(国際連合通行証)　160, 175
レバノン　48, 49, 51
連合王国及び植民地市民(CUKCs)　57
連合軍最高司令部指令(SCAPIN)　113, 116
連鎖移住　216
練習船実習生証明書　150
ロシア　126
　——の身分証明書　127
ロシア革命　167
ローマの「衛生通行証」　99
ローリング・アムネスティ　213

執筆者紹介 (五十音順，[ ]内は執筆担当箇所)

明石純一（あかし じゅんいち）[§3.3]
筑波大学人文社会系 准教授

李 仁子（い いんじゃ）[§1.5.1]
東北大学大学院教育学研究科 准教授

石井香世子（いしい かよこ）[§1.5.3]
立教大学社会学部 准教授

石井洋子（いしい ようこ）[§1.3]
聖心女子大学文学部 准教授

伊藤泉美（いとう いずみ）[§2.3]
横浜開港資料館主任調査研究員

大西広之（おおにし ひろゆき）[§2.6,
§3.1, §3.4, §4.3]
＊編著者 （別 記）

小山雅徳（おやま まさのり）[§1.1.6]
同志社大学総合政策科学研究科 博士課程

郭 潔蓉（かく いよ）[§6.3]
東京未来大学モチベーション行動科学部 教授

川村千鶴子（かわむら ちづこ）[§3.2]
大東文化大学環境創造学部 教授

グェン ティ・ホン ハウ（谷川ハウ）
[6章コラム]
NHK エンタープライズ

久保山 亮（くぼやま りょう）[§1.1.1]
専修大学人間科学部社会学科 非常勤講師

小林真生（こばやし まさお）[§6.4]
大阪経済法科大学 客員研究員

小森宏美（こもり ひろみ）[§1.1.5, §4.2]
＊編著者 （別 記）

近藤 敦（こんどう あつし）[§4.1]
名城大学法学部 教授

佐々木てる（ささき てる）[§2.1, §5.1]
＊編著者 （別 記）

髙佐智美（たかさ ともみ）[§1.2.1, §1.2.2]
青山学院大学法学部 教授

高村加珠恵（たかむら かずえ）[§1.5.5]
マギル大学国際学研究所 専任講師

館田晶子（たてだ あきこ）[§1.1.3]
北海学園大学法学部 教授

陳 天璽（ちん てんじ）[4章コラム, §5.2]
＊編著者 （別 記）

丁 章（ちょん ぢゃん）[3章コラム]
詩人，和寧文化社代表

中牧弘允（なかまき ひろちか）[§6.1]
国立民族学博物館 名誉教授

錦田愛子（にしきだ あいこ）[§1.4, §5.5]
東京外国語大学アジア・アフリカ言語文化
　研究所 准教授

西脇靖洋（にしわき やすひろ）[§1.1.4]
山口県立大学国際文化学部 准教授

付 月（ふう ゆえ）[§5.4]
茨城大学人文学部社会科学科 准教授

ボンコット・ナパアンポーン [§1.5.3]
国連難民高等弁務官事務所 東南アジア地
　域事務所 法務部 保護官

松田睦彦（まつだ むつひこ）[§2.2]
国立歴史民俗博物館 准教授

三谷純子（みたに じゅんこ）[§1.5.7]
東京大学大学院総合文化研究科 博士課程

南 真木人（みなみ まきと）[§1.5.6]
国立民族学博物館 准教授

南 誠（みなみ まこと）（梁雪江）
[§6.2]
長崎大学多文化社会学部 准教授

宮内紀子（みやうち のりこ）[§1.1.2]
九州産業大学基礎教育センター 講師

村 上 勇 介（むらかみ ゆうすけ）［§1.2.3］
京都大学地域研究統合情報センター 准教授

柳 下 宙 子（やぎした ひろこ）［§2.4］
慶應義塾大学 非常勤講師

柳 井 健 一（やない けんいち）［§5.3］
関西学院大学法学部 教授

山 上 博 信（やまがみ ひろのぶ）［§2.5］
国境地域研究センター事務局，
名古屋こども専門学校専任講師

山 田 美 和（やまだ みわ）［§1.5.4］
アジア経済研究所新領域研究センター
　法・制度研究グループ長

林　　泉 忠（りん せんちゅう）［§1.5.2］
台湾中央研究院近代史研究所

陳　天璽（ちん　てんじ／Chen Tien-Shi）
　　早稲田大学国際学術院国際教養学部　教授，博士（国際政治経済学）
　　おもな編著書・論文等　『無国籍』（新潮社，2005 年），『忘れられた人々──日
　　　　本の「無国籍」者』（編著，明石書店，2010 年），『東アジアのディアスポ
　　　　ラ』（駒井洋監修，小林知子との共編，明石書店，2011 年），「日本における
　　　　無国籍者の類型」（『移民政策研究』第 5 号，2013 年）など。

大西広之（おおにし　ひろゆき）
　　中京大学社会科学研究所特任研究員，北海道大学スラブ・ユーラシア研究センター
　　　　境界研究・共同研究員，元法務省大阪入国管理局入国審査官，博士（法学）
　　おもな編著書・論文等　『行政の民間化の可能性と限界に関する研究』（三恵社，
　　　　2014 年）など。

小森宏美（こもり　ひろみ）
　　早稲田大学教育・総合科学学術院　教授
　　おもな編著書・論文等　『エストニアの政治と歴史認識』（三元社，2009 年），
　　　　『エストニアを知るための 59 章』（編著，明石書店，2012 年），『変動期ヨー
　　　　ロッパの社会科教育』（編著，学文社，2016 年）など。

佐々木てる（ささき　てる）
　　青森公立大学経営経済学部　准教授，博士（社会学）
　　おもな編著書・論文等　「在日コリアンとシティズンシップ──権利と国籍を中
　　　　心に」（『移民政策研究』第 6 号，2014 年），『マルチ・エスニック・ジャパニー
　　　　ズ──〇〇系日本人の変革力』（編著，駒井洋監修，明石書店，2016 年）など。

パスポート学

2016 年 10 月 25 日　第 1 刷発行
2017 年 2 月 25 日　第 3 刷発行

　　　編著者　　　陳　天璽・大西広之
　　　　　　　　　小森宏美・佐々木てる

　　　発行者　　　櫻　井　義　秀

発行所　北海道大学出版会
札幌市北区北 9 条西 8 丁目　北海道大学構内（〒060-0809）
Tel. 011（747）2308・Fax. 011（736）8605・http://www.hup.gr.jp/

㈱アイワード　　　　©2016　陳天璽・大西広之・小森宏美・佐々木てる

ISBN978-4-8329-6823-3

図説 ユーラシアと日本の国境 ―ボーダー・ミュージアム―	岩下　明裕 木山　克彦	編著	B5・118頁 定価1800円
領　土　と　い　う　病 ―国境ナショナリズムへの処方箋―	岩下　明裕	編著	四六・254頁 定価2400円
千島列島をめぐる日本とロシア	秋月　俊幸	著	四六・368頁 定価2800円
コ リ ア ン・ネ ッ ト ワ ー ク ―メディア・移動の歴史と空間―	玄　　武岩	著	A5・480頁 定価6500円

〈北海道大学スラブ・ユーラシア研究センター　スラブ・ユーラシア叢書〉

1	国境・誰がこの線を引いたのか ―日本とユーラシア―	岩下　明裕	編著	A5・208頁 定価1600円
8	日 本 の 国 境・い か に この「呪縛」を解くか	岩下　明裕	編著	A5・266頁 定価1600円
10	日露戦争とサハリン島	原　　暉之	編著	A5・454頁 定価3800円

――――――――北海道大学出版会――――――――

価格は税別